마을숲

韓國基層文化의 探究 — ❻

마을숲

Maeulsup, The Korean Village Grove

韓國傳統部落의 堂숲과 水口막이

金學範·張東洙 共著

열화당

· 사진제공 — 황헌만(p.32), 대원사(p.46), 김수남(p.82)

책 머리

　마을숲은 마을 사람들의 삶과 관련하여 마을 주변에 조성되어 온 숲을 의미한다. 마을에서는 수(藪), 또는 쑤라는 명칭으로 불리기도 하는 이 마을숲은 일반의 산야에 원생의 자연으로 이루어진 산림이나, 단순히 목재 생산을 위해 조림된 숲을 뜻하지는 않는다. 마을숲은 오랜 인류의 역사를 통해 마을 사람들의 삶이 축적되어 형성된 문화적 상징물로, 마을의 특정한 장소에 조성되어, 특별한 목적 아래 보호되거나, 특별한 용도로 활용되어 온 마을 문화의 요체이다. 즉, 마을숲이란 마을의 문화가 녹아 있는 마을 문화의 장으로서의 성격을 지닌 숲을 한정하는 용어인 것이다.

　마을의 동구를 가로질러 심어 있는 괴목(槐木)나무 숲, 장승이 눈을 부라리며 서 있고 오리가 앉아 있는 솟대와 돌탑, 그리고 당집이 나지막이 그 속에 웅크리고 있는 숲, 주위의 아름다운 풍광을 조망하기 좋은 자리에 날아갈 듯이 자리한 정자와 아담한 연못 그리고 여기저기 놀 거리, 볼 거리를 갖추고 있는 숲, 때로는 제례나 굿을 위한 성스러운 장소로, 아이들의 놀이를 위한 동산으로, 혹은 유림들의 시작(詩作)을 위한 원림으로, 한여름에는 들일에 지친 농부들이 땀을 들이기도 하는 곳으로 쓰이던 숲, 마을숲은 바로 그러한 모습들로 우리에게 기억되어 고향의 모습을 대신하는 대표적 고향 경관이다.

　마을숲에는 이처럼 고향을 일깨워 주는 많은 경관요소들이 존재한다. 뿐만 아니라 숲이 지닌 아름다운 모습, 주변에 펼쳐져 있는 다양한 대자연의 경물들, 그리고 숲이 스스로 만들어 지니고 있는 서늘한 입체적 공간으로부터 마을숲은 오랜 역사를 통하여 사람들의 다양한 문화행위를 수용하여 오고 있는 것이다. 그러므로 마을숲은 전통문화를 상징하는 우리의 귀중한 문화재적 역사유물로서, 우리의 것에 무디어진 오늘날의 우리에게는 쉽게 간과되어 버리는 대상이 되고 말았지만, 그러나 자세히 보면 마을숲은 진흙 속에 묻혀 그 진가를 잃어버린 황금과도 같은 보배임을 알 수 있는 것이다.

　이러한 마을숲은 정주생활(定住生活)이 시작되었던 인류의 원시 농경사회로부터 이미 조성되기 시작하여 오늘에 이르기까지 여러 문화권에 널리 발견되고 있으며, 시대에 따라 여러 문화와도 습합하여 토착신앙, 풍수, 유교, 도교, 불교 등의 다양한 문화적 상징을 나타내기도 한다. 또한 임수(林藪), 읍수(邑藪), 동수(洞藪) 등의 명칭으로 고문헌에 기록되어 있기도 하는 마을숲은 단군신화시대의 신단수(神壇樹)로 대표되는 토착신앙적 성림(聖林)으로부터 피흉발복(避凶發福)을 위한 길지 조성의 풍수림(風水林), 조선시대 선도(仙道)를 표방한 은일거사들의 유교적 마을 원림(園林), 그리고 비보적(裨補的) 사찰림에 이르기까지 과거에는 대부분의 마을에 조성되어 있었던 우리의 귀중한 문화유산인 것이다.

수천 년의 역사를 통해 면면히 이어져 내린 우리의 문화를 상징하는 마을숲은 이러한 문화재적 가치에도 불구하고 이제는 점차 그 풍성한 문화의 빛을 잃어 가고 있다. 더욱이 마을숲은 농촌사회의 붕괴와 더불어 날로 훼손의 정도가 더욱 심각해져 가고 있어, 이미 소멸되어 없어진 것도 헤아릴 수 없으며 남아 있는 것조차도 풍전등화의 위기에 처해 있는 실정으로 안타깝기 그지없는 상황이다.

이미 사라져 없어졌거나 계속 자취를 감추어 가고 있는 많은 문화유산들 속에서 박물관에라도 진열될 수 있어, 뒤에 오는 우리의 후손들에게 지난 역사의 편린이라도 보여줄 수 있는 것들은 그나마 다행스런 일이라 할 수 있다. 그러나 흐르는 시간 속에 묻혀 사라지는 많은 무형의 문화유산처럼, 마을숲 역시 실체는 존재하지만 외형이 너무 커서 박물관에는 보존할 수도 없고 더욱이 살아 있는 생명체로 구성되어 시간과 함께 명멸하는 역사유물이므로, 마을숲의 문화는 단지 기록으로 남길 수밖에 없는 것이다.

마을숲이 우리의 문화에 비추어 매우 중요한 가치를 지닌 대상임은 두말할 나위도 없이 자명한 일이지만, 그럼에도 불구하고 마을숲에 대한 연구는 아직 그다지 깊이 이루어지지 못하고 있는 상황이다. 필자는 오래 전부터 우리의 문화경관에 관심을 두기 시작하여, 마을숲에 대한 연구를 진행했으며 이미 학위논문을 비롯하여 마을숲과 관련한 몇 편의 논문을 발표한 바 있다. 이 책은 마을숲에 대한 계속되는 연구의 조그마한 하나의 묶음으로서, 중요한 우리의 문화유산이 더이상 훼손되고 소멸되기 전에 기록으로 남겨야 하겠다는 우려의 소치에서 이루어진 졸저이다.

중요한 문화유물이며 많은 한국인들의 의식 속에 깊이 존재하고 있는 고향경관임에도 불구하고, 그러나 마을숲의 문화적 실체는 그다지 잘 알려져 있지 않기 때문에, 이 책은 독자들이 마을숲의 역사와 문화를 쉽게 이해할 수 있도록 기획하고자 노력했다. 또한 이와 같은 목적으로 이 책은 마을숲의 문화를 물리적 구조, 형성 배경, 문화적 상징과 의미 등에 관한 조명을 통해 사례를 중심으로 편집·정리했으며, 사진·그림·고지도·형국도·평면도 그리고 현장에서 채록된 전승과 설화 등을 활용하여 복잡·다양한 마을숲의 문화적 의미를 가능한 한 쉽게 전달하고자 했다.

이 책은 마을숲의 실체를 규명하여 기록하는 초기의 작업에 불과하다. 마을숲의 성쇠가 한 마을의 흥망을 좌우하듯, 마을숲의 현재와 미래는 현대 도시환경의 질을 결정하며 미래의 인간정주집단(人間定住集團), 즉 미래 도시환경의 모습을 예측하는 잣대가 될 것이다. 그러므로 앞으로도 마을숲에 대한 연구는 우리가 잃지 않고 보존해야 하는 역사유물에 대한 가치 규명의 차원에서는 물론, 보다 낳은 생활환경의 조성과 보존을 위해, 더 나아가 인류의 생존이라는 궁극의 문제 해결을 위해, 더욱 더 많은 연구가 이루어져야 하며, 마을숲 문화는 재평가되어야 할 것이다.

이 책의 공동저자인 장동수는 수년에 걸쳐 이 작업에 동참하고 있는 나의 동학으로 이 책의 발간에는 그의 왕성한 탐구력과 예리한 분석, 그리고 헌신적 참여에 힘입은 바가 큼을 밝힌다. 마지막으로 아직도 한참을 더 짊어지고 가야 할 마을숲이라는 화두를 드는 데 길잡이가 되어 주신 고 윤국병 교수님과 이규목 교수님, 변우혁 교수님께 깊이 감사드리며, 이병찬, 우종서, 선우성, 김남규 동문과 서울시립대 경관연구회 회원들께도 감사드리고, 천학의 졸고를 기꺼이 맡아 출간해 주신 열화당의 이기웅 사장님 이하 편집부 여러분께 감사드린다.

1994년 2월 金學範

마을숲 · 차례

마을숲

제1장 마을숲의 이해

1. 마을숲이란 무엇인가

동서양을 막론하고 숲은 '자연'이라는 개념과 깊은 관계를 맺어 왔다. 문화는 인간이 일정한 지역에 정착함으로써 시작되었고, 인간이 그 정착지를 개간하고 주위의 조건들을 이용하면서 발달되었다. 여기서 인간 주위의 조건이란 넓은 의미로 '자연'이고 좁은 의미로 '숲'이다.

"인간이란 원래 숲 속에서 살아왔다. 문명이란 것이 숲을 파괴하고 숲을 멀리하게 하였으나 숲을 떠나서는 인간은 살 수 없게 되어 있다.
숲은 목재를 생산하는 곳이지만, 숲을 보는 인간을 동화 속의 세계로 이끌어 들인다. 숲은 경이의 세계이다. 숲은 고향의 세계이다. 겨울밤 뒷동산의 나무가 우는 소리, 앞산의 진달래와 뒷산의 뻐꾸기 소리, 뒷동산의 어린 백합화, 꽃피는 산골마을, 서낭당 고갯길 등 모두가 고향을 생각나게 한다.
숲 속의 삶은 청결하다. 고요하다. 맑은 물과 신선한 공기가 있어 좋은 곳이다. 사슴의 맑은 눈망울을 볼 수 있고, 산딸기의 타는 연정도 느낄 수 있는 곳이다. 솔바람 소리를 들을 수 있고 산새들의 지저귐도 들을 수 있다. 그래서 숲은 평화로운 삶이 있는 곳이다. 그 속에서 삶의 꿈도 그릴 수 있다. 숲에 대한 시, 숲에 대한 노래, 숲에 대한 그림들이 그래서 있는 것이다. 아름다운 곳이다."[1]

이처럼 숲은 인간에게 다양한 가치를 갖는 대상일 뿐만 아니라 인간생명의 원천이라고 할 수 있을 정도로 본질적인 인류의 고향인 것이다. 웨슬리(Joseph Wessely)는 "문화 없이 숲 없고 숲 없이 문화 없다"[2]라고 했다. 여기서 문화는 무엇인가? 그것은 과거의 집적체이자 현재의 실존체이고 한 시대를 살았던 사람들의 미래상이다. 따라서 숲 역시 그러하다 하겠다.

그러나 숲을 보는 시각은 동서양간에 큰 차이가 있다. 이러한 차이점은 기본적으로 인간이 숲을 이용의 대상으로 보느냐 보호의 대상으로 보느냐 하는, 숲을 보는 가치관이 다른 데서 오는데, 이 가치관은 동서양 각각의 문화에 의해 형성된다.

서양에서는 전통적으로 숲을 이용의 대상으로 보아 왔기 때문에 숲은 인간의 범주 밖에 존재하는 대상이었다. 따라서 서양에서는 물질적인 가치가 숲과 인간의 관계에서 가장 중요한 의미를 가지는 인간중심적 가치관을 이루게 되었다. 그러나 동양문화의 자연중심적 가치관에서는 숲은 절대적인 보호의 대상이 되는 것이다.

그러하다면 동양문화에 속하는 한국에서는 숲을 전통적으로 어떤 눈으로 보아 왔을까? 이는 자연을 보는 대표적 방식인 풍수사상에서 잘 나타난다. 곧 인간은 자연의 힘에 의지하거나 자연과 하나가 되는 존재라고 생각되어 왔다. 이러한 사고체계하에서는 숲을 완전히 이용대상으로 분리해서 볼 수도 없고, 동시에 숲을 보존대상으로만 여기는 '현대적' 보호개념 역시 생겨날 수가 없는 것이다.

한국의 숲을 관찰해 보면 생태상 크게 자연숲과 인공숲으로 나누어 볼 수 있다. 인공숲 중에서도 오랜 전통을 간직하고 있으며, 현재에도 정자목(亭子木)이나 노거수(老巨樹)로서 또는 숲동산으로서, 한국인들에게 뚜렷한 이미지를 형성하고 있는 것이 바로 마을숲이다.

1. 마을숲의 개념과 정의

농촌이나 산촌, 어촌과 같은 시골마을의 어귀에는 대부분 숲이 조성되어 있다. 때로는 마을의 앞들, 갯가, 뒷동산 같은 곳에 조성돼 있기도 한 이 숲은 '정자나무숲'이라 불리기도 한다. 이 숲은 한두 그루의 고목으로 되어 있기도 하고, 몇 그루의 노거수들로 형성된 조그마한 숲동산이기도 하며, 더러는 아주 대규모의 숲인 경우도 있다. 마을숲이란 이러한 숲을 총칭하는 용어로서, 한국 사람들에게 원초적 향수를 불러일으키는 우리 고향 경관의 하나이다.

마을숲이란 자생하여 이루어진 산림(山林)이나 목재를 이용할 목적으로 단순하게 조림된 수림(樹林)과 같은 산야의 일반적인 숲을 지칭하는 것이 아니다. 마을숲은 마을의 역사, 문화, 신앙 등을 바탕으로 하여 이루어져 마을 사람들의 생활과 직접적인 관련을 가지고 있는 숲으로서, 마을 사람들에 의하여 인위적으로 조성되어 보호 또는 유지되어 온 숲을 의미한다. 따라서 마을숲은 야산의 숲과는 달리 단일 수종으로 구성되거나 단층림(單層林)인 경우가 많다. 이러한 마을숲은 마을 사람들의 사회적 활동은 물론 정신문화적 생활 그리고 다양한 이용을 담는 마을 공용의 녹지로, 마을 문화가 오랜 세월에 걸쳐 집적되어 온 상징적 대상물이다. 그래서 마을숲 내에는 마을 문화를 상징하는 다양한 장식물들이 갖추어져 있는 사례가 많다.

마을 사람들에게 마을숲은 마을의 역사와 함께 이어져 내려오고 있는 토착적 정신문화를 상징하는 대상이다. 사람들은 자신의 운명을 스스로 통제할 수 없다는 점을 인식했기 때문에 예전부터 자연의 힘에 의지하고 자연을 신으로 간주하

1. 鄭歚〈龍貢洞口〉1742,
澗松美術館.
강원도 通川의 楸池嶺 동쪽
南大川 상류의 溪邊에 수구를
이루는 동구의 수려한 암벽과
송림 경관을 화폭에
담은 것이다.

여 숭배하는 전통이 있어 왔다. 더욱이 마을이라는 인간정주체계(人間定住體系)의 최소 단위와 같은 소규모 사회에서는 그 나름대로 공동체 생활을 유지하기 위한 정신적인 원동력이 전통적인 제례를 통해 표출되곤 했는데, 이러한 마을 제례가 주로 이루어지는 곳이 바로 마을숲인 것이다. 따라서 마을숲 내에 위치하는 나무들은 신과 관련된다고 믿는 경향이 있어서 마을숲 안의 신목(神木)은 엘리아데(Mircea Eliade)가 말하는 것처럼 지상과 천상의 세계를 연결하는 우주나무(cosmic tree)[3]로서 마을 사람들의 신성한 숭배의 대상이 되기도 했다. 예로부터 이러한 마을숲에는 각 마을의 운명을 주관하는 신이 존재한다고 사람들은 믿고 있어서, 대부분의 마을숲에는 여러 가지 상징요소들이 오늘날까지 보존되어 오고 있는 것이다.

　그러나 마을숲에는 이러한 마을의 정신문화적 상징요소들만이 존재하고 있는 것은 아니다. 마을숲 속에는 높고 넓은 수관(樹冠)에 의해 시원한 입체적 그늘 공간이 형성되어 있기 때문에 마을숲은 마을 사람들의 다양한 이용 행위를 담는 장소로서 활용되기도 한 것이다. 따라서 이 숲에는 동네아이들을 위한 여러 가지 놀이도구들이 설치되기도 하고, 혹은 전망 좋은 입지에 고색창연한 모습의 우아한 정자(亭子)가 지어지기도 하며, 한여름 구슬땀이 맺힌 농부들의 휴식을 위한 모정(茅亭)이 세워지기도 한다. 이 밖에도 평상(平床), 돌의자, 기타 마을 사람들의 회합을 위한 장소 등이 만들어지기도 하는 것이다. 이렇듯 다양한 전통문화적 장식품으로 치장을 하고 있는 마을숲은 오랜 역사를 통해 형성되어 온 마을 문화의 상징적 실체이고 마을 사람들의 삶을 대변하고 있는 그들의 삶의 결정체인 것이다.

　또한 이와 같은 마을숲에서는 마을 공동의 제례나 전통놀이가 행해지기도 한다. 흔히 마을숲에는 마을의 수호신을 모시는 당집이 세워지기도 하며, 이곳에서는 마을의 번영(繁榮)과 제액(除厄), 초복(招福) 등을 위하여 동제(洞祭)가 행해지고 이와 더불어 여러 가지의 전통놀이가 한바탕 마을의 축제로 벌어지기도 한다. 그러므로 마을숲은 마을 사람들의 신성한 숭배의 대상이 될 뿐 아니라 제의와 축제와 행사의 장소적 의미를 지니기도 하는 것이다.

이처럼 우리의 토착문화가 집적되어 있고 여러 가지 의미가 다양하고 풍부하게 깃들여 있는 마을숲은 마을에서 제일 아름답고 중요한 입지에 조성되는 경우가 많다. 특히 마을숲은 대부분 마을 주변에서는 가장 빼어난 경관적 위치를 점유하거나, 그러한 경치를 조망하기에 용이한 입지에 위치하는 것이다. 따라서 마을숲의 주변에는 다른 아름다운 자연경관이 존재하는 경우가 많다. 즉 개울가, 강가, 백사장, 호수, 산 등과 같은 빼어난 자연요소들이 마을숲과 자연스럽게 결합하여 더 한층 아름다운 절경을 이루기도 한다. 마을숲의 이러한 아름다움으로 마을숲은 천혜(天惠)의 경승(景勝)을 감상하는 자리이기도 하고, 유유자적(悠悠自適)하는 조선시대의 사류(士類)들에게 시작(詩作)의 장소로 이용되기도 한 것이다.

마을숲의 이러한 다양한 문화적 의미들을 집약해 보면, 마을숲은 토착신앙적으로는 마을 사람들의 숭배대상으로서, 풍수지리적으로는 좋은 땅[吉地]을 조성하는 구조물로서, 경관적으로는 절승(絶勝)의 장소로서, 이용과 관련해서는 휴식, 집회, 놀이, 운동 등과 같은 여러 가지 활동을 수용하는 그릇으로서, 그리고 바람과 홍수를 막아 마을을 안락하게 해 주는 조절 장치로서, 또한 마을의 영역을 경계짓는 통과의례적(通過儀禮的) 장소로서의 역할을 하는 문화통합적(文化統合的) 시설인 것이다.

이렇듯 다의적인 의미를 갖는 마을숲은 우리에게 마음속에 깊게 자리하고 있는 고향 같은 존재이며, 마을 사람들이 공유하는 공원의 원형적 형태 혹은 공원 녹지의 한국적 원형[4]이라 할 수 있다.

2. 마을숲의 분포

과거에는 전국 거의 대부분의 마을에 마을숲이 분포하고 있었던 것으로 추정된다. 그러나 오늘날에는 전란(戰亂), 자연재해, 고사(枯死), 특정 목적에 의한 제거 등으로 인해 그 수효가 크게 감소되거나 소멸되어 전통적 취락 형태가 유지되고 있는 마을에서조차도 극히 소수가 존재하고 있을 뿐이며, 이와 같은 경향은 국토개발에 따라 도시화가 진행된 지역일수록 더욱 가속화되고 있는 상황이다.

1938년에 작성된 마을숲[林藪] 자료에는 전국 마을숲 분포가 서울·경기 11개소, 충청 4개소, 강원 20개소, 전라 23개소, 경상 80개소, 제주 3개소 등으로 조사·보고되어 있다.[5] 이 자료는 당시 일본이 태평양전쟁 수행을 위해 조선의 산림자원을 파악하는 데 그 목적이 있었기 때문에, 노거수로 이루어진 대규모의 숲만을 그 주대상으로 했다. 또 도로숲, 동구숲, 동산숲, 해안숲 등의 숲들보다 수해방지를 목적으로 하안(河岸)을 따라 길게 조성되는 사례가 많은 호안림(護岸林)이 그 주요 조사대상이 되었다. 추측하건대, 그 이유는 목재 벌채시 수로를 통한 운반을 고려했기 때문으로 보인다. 그러나 그 당시에는 이처럼 조사목적이 다르고 대규모의 숲만을 대상으로 했기 때문에 오늘날의 조사자료와 비교할 수 없다.

아래의 분포도(도판 3)는 1987년부터 1993년까지의 전국의 마을숲을 조사한 것으로서, 약 300평 정도의 소규모 동산숲으로부터 그 이상에 이르는 거의 모든 숲들을 포함하고 있다. 물론 현재까지 그 소재 여부가 밝혀지지 않은 숲이 많이 있을 것으로 보여 이 자료가 정확한 분포를 나타내는 자료라 할 수는 없다. 그러나 이 자료는 앞으로 마을숲 분포의 정확한 파악을 위한 시금석은 될 수 있을 것이다.

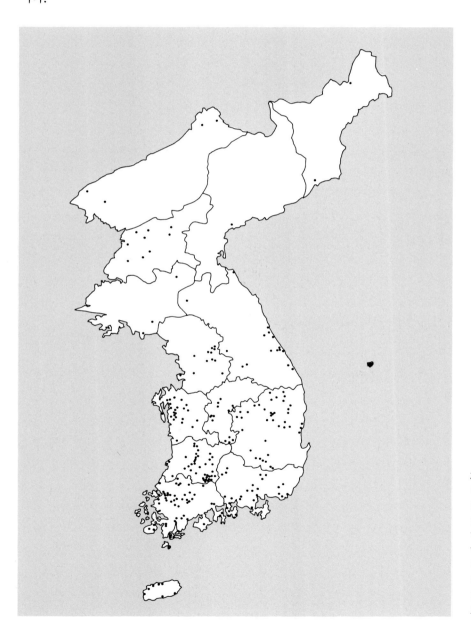

3. 마을숲 분포도.
최근의 현장답사를 통해 조사된 것 중 현존하는 숲들만을 표기한 것으로, 약 300평 이상 규모의 마을숲 중 대략 70-80% 정도의 마을숲들이 표시되었다. 그러나 북한 지역의 마을숲은 현장답사가 불가능해 현존 여부를 알 수가 없어서 일제시대에 조사된 자료를 토대로 표시했다.

현재까지 조사된 바를 보면 서울 9개소, 경기 13개소, 충남 30개소, 충북 16개소, 전북 55개소, 전남 58개소, 경남 37개소, 경북 92개소, 강원 22개소, 제주 10개소 등으로 나타났다. 서울의 경우에는 다른 지역보다 적게 나타나고 있으나, 궁궐, 능묘, 하천변 등에 조성된 숲들이 여기에 추가될 것으로 예상된다. 경기 지역에서는 산수가 수려하고 상수원 지구로 제한되어 비교적 개발이 덜 된 양평군(楊平郡), 여주군(驪州郡)에 마을숲이 많이 분포하고 있다. 충남의 경우에는 현재 낙후 지역인 공주군(公州郡), 청양군(靑陽郡) 등지와 앞으로 서해안 고속도로가 관통할 서천(舒川), 서산(瑞山) 등지에서 마을숲들이 많이 나타났다.

해안과 접하지 않고 산악지형으로 구성된 충북에서는 소백산맥 주위의 괴산군(槐山郡), 보은군(報恩郡), 영동군(永同郡) 등지에 마을숲이 많이 잔존하고 있으며, 전북 지역에서는 남원군(南原郡), 전주시(全州市)와 완주군(完州郡), 정주시(井州市)와 정읍군(井邑郡), 진안군(鎭安郡) 등지에서 주로 마을숲이 나타났다. 특히 남원은 전북의 다른 지역에 비해 숲이 가장 많이 나타나고 있는데, 이는 "예전부터 남원읍 주변은 겹겹이 숲으로 둘러싸여 있었다"는 마을 촌로의 말을 통해서도 알 수 있다. 또 진안의 숲들은 마이산(馬耳山)을 중심으로 숲들이 분포하는 특이한 현상을 보이고 있다.

전남 지역에는 현재까지 조사된 자료에 의하면 경북 다음으로 가장 많은 마을숲이 남아 있을 것으로 추정되며, 대체로 무안군(務安郡), 함평군(咸平郡), 영광군(靈光郡), 화순군(和順郡) 등 서북편 지역과 완도군(莞島郡), 나주군(羅州郡) 등 남해안 일대에 많이 현존하고 있다. 이 지역들은 주변의 다른 지역들보다 개발이 덜 된 지역으로, 마을숲의 잔존은 그 지역의 개발 정도와 매우 관련이 깊음을 암시하고 있다.

경남 지역은 해안과 가까운 남해군(南海郡)과 부산시(釜山市) 그리고 창원군(昌原郡)에 주로 숲이 분포하는데, 특히 남해군은 섬의 전 해안에 걸쳐 마을숲들이 잘 보존되어 있는 숲의 보고(寶庫)이다.(도판 4) 경북 지역은 현재까지 전국 조사에서 가장 많은 마을숲이 현존하는 지역으로 지역 전체에 숲이 산재하고 있다. 그 중에서도 안동군(安東郡)과 경주시(慶州市)에는 가장 많은 숲이 나타나고 있다. 특히 경주는 역사고도(歷史古都)로서 유서(由緖) 깊은 마을숲들이 잘 보존되고 있는 특징을 갖고 있다. 또 마을숲은 산악이 험한 봉화(奉化) 지역에 많이 나타나고 있고, 영일군(迎日郡) 해안과 울릉도에도 많이 나타나고 있다. 강원 지역에는 동해안을 따라 방풍 목적으로 조성된 해안숲들이 주로 분포하는데, 강릉시(江陵市), 명주군(溟州郡), 양양군(襄陽郡) 등 해안에 인접한 지역들에 주로 나타나고 있다. 또한 제주도도 지역적 특색에 따라 주거지가 해안을 따라 구성된 것처럼 마을숲이 해안선을 따라 많이 나타나고 있다.

이 밖에도 지금까지 나타난 마을숲의 분포 경향으로 보면 경남의 산청(山淸), 거창(居昌), 합천(陜川), 전남의 구례(求禮), 장흥(長興), 강진(康津), 충남의 논산(論山), 서울과 충북의 전 지역, 강원도 대부분의 내륙 지역 등에서 많은 마을숲이 나타날 것으로 예측된다.

이상에서와 같이 마을숲은 전국적으로 분포하고 있는 것이 증명되었으며 특히 강원·경북의 영동해안과 경북 북부 지역, 전남 남해안 지역 그리고 소백산맥의 지리산 주변, 충청도 서부 지역 등지에서 집중적으로 분포하고 있음을 알 수 있다. 마을숲의 이같은 분포 경향은 국토개발, 입지유형, 인문적 배경 등과 밀접한 관계가 있다고 볼 수 있다.

첫째로 국토개발에 따른 숲의 변화로서, 전술했듯이 숲이 주로 나타난 지역은 상대적으로 개발이 낙후된 지역이며, 이 중에서도 도로와 같은 산업기반 시설이 충분치 못한 지역들이다.

둘째로 마을숲은 입지유형에 따라 그 분포가 다르게 나타나고 있다. 특히 동구숲, 동산숲, 호안숲, 해안숲, 마을주변숲 등과 같은 마을숲의 여러 유형 중 호안숲이 가장 많이 나타난다. 따라서 숲의 분포도 육지형의 경우에는 강이나 하천을 끼고 있는 지역에서 많이 나타나고 있으며, 해안숲의 경우에는 동해안과 전남의 남해안에 해안선을 따라 주로 분포하는 경향을 보이고 있다.

셋째로 인문 환경에 따라 마을숲이 분포하는 경향을 보면 경북과 전북은 풍수적 경향을 갖는 숲이 주로 나타나고, 경남과 전남과 충북은 토착신앙적 경향의 숲이 많이 나타나고 있다. 경북의 마을숲 토지는 주로 그 지역의 씨족 종중(宗中)이 소유하거나 조선시대 반촌(班村)을 형성하던 집성부락(集姓部落) 공동으로 소유하는데, 종중, 집성부락, 풍수가 마을숲을 중심으로 상호연관되어 있음을 알 수 있다. 그러나 경남, 전남, 충북 지역 마을숲들의 경우에는 그 토지가 군(郡)이나 동(洞)의 소유이고, 주변 마을이 각성부락(各姓部落)으로 구성되어 있다. 특히 해안숲의 경우에는 토착신앙적 경향의 숲이 대부분인데, 이는 어촌 특유의 마을 문화적 맥락에서 숲이 출현하기 때문이다.

한편 1938년에 조사된 자료와 지금 상황을 비교해 볼 때 소실된 숲들은 경기 1개소, 충남 1개소, 전북 4개소, 전남 5개소, 경남 11개소, 경북 55개소, 강원 13개소 등으로 조사되었다. 특히 경북 지역은 현존하는 마을숲이 92개소로 가장 많으면서도 소실된 마을숲이 55개소나 되어, 이들이 모두 다 현존할 경우에 147개소에 이르러 거의 대부분의 마을에 마을숲이 있었던 것으로 추측된다.

이상과 같이 수많은 마을숲들이 소실됐을 뿐만 아니라 현존하는 숲들조차 마을숲이 갖는 본래의 사회·문화적 기능이 상실된 경우가 많다. 그러므로 여기서 언급하는 숲의 소실이란 개념에는 마을숲의 물리적 측면뿐만 아니라 사회·기능적, 정신적 측면까지도 포함될 수 있을 것이다. 이러한 숲의 소실에 영향을 준 요인으로는 숲의 벌목, 숲 주변의 개발, 숲의 소유변경, 자연고사(自然枯死) 및 후계림 조성 미흡, 무모한 관리나 보호 및 방치 등을 들 수 있다.

첫째로, 전국적인 답사를 통해 볼 때 인위적인 벌목이 마을숲의 소실에 가장

4. 慶南 南海郡 二東面 薪田里숲.
해안방풍림으로, 좌측 산이
바다와 인접하는 끝 부근에는
또 하나의 해안숲인 원천숲이
보인다. 해안을 따라 조성된 숲은
마을과 경작지의 풍해나 해일과
같은 재난을 막기 위해
조성되었으며, 현재 숲 지역은
군부대가 주둔하고 있어서 접근이
불가능한 상태이다.

큰 영향을 준 것으로 나타났다. 마을숲이 가장 많이 벌목된 경우로는 시대적으로
볼 때 일제시대, 한국전쟁 시기, 새마을운동 기간 등을 들 수 있다. 이 중에서도
일제 치하에서 마을숲이 가장 많이 소실됐는데, 그 원인은 일제가 태평양전쟁 중
에 전쟁물자 수급을 위해 전국에 걸쳐 마을숲을 벌목했기 때문이다. 다음으로 한
국전쟁시에 마을숲이 소실된 경우는 주로 지리산 주변이나 낙동강 변 등지에 있던
숲들로 이 숲들은 당시 군주둔지나 다른 군사적 목적에 이용하기 위해 벌목되었
다. 그리고 마지막으로 새마을운동이 농촌마을에 큰 영향을 줄 당시 미신타파라
는 명목하에 마을에 있는 당(堂)의 철거작업이 전국적으로 시행된 것이다. 이
철거작업 이후로 많은 농촌마을에서 당제(堂祭)나 동제(洞祭)가 사라지게 되어
기존 당목(堂木)이나 당숲을 제거해 버린 경우도 많았다.

둘째로, 숲의 주변이 음식점, 상가, 유원지 등으로 개발되어 숲이 파괴되거나
통과도로의 개설, 또는 하천제방공사 등으로 인해 숲이 소실된 것이다. 이 중에
서도 하천제방공사는 호안림(護岸林)의 소멸에 직접적인 원인을 제공하고 있다.
이 점은 앞으로 시행될 하천제방공사시 반드시 시정되어야 할 중요한 사항이다.

셋째로, 숲 땅의 소유 변화에 따른 숲의 소실을 들 수 있다. 마을숲은 이미 언
급했듯이 백 년 이상의 오랜 역사를 갖는데, 숲의 조성 당시에는 땅의 소유권이

불명확한 상태였으며 숲을 조성한 것도 마을 공용의 목적이 컸기 때문에 현재까지도 전국적으로 마을숲 땅은 군이나 동 소유 혹은 종중 소유가 대부분을 이루고 있다. 그러나 간혹 개인 소유로 바뀐 숲들이 나타나는데, 이 숲들은 우선 다른 목적으로 전용되거나 소멸될 가능성이 높은 상태이다. 다행히도 최근 들어 관청에서 개인소유라 할지라도 고목숲의 벌채를 금하고 있어 숲 자체의 모습이나마 존치되고 있는 실정이다.

넷째로, 마을숲이 현존하고 있으나 그 기능과 역할을 수행치 못하거나 과도하게 보호되어 방치된 경우도 들 수 있다. 이는 본래 마을숲이 갖는 공용적 기능이 상실되거나, 혹은 환경보존 차원에서 숲을 보호한다는 명목하에 둘러친 철책 등으로 인하여 숲이 자연숲으로 전환되는 경우이다. 물론 마을숲이 다른 자연숲처럼 다양한 식생을 보유하면서 천이(遷移)가 발생함으로써 건강한 숲에 이른다고 볼 수도 있으나, 이는 마을숲과 같은 마을문화적 범주에 관련된 관점이 아니다. 즉 보존과 이용이 적절히 관련되어 출현 당시의 마을숲의 기능과 상태가 잘 유지되면서 동시에 발전될 수 있도록 하는 관리나 보호가 실행되어야 하는 것이다.

다섯째로, 마을숲이 자연적으로 고사해 소실된 경우도 나타난다. 더욱이 장수목(長壽木)이 되지 못하는 오리나무류나 버들류 등으로 구성된 마을숲들은 대부분 소실되었다. 또한 숲은 오랫동안 고정된 장소에서 크기 때문에 자연 조건, 즉 바람, 물, 불 등에 의해 소실되기도 한다. 그러나 이러한 자연 조건보다 더 큰 원인은 후계림의 미조성에 있다. 여기서 말하는 마을숲이란 야생의 숲이 아니라 인위적인 조림으로 출현한 숲이기 때문에 반드시 후계림이 조성돼야 계속해서 유지될 수 있는 존재인 것이다. 다시 말해 마을숲은 주변 야산에 나타난 숲처럼 천이가 발생하여 확장되는 숲이 아닌 것이다.

현재 나타나고 있는 후계숲의 조성시기는 대부분 50년대와 60년대인데, 마을숲이 당시의 사회와 문화를 토대로 조성된다고 볼 때 그 당시가 그나마 전통적 가치관이 잔존하던 시대였음을 미루어 짐작할 수 있다. 그러나 70년대 이후에 조성된 마을숲들은 기존 마을숲들처럼 느티나무나 소나무와 같은 장수목이 식재된 게 아니고 현사시, 포플러, 아카시아 등의 속성수가 그 주종을 이루고 있다. 이러한 속성수종들은 목재, 녹화, 밀원(蜜源) 등과 같은 단기적이고 기능적인 효과는 볼 수 있으나 사람들의 문화활동을 수용하는 데에는 한계를 가진다. 특히 이 속성수들이 숲을 이루면 전통적인 마을숲 경관의 왜곡을 초래할 뿐만 아니라 사람들의 이용에 있어서도 많은 문제를 안게 된다.

결국 마을숲의 분포에 영향을 끼치는 요인으로는 개발정도, 입지환경, 숲 주변의 인문환경 등으로 볼 수 있겠다. 한편 도시화가 심해지면서 전통사회의 가치관이 붕괴됨에 따라 나타나는 숲의 파괴는 역설적으로 이와 같은 마을숲의 보존 필요성을 말해 주고 있는 것이다.

3. 규모와 구성

마을숲은 0.03ha의 아주 작은 것으로부터 크게는 경남 함양군(咸陽郡)의 상림(上林)과 같이 18.8ha에 이르는 큰 것도 있는데, 대체적으로 0.1ha(약 300평)에서 3ha(약 10,000평)에 이르는 정도이다.[6] 규모가 큰 숲일수록 시나 읍 소유로 되어 있으며, 운동시설, 놀이시설, 휴식시설 등을 다양하게 갖추고 있다. 특히 규모가 큰 숲은 작은 숲에 비해 인위적 생태관리가 어렵게 되어 있다. 마을숲은 조성 초기에는 비록 인공적으로 조성됐을지라도 오랜 역사를 거치면서 숲 주변의 자연생태적 환경의 영향으로 점차 자연숲과 유사한 패턴으로 변화되고 있다. 그 중에서도 보존을 이유로 사람들의 지속적 이용이 중단되거나 방치한 숲에서는 이런 전이현상이 더욱 두드러짐을 보이고 있다.

이러한 마을숲은 소나무, 느티나무를 주요 수종으로 해서 해송, 오리나무, 리기다소나무, 팽나무, 왕버들나무, 떡버들나무, 잣나무, 대나무, 개서어나무 등 38종의 수종이 100여 개의 조사대상 숲에 심겨져 있다.[7] 마을숲에 나타난 대표적 수종으로는 소나무와 느티나무를 들 수 있다. 이 중에서 소나무는 풍치수(風致樹)이자 뛰어난 공원수로서 솔잎이 사시사철 푸르고 줄기가 웅장하며 노출된 그루터기가 아름다운 나무이다. 특히 소나무는 생태적으로 극양수(極陽樹)로서 군식(群植)했을 경우 타 수종보다 생장력이 뛰어나 현재까지도 소나무숲은 그대로 남아 있게 된 것이다.(도판 5) 더욱이 소나무는 척박지에서도 생존이 가능해 사람들의 이용으로 지표가 파괴된 나지(裸地)에서도 잘 견디는 수종이다. 그러나 야생의 숲에서는 활엽수와의 경쟁에 밀려 자연도태되기도 하는 수종이다. 그래서 야생소나무는 주로 산꼭대기에만 군집하는 경향이 많다. 그러다 보니 소나무로 된 마을숲들은 자연히 산자락이나 호안과 같은 낮은 지역에 분포하는 경우가 많은 것이다. 이러한 소나무는 그 용도가 다양할 뿐만 아니라 한국의 대표적 경관수인데, 야산에 군식할 경우 한국 야산의 부드러운 스카이 라인과 조화를 잘 이루는 수종이다. 소나무의 중요성은 이미 예전부터 인식되어 '금송(禁松)'에 관한 역사적 기록들이 많이 전해지고 있다. 여기서는 율곡(栗谷)의 '호송설(護松說)'만을 소개하기로 한다.

"임경당 김열은 정산(강릉의 금산마을 뒷산) 아래에 살았다. 집 주위에 소나무를 심었는데 그늘이 수백 이랑이나 되었다. 김 군이 이를 가리키며 나에게 '이는 선친께서 심으신 것으로 우리 형제가 이를 보며 어버이를 그리워합니다. 세대가 멀어지면 베어질까 두려워 그대의 몇 마디를 얻어 가묘(家廟)의 벽에 걸어 자손에게 보이려 하오.' 나는 웃으며 '그대의 자손이 그대의 뜻을 알아 백세 후라도 뜻으로써 전하면 영원히 없어지지 않겠지요. 만일 어버이의 뜻을 명심하여 효제(孝悌)를 일으키면 선조(先祖)의 하찮은 물건이라도 소중히 간직하여 공경

할 것인데, 하물며 손수 심으신 나무야 어떠하겠소? 말로 가르침은 몸으로 가르침만 못 하고, 글로 전함은 뜻으로 전함만 못 하니 말이 어찌 보탬이 되겠소.' 하였다.

김 군은 '사람의 본성은 하늘에서 받은 것인데 이를 확충하는 이도 적지만 아주 끊는 이 또한 드물지요. 사람의 성품이란 경계하여 주면 양심을 발하고, 그렇지 않으면 어두우니 나는 자손을 경계하여 어둡지 않게 하려는 것이오. 그들도 마음으로 느끼는 바 있을 테니 비록 효제로써 자손에게 기대는 못 하여도 보통 사람의 자손은 기대할 수 있겠지요.' 하였다.

나는 '참 훌륭한 말이오. 이것으로 자손에게 훈계를 전하면 충분하겠소. 부친이 돌아가심에 그 서책을 차마 읽지 못함은 손때가 묻었음이요, 모친이 돌아가심에 그 그릇으로 차마 먹지 못함은 체취가 남음인데 하물며 소나무는 손수 재배했음에랴. 모든 시련을 견디며 자라 건실하게 되었으니 잠시 눈에 스쳐도 감회가 일어 부모를 생각하게 되어 비록 작은 잎이라도 상할까 두려워할 터인데 더구나 가지나 줄기를 범할 수야 있겠소.' 하였다.

선조의 고생과 노력이 한 세대를 기약하여야 가업을 이룸과 같이 소나무도 심은 지 수십 년이 지나야 큰 나무가 되는데 베어 버리면 하루 아침에 없어질 것이

5. 江原道 江陵市 草堂洞 松林. 護松說의 의미에 걸맞게 울창한 송림들이 잘 보존되어 있으며, 현재 대부분의 숲 지역이 강릉고등학교 부지 내에 있다. 이 초당동의 송림이 입지한 특성을 고려해 볼 때, 아마도 과거에는 인근 지역인 경포와 강문동 그리고 송정동의 송림이 이곳 초당동과 연결되었을 것으로 보인다. 그리고 이러한 해안의 숲들은 동해의 강풍을 막아 농작물의 피해를 막는 해안방풍림의 기능을 했을 것이다.

니 어찌 이것이 가업을 이루기는 어렵고 파괴는 쉬운 것과 같은 것이 아니리오."[8]

결과적으로 소나무는 조선시대 유교문화의 대표적 상징수(象徵樹)이자 한국의 대표수종이라 할 수 있는데, 유교문화적 배경을 갖는 마을숲에서 많이 등장하고 있다.

정자나무는 가지가 동서남북으로 고루 뻗고 잎이 깨끗하면서도 우거지고 수관(樹冠)이 빽빽해야만 그 기능을 다할 수 있다. 그리고 나무줄기는 위엄과 품위를 지니고 있어야 하고 수형(樹形)이 단정해서 원만한 기품을 보여야 한다.[9] 이러한 뜻에 합당한 나무로 우선 꼽을 수 있는 것이 느티나무와 팽나무이다. 느티나무는 우리나라에 많이 분포하는, 매우 오래 사는 나무로서, 가지 퍼짐이 풍성해 정자나무로서 그늘을 제공하고 수관이 알맞은 높이로 넓게 형성되는 특징을 갖고 있다. 주로 토착신앙적인 의미를 갖는 당목(堂木)이나, 당산목(堂山木) 등의 마을숲에 나타나고 있다.

이 밖에도 호안숲에서는 습지에 잘 사는 왕버들나무 또는 떡버들나무, 저습지(低濕地) 속성수인 오리나무 등이 많이 식재되어 있고, 척박지에는 생육이 왕성해 녹지보존용 속성수로 식재되는 리기다소나무 등이 많이 조성되어 있다. 왕버들나무는 냇가에서 잘 자라는 수목으로, 다른 버드나무류에 비해 수고(樹高)가 높아 풍치수나 정자목 등으로 잘 이용된다.[10] 또한 해송처럼 '귀양지 나무'라 하여 예전에 귀양지에서 가져와 심은 특이한 경우도 있다. 오리나무는 '밥상에 최고품'이라 할 정도로 재목가치가 있으며, 해송과 리기다소나무는 소나무보다 질감이 거칠어서 이용에 부적합한 편이다.

최근 이삼십 년 동안 수익성을 위해 식재된 나무로는 대나무, 잣나무를 들 수 있고, 사방수종(砂防樹種)으로 많이 조성된 아카시아나무도 마을숲에서 자주 나타나는 수종이다. 대나무밭을 '금전(金田)'이라 할 정도로 대나무는 죽세공품 재료로서의 가치와 농업적 가치가 높아 마을숲 주변에 밀집해서 많이 나타나지만, 생장속도가 빠르고 일단 숲을 이루면 다른 수종의 자연증식을 막는 경향이 있어서 마을숲의 후대 형성에 지장을 주는 수종이다. 또한 아카시아나무의 출현도 마을숲 고유의 경관을 변화시키는 결과를 초래하곤 한다.

또한 잣나무는 최근 숲 내에 유목(幼木)으로 군식(群植)되는 경향을 보이고 있다. 이는 잣나무가 조경수로 많이 이용되고 구입이 쉬우며, 가격 또한 저렴하기 때문에 나타나는 현상으로 보인다. 이러한 잣나무는 질감이 거칠고 관리하지 않으면 수관이 낮게 형성되어 사람들의 접근이 어렵다는 생태적 특성을 갖고 있음에도 불구하고 자주 식재되는데, 이것도 같은 이유에서이다. 마을숲의 이러한 구성수목들을 분포순위대로 일람해 보면 다음과 같다.

순위	수종명	학명	성상	원산지
1	소나무	Pinus densiflora	常·針	韓國
2	느티나무	Zelkova serrata	落·闊	韓國
3	해송	Pinus thunbergii	常·針	韓國
4	오리나무	Alnus japonica	落·闊	韓國
5	왕느릅나무	Ulmus macrocarpa	落·闊	韓國
6	은행나무	Ginkgo biloba	落·針	中國
7	전나무	Abies holophylla	落·針	韓國
8	팽나무	Celtis sinensis	落·闊	韓國
9	리기다소나무	Pinus rigida	常·針	北美
10	개서어나무	Carpinus tschonoskii	落·闊	韓國
11	쉬나무	Evodia daniellii	落·闊	韓國
12	회화나무	Sophora japonica	落·闊	中國
13	말채나무	Cornus walteri	落·闊	韓國
14	상수리나무	Quercus acutissima	落·闊	韓國
15	버드나무	Salix koreensis	落·闊	中國
16	왕버들나무	Salix glandulosa	落·闊	韓國
17	푸조나무	Aphananthe aspera	落·闊	韓,中,日
18	이팝나무	Chionanthus retusa	落·闊	韓國
19	노린재나무	Symplocos chinensis	落·闊	韓國
20	벚나무	Prunus serrulata	落·闊	韓國
21	모감주나무	Koelreuteria paniculata	落·闊	韓國
22	무환자나무	Sapindus mukurossi	落·闊	韓國
23	미루나무	Populus deltoides	落·闊	美國
24	네군도단풍	Acer negundo	落·闊	北美
25	참빗살나무	Euonymus sieboldianus	落·闊	韓國
26	곰의말채나무	Cornus macrophylla	落·闊	韓國
27	물푸레나무	Fraxinus rhynchophylla	落·闊	韓國
28	졸참나무	Quercus serrata	落·闊	韓國
29	털야광나무	Malus baccata	落·闊	韓國
30	쪽동백나무	Styrax obassia	落·闊	韓國
31	음나무	Kalopanax pictus	落·闊	韓國
32	느릅나무	Ulmus davidiana	落·闊	韓國
33	윤노리나무	Pourthiaea villosa	落·闊	韓國
34	합다리나무	Meliosma oldhamii	落·闊	韓國
35	갈참나무	Quercus aliena	落·闊	韓國
36	굴참나무	Quercus variabilis	落·闊	韓國
37	아카시아나무	Robinia pseudoacacia	落·闊	北美
38	잣나무	Pinus koraiensis	常·針	韓國

　　이러한 수종들로 구성되는 마을숲은 주변의 자연식물군의 구조와는 다르게 주로 노거수(老巨樹)들로만 구성되며, 생태적으로 주변 지역에 분포하는 자생수종을 중심으로 한 인공식재, 군식 위주의 식재, 수직적 단층구조, 이용에 의한 토양의 경화(硬化) 같은 생태적 특징을 갖고 있다. 이러한 특징들을 자세히 고찰해보면 다음과 같은 사실들을 알 수 있다.

첫째로 마을숲을 구성하는 수종들은 대체로 우리나라가 원산지이며 숲과 인접한 지역에서 생장하던 것으로 그 지역의 기후, 풍토 등에 순치(馴致)된 수종이라는 점이다.

둘째로 마을숲의 나무들은 비슷한 연령의 한두 수종이 우점(優占)을 이루는 경향이 높은데, 이는 식재 시에 군식을 했음을 알 수 있게 한다. 또 수령을 보면 일시적 군식이나 단계적 군식도 나타나 마을숲을 세밀히 연구하면 사람들이 숲을 조성한 역사를 알 수 있다.

셋째로 마을숲은 대체로 자연숲에서 관찰되는 복층림(複層林)보다는 단층림(單層林)의 수직구조를 보이고 있다. 이는 자연숲과는 달리 마을숲은 사람들이 자주 이용하는 공간으로서 이용에 장애가 되는 하층이 제거되었기 때문으로 보인다. 그래서 마을숲 내부에는 사람들의 이용에 의해 지표가 황폐해지고 수목의 뿌리가 노출되는 경향이 많다. 또한 숲 내에는 다른 이용시설들이 함께 위치하기 때문에 경관적으로도 문제가 있다. 이 때문에 현재 마을숲의 훼손, 파괴를 방지하기 위해서 각 지역마다 숲을 보존 대상으로 지정하거나, 보호철책 등을 설치하고 있는 실정이기도 하다.

2. 마을숲의 형성 배경

1. 마을숲의 기원

물질문명이 발달하고 인구가 급격하게 증가하면서 사람들이 사는 마을은 점차 비대해져 거대한 도시를 형성하게 되었다. 그러나 이와 반대로 지구를 뒤덮고 있었던 숲은 규모가 작아져 오늘날과 같은 심각한 지구 위기의 상황을 초래하고 있는 실정이다. 고대의 지구는 대부분이 숲으로 뒤덮여, 지금보다 훨씬 더 많은 종의 생물체를 담고 있는 안정적인 서식처였다. 그러나 인류가 집단생활을 시작하면서 숲의 일부를 베어내고 그 자리에 거주지와 농경지를 만들기 시작했으며, 이로 인해 오늘날에는 수많은 숲들이 사라지게 되었다.

이처럼 인류가 그들의 문명을 숲에서 시작했기 때문에 숲은 인류의 원초적 고향일 뿐만 아니라, 현재도 인간에게 안락을 제공하고 인간을 외부로부터 지켜 주는 존재가 되고 있는 것이다. 따라서 숲에 대한 인간의 숭배행위가 인류문명과 더불어 출현한 것은 필연의 결과이고, 어느 문명권을 막론하고 모두 나타나는 일반적인 현상이기도 하다.

프레이저(J. G. Frazer)의 종교인류학에 대한 고전적인 연구[11]가 보여주는 것처럼 숲에 대한 인간의 경외적(敬畏的) 사고는 대부분 수목숭배와 같은 현상으로 나타난다. 이것은 만물유신론(萬物有神論, animism)적 가치관이 생활의 전부를 지배했던 모든 문명권의 고대인들이 일반적으로 가지고 있던 토착신앙적 우주관에 기초를 두고 있다. 이러한 토착신앙적 우주는 지하에서 지상을 통하여 천상으로 연결되는 수직적 구조를 가지고 있다. 종교인류학자인 엘리아데(M. Eliade)에 의하면 이와 같은 수직적 우주관은 어느 문화권을 막론하고 대부분의 원시 종교에 나타나는 종교적 구조물이며, 고대인들의 공통된 공간적 관념이기도 한 것이다.

중국의 오랜 문헌들에서는 해가 뜨는 동쪽을 부상목(扶桑木)이라 불렀고 거기에 있는 나라를 조선(朝鮮)이라고 했는데, 이를 통해 성스러운 대상으로서의 마을숲의 형성 배경을 알 수 있다. 부상목의 신화에서는 해가 나무 뿌리에서 나와서 가지를 타고 동쪽 하늘로 오른다.[12] 여기서 해 뜨는 과정을 나무에 비유한 것은 나무의 아래에서 위로 치솟는 운동을 동쪽에서 해가 치솟는 것과 유사한 의미로 보았기 때문이다. 또한 나무가 고대 종교에서 태양신의 상징으로 믿어졌던 것은 나무가 아래에서 위로 치솟는 운동만 하는 것이 아니라 한 줄기에서 시작해서 매듭을 통해 가지가 사방으로 뻗어남으로써 마치 태양광선이 사방으로 흩어지는 방사선 모양을 하기 때문이라고 박용숙(朴容淑)은 지적하고 있다. 그래서 고대부터 나무는 신, 즉 하늘 또는 태양과 이어진 통로로서 신앙의 대상이 되어 온 것이다.

또한 김용옥은 "따님(땅님, 地神)의 현현은 어떠한 사인(sign), 즉 어떠한 오리엔테이션(orientation)을 통해서 나타나게 되는데 이 오리엔테이션이 바로 큰 나무들이다. 다시 말해 큰 나무야말로 서낭의 님화를 가능케 하는 오리엔테이션이 되는 것이다."[13]라고 성스러운 나무를 설명하고 있다. 예로부터 우리 동양인에게 있어서 나무는 땅의 신성한 힘의 표출을 의미하며 이 신성한 힘은 땅에서 나오지만 동시에 하늘에서 받은 것으로 믿기도 한다. 『중용(中庸)』 26장에서는 하늘을 '만물을 덮는 것[萬物覆焉]'으로 보고 있고 땅은 '만물을 심는 것[萬物植焉]'으로 이해하고 있다. 즉 만물이란 우리 삶의 공간을 구성하는 모든 것이며, 하늘과 땅의 내재적 힘의 유기적(有機的) 교섭에 의하여 이루어지는 것이다.[14] 따라서 큰 나무는 상호교섭에 의하여 이루어진 생명이며 인간에게 직접적으로 관계되는 다른 모든 생명들 중에 가장 지구력 있고 장엄한 대상으로 믿어지는 것이다. 그래서 고대로부터 인간은 이러한 고목들을 신앙적 숭배의 대상으로 보고 보호해 왔으면서도 두려워할 뿐만 아니라, 또한 이 고목들이 위치한 곳은 정기적인 제례의식(祭禮儀式)을 행하는 장소가 되기도 한 것이다.

　　엘리아데는 천상(天上)과 지상(地上)을 연결하는 몽고인의 우주산(宇宙山)을 성스러운 나무의 개념으로 보고 다음과 같이 설명하고 있다. 몽고인은 우주산을, 중앙에 나무가 한 그루 서 있는 사면(四面) 피라미드로 상상한다. 몽고인들은 신들이, 세계의 기둥에 그렇게 하듯이, 바로 이 나무에 말을 맨다고 믿는다. 또 몽고인은, 잠부(Zambu)라는 나무가 있는데, 이 나무의 뿌리는 수메르(Sumer)산 바닥을 꿰뚫고 있고 수관(樹冠)은 수메르 산 정상을 뒤덮고 있는 것으로 믿는다. 몽고인의 신들(Tengeri)은 이 나무의 열매를 먹고 살고, 우주산의 골짜기에 숨어 사는 악마들(asuras)은 그런 신들의 모습을 선망의 눈초리로 바라본다.[15] 여기서 잠부 나무는 부풀어나는 우주적 에너지의 신비성을 나타내는 기술(記述)이며 또한 이런 나무가 있는 수메르 산은 종교적인 성소(聖所)나 신단(神壇)임을 알 수 있다. 이처럼 고대인들이 가지고 있던 종교관, 우주관에 비추어 보면 당시에 신목(神木)은 하늘과 지상을 연결하는 매개적 통로로서 신이 강림하는 대상물로 믿어졌던 것이다. 이 우주목은 중단없는 재생을 되풀이하는 우주, 우주 생명의 원천, 성스러운 최고의 저장소 등을 의미하는 것으로서 결국에는 천상이나 현세의 천국임을 상징[16]하고 있다고 보고 있다. 다시 말해 고대로부터 나무는 일석삼(一碩三)의 도상적(圖像的)인 기호이며, 신비하고 성스러운, 그리고 절대적인 대상이 되어 왔다. 따라서 성스러운 나무가 위치하면 그 주변을 경계로 성역이 설정되어 그 지역 내에 사는 인간들은 이 나무에 제례를 행하게 되는 것이다.

　　어느 지역에서 나무가 위치하는 곳은 그 지역의 중심이거나 경계가 되는 지점이거나 높은 산 위이다. 그래서 마을 어귀, 마을 뒷동산, 고갯마루 등은 마을의 나무가 위치하는 장소이며, 이 장소를 중심으로 하거나 경계로 하여 설정된 영역은 마을이라는 집단사회 구조체와 그 외부를 구별짓는 곳이다. 엘리아데는 이를

성(聖)과 속(俗)의 개념으로 설명하고 속의 영역에서 성의 영역으로 들어갈 때는 반드시 통과의례를 치러야 함을 지적하고 있다. 이 통과의례는 마을로 진입하기 전에 서낭당에 돌을 던지는 행위 등과 유사한 개념으로 이같은 단순한 행위를 통하여 인간들은 주변과 구별되는 자신들만의 독자적 장소로서 마을을 인식하게 되며, 그러한 장소화(場所化)의 대표적 매개물이 성황목과 같은 나무가 되는 것이다.

박용숙은 그의 저서 『한국(韓國)의 시원사상(始原思想)』에서 무화과나무가 있는 에덴 동산은 동이(東夷)의 풍속으로 볼 때 신수(神樹)와 유사한 양식임을 주장하고 있다.

"에덴 동산은 명당터를 가리키는 것이고 또 동이(東夷)에 있어서는 별읍(別邑)이기도 하다. 동이의 별읍에는 수신(樹神)들이 거처하고 있으며 그들은 동자(童子)를 거느리고 있다. 여기서 거느린다는 말은 가르친다는 뜻이다. 또 별읍 앞에는 우물이라 불리는 여신전(女神殿)이 있고 그 속에는 신모(神母)로 불리는 여신이 동녀(童女)들을 거느리고 있다. …하나님이 아담을 만들었던 것은 그 동자들 속에서 가장 으뜸이 되는 아이를 뽑았다는 뜻으로 해석된다. …이브도 여러 동녀들 중에서 뽑힌 여자이다."[17]

6. 京畿道 楊平郡 聖德 2리 큰골 城隍堂.
엄나무숲과 '첩당'이라는 당집의 전경으로, 마을 뒷동산에 위치하고 있다. 신목으로 엄나무를 사용한 흔치 않은 경우로, 키가 큰 엄나무로 인해 이 숲이 이 마을의 정신적 중심지임을 알 수 있다.

이상과 같이 고대로부터 인간들의 수목숭배는 다양하게 나타나고 있기 때문에 오늘날의 마을숲이 나타난 형성 배경은 이러한 종교적 측면이 가장 강함을 알 수 있다.

동이족의 하나인 옥저(沃沮)가 그 말뜻이 와지(窪地-森林)로 해석되고, 신라 국호의 경우에도 계림(鷄林) 혹은 시림(始林)으로 표현되는 데 주목할 필요가 있다. 또한 신라의 시조인 박혁거세의 박(朴)이 한자 의미로 볼 때 '점을 치는 나무'라는 뜻으로 해석되기도 한다. 이 모든 예들에서처럼 수목은 신성한 것의 상징이거나 어떤 것을 신성화하는 주요 수단이었음을 알 수 있다. 더욱이 이러한 국가적인 단위의 신수(神樹)나 신단수(神壇樹)가 국지적(局地的)으로는 마을의 성황목(城隍木)에서도 발견되는 것이다. 돌무더기가 있거나 오색 헝겊이 걸려 있는 마을 성황목은 마을의 공동 관심사를 논의하는 일에서부터 제사에 이르기까지 모든 의식이 행해지는 곳이다. 그런 의미에서 성황목 밑은 작은 의미의 신시(神市)[18]이기도 한 것이다.

또한 숲은 고대에 외경의 대상이었지만 점차 인간이 식량을 얻거나 거처하는 곳이 되었고, 인류문명이 발달함에 따라 기구, 농구, 선박, 종이 등의 자원 공급처가 되었다. 현대에 와서는 사람들의 여가수용처(餘暇受容處)가 되기도 한다. 이처럼 이용과 문명에 의한 숲의 파괴가 지속되어 왔기 때문에 이제는 인류의 생존 차원에서 숲을 보존해야 하는 역설적인 현실에 처하게 되었다.

마을숲을 조성하는 다른 차원의 형성 배경으로는 숲 조성을 통하여 얻어지는 직접적인 효과, 즉 목재생산적 효과나, 기후 조절, 방풍, 방설 등 자연재해의 방지효과를 들 수 있다. 이와 같이 마을숲은 물리적 형태로서뿐만 아니라 그 속에 기능과 의미 그리고 실존적인 '장소감'이 함께 내포되어 하나의 총체적 현실로서 사람들에게 인식되는 것이다.

2. 고대 서양의 마을숲

서양 마을숲에 대한 기록으로는 고대 이집트의 장제신전(葬祭神殿), 그리스의 성림(聖林), 이탈리아 로마의 디아나(Diana) 숲 등을 들 수 있다. 특히 프레이저의 『황금가지』에 기록된 수많은 숲의 사례들은 서양에 있어서 마을숲의 형성 배경을 밝힐 수 있는 주요한 자료들이다.

기원전 15세기에 이미 이집트 인들은 그들의 강한 종교관에 따라 바하리(Bahari)에 거대한 핫셉수트(Hatschepsut) 여왕의 장제신전[19]을 건설하고 신전 주변에 수목을 대량으로 심어 성스러운 숲(神苑, shrine garden)을 조성하고 있다. 또한 그리스 인들도 신전 주위에 수목을 식재함으로써 성림(聖林, sacred garden)[20]을 조성했다.

이것은 고대 그리스 인의 수목에 대한 외경사상의 발로라고도 할 수 있으며,

이러한 성림(聖林)은 신전 속에서 거행되는 제사보다도 중요시되어 뒤에는 종교적 예배의 주 대상으로 보는 견해까지 생겨났다. 초기의 성림은 제단 주위를 둘러싸는 정도에 지나지 않았으나, 시대가 흐름에 따라 점차적으로 그 규모가 커지게 된다. 유명한 아폴로 신전의 주위에도 너비 60미터로부터 100미터에 이르는 공간이 있는데, 이것은 성림이 조성되었던 자리로 믿어지고 있다. 올림피아에 가까운 제우스 신전을 둘러싼 성림 속에는 많은 조상(彫像)이나 청동제(靑銅製) 장식분(裝飾盆)이 나열되었던 까닭에 그 성림은 '청동과 대리석으로 만들어진 조상에 의해 이루어진 숲'[21]이라는 명칭을 가지고 있었다.

이탈리아에서는 고대로부터 북부 지역에 네미(Nemi) 호수를 둘러싼 신성한 디아나(Diana) 숲이 존재했고,[22] 스웨덴의 옛 종교적 수도인 웁살라(Uppsala)에도 하나의 성림이 존재하여 이곳의 모든 나무는 신으로 간주되기도 했으며, 리투아니아도 그리스도교로 개종(14세기)하기 전에는 수목숭배 사상이 깊어 마을이나 집 옆에 성림(떡갈나무숲)을 두고 그곳의 나무는 가지 하나조차 꺾지 않았다고 한다.[23]

결과적으로 서양 마을숲의 형성 배경은 한국의 신단수의 경우에서처럼 성림이나 신전 주변의 식재에서 잘 확인된다. 그러나 서양은 고대부터 수렵이나 유목생활 위주로 산림을 경영해 왔기 때문에 수렵원(狩獵園)[24]에서 시작되어 오늘날의 공원으로 정착된 경우들이 많다. 이러한 예로는 영국의 제임스 파크(St. James Park), 하이드 파크(Hyde Park), 켄싱턴 가든(Kensington Garden), 프랑스의 불로뉴 숲(Bois de Boulogne), 베르사유(Versailles) 숲, 독일의 티에르 가르텐(Tier Garten) 등을 대표적으로 들 수 있다.

이 숲들은 고대 왕가의 수렵원을 만들 목적으로 조성되거나 관리·보존되어 오늘날에는 런던, 파리, 베를린 등과 같은 대도시 내에 위치하고 있어 도시의 마을숲과 같은 성격을 띤 공원녹지로 활용되고 있다.

이처럼 서양의 숲들은 고대 이집트부터 시작해 오랜 역사를 갖고 있지만, 실제 설계에 의해 나무들이 사용된 것은 약 이백 년 전부터이다.[25] 고대 이집트에서는 기원전 2800-2100년경에 지배계층이나 부유계층에게 상쾌한 환경을 제공하기 위한 개인정원에 나무를 사용했으나, 이 당시에 공공조경을 목적으로 나무를 사용했다는 증거는 없다. 이러한 이집트의 전통은 중세나 르네상스 시대까지 지속되어 오다가 18세기 프랑스 바로크 양식의 정원들에서 나타난 기하학적 정형식(定形式) 정원의 출현과 더불어 더욱 발전했다. 이 정형식 정원에서는 숲을 가로지르는 직선의 도로를 내는 것이 설계의 중요한 특징이었다. 그 후에 영국을 중심으로 새로이 나타난 자연풍경식은 프랑스의 정형식 패턴과 달리 자유로운 선과 곡선적인 지형의 미를 중시하는 양식으로, 이때부터 식재의 목적이 개인정원을 만드는 것에서 공공목적의 공원을 만드는 것으로 전환되었다. 이러한 자연풍경식은 자유롭게 식재된 나무들과 잔디 공간으로 구성된 특징을 갖고 있어 현대에까

7. 프리드리히 〈정오(*Noon*)〉
1822, 니더작센 주립미술관,
하노버.
낭만적 경관의 의미에 관한
새로운 측면을 표현해 주고 있는
이 그림을 통해 서양 마을숲의
한 예를 볼 수 있다. 이 그림에서는
들판에서 작업하는 농부와
도로 변의 숲이 침울하고 미묘한
분위기 속에서도 세밀하게
묘사되어 있어서 한국의 마을숲과
유사한 느낌을 갖게 한다.

지 많은 영향을 주고 있다. "자연숲이나 인공적인 숲들 위주로 구성된 도시는 건강할 뿐만 아니라 화재에 대해서도 안전하고, 편안하며 안락할 것이다."[26]

이처럼 쾌적한 현대도시는 주변에 자연숲이 입지하거나 내부에 인공숲이 조성되는 추세가 점차 증가하고 있다. 환경설계 분야에 있어서 나무들은 오염된 환경을 개선하는 데 매우 주요한 수단이 되고 있는 것이다. 결과적으로 고대 수렵원과 같은 자연숲을 보존하거나 그 일부를 보식(補植)하면서 출현한 서양의 마을숲은 약 이백 년 전부터 인공적으로 조성되는 공원들에 이르는 과정을 보여준다. 곧 서양의 마을숲도 인류 문명과 밀접한 관계를 유지해 왔음을 알 수 있다. 따라서 숲은 개인적 정원에서 공공적 공원으로, 자연숲에서 인공숲으로 점차 전환되었고, 실제 그 형식에 있어서도 자연식에서 정형식으로 전환되었다가 다시 자연풍경식으로 귀환되었다고 할 수 있다. 그러나 한국 마을숲은 현대적인 이용과 보존관리에 있어서는 서양과 유사하지만, 조성 초기부터 공원 성격을 갖고 있었던 점과 조성형태상 정형식이 거의 없이 자연식으로 구성되었던 점이 서양과는 다르다고 할 수 있다. 또 서양의 마을숲은 조성 초기부터 수렵을 목적으로 한 숲이었기 때문에 대규모로 조성되거나 왕궁이나 성 주변으로 식재되는 경향을 보이는 반면, 한국의 마을숲은 왕궁에서도 일부 나타나지만 주로 마을에 산재하고 있는 종교적 제단(祭壇) 주변에 소규모로 식재되는 경향을 띠고 있다.

이상은 문헌을 토대로 하여 서양 마을숲의 역사를 설명한 것으로, 이를 통해 마을숲이 매우 오랜 역사를 지니고 있음을 알 수 있다. 그러나 마을숲의 기원은 이러한 문헌상의 기록 훨씬 이전으로 소급(遡及)될 수 있을 것으로 보인다. 현재까지 전해지고 있는 서양의 여러 가지 고사(古事)를 통해 보더라도, 세상에

존재하는 만물에 모두 신이 있다고 믿는 만물유신론적 사고가 지배했던 원시공동
체에서 마을숲은 대부분 이미 성스러운 신앙대상으로 존재했던 것으로 추측된다.
이 숲(혹은 나무)은 고대의 마을에 있어서 물리적·정신적으로 중요한 구심점을
이루는 상징물로서 성스러운 숭배의 대상이었고, 마을에서 가장 우월한 위치와
가치를 지니는 주요 경관요소였던 것으로 유추된다.

3. 한국 마을숲의 형성 배경

이렇듯 인류문명의 발생과 함께 조성되어 인류의 생활, 그 중에서도 토착문화
와 밀접한 관계를 가지며 형성되어 온 마을숲은 다양한 문화배경 속에서 형성된
상징물이다. 따라서 마을숲은 오랜 기간 동안 수많은 수난을 겪고도 현재까지 잔
존할 수 있었던 것이다. 한국 마을숲은 그것이 지닌 가치에 비해 그다지 잘 알려
져 있지 않으나 수년간의 조사를 통해 전국적으로 사백여 개에 달하는 크고 작은
마을숲이 잔존하고 있음을 확인할 수 있었다.

이러한 수많은 한국 마을숲의 형성 배경을 알기 위해서는 고문헌의 기록을 검
토할 필요가 있다. 이는 고문헌의 기록이 마을숲의 역사와 형성 배경을 규명하는
데 우선적으로 중요한 자료이기 때문이다. 마을숲과 관련된 기록이 있는 고문헌
들로는, 『동국여지승람(東國輿地勝覽)』『세조실록(世祖實錄)』『세종실록(世宗
實錄)』『동국이상국집(東國李相國集)』『삼국사기(三國史記)』『삼국유사(三國
遺事)』『목민심서(牧民心書)』『양촌집(陽村集)』『서애집(西厓集)』『목은집
(牧隱集)』등이 있다.

이와 같은 고문헌의 기록을 검토해 본 결과, 마을숲의 형성 배경은 역사·문화
적 배경, 경관적 배경, 이용·기능적 배경 등 세 가지로 나눠 볼 수 있다. 이는 렐
프(E. Relph)가 말하는 장소의 구성요소인 의미, 물리적 외관, 활동[27]의 개념과
유사하다. 역사·문화적 배경은 마을숲의 의미를, 경관적 배경은 물리적 외관을,
이용과 기능은 그 속에서 발생하는 활동을 뜻한다고 할 수 있다. 결국 마을숲이
출현하는 형성 배경은 마을숲을 기억케 하는 느낌, 감정, 이미지 등과 마을숲이
시각적으로 표현되는 물리적 실체를 이루는 배경, 그리고 이를 기반으로 이루어
지는 사람들의 활동 또는 이를 위한 기능 등으로 나누어서 살펴볼 수 있을 것이
다.

1. 역사·문화적 배경

역사·문화적 배경으로 볼 때 마을숲은 고대로부터 전승되어 온 토착신앙, 신라
말에 유입되어 한국인의 뿌리깊은 지리적 사고로 발전되어 온 풍수사상, 그리고
조선시대에 사회를 통제하고 지배하는 정치적 이념이었던 유교 등의 영향을 받았
을 것으로 생각된다.

① 토착신앙적 배경

이 글에서 말하는 토착신앙이란 무속, 민간신앙 등과 같이 한국의 토착화된 종교들을 총칭하는 것이다. 한국 마을숲의 토착신앙적 배경을 기술하기 전에 우선 한국의 경우와 유사한 중국의 숲에 대한 기록을 살펴보자. 중국의 숲에 관한 기록으로는 『시경(詩經)』「대아편(大雅篇)」의 영대(靈臺)[28]에 관한 기록을 들 수 있다. 이 영대는 중국의 고대국가인 주(周)나라의 천문(天文)과 관계가 있는 종교적 구조물로서 주위에 연못과 수림을 갖추고 있었다고 한다. 기록상 영대 내에 조성된 이 숲은 그 안에 사슴이 뛰어 놀았고 천문과 관련한 시설이 있었던 점으로 보아 규모가 클 뿐만 아니라 종교적 제례나 행사 등이 베풀어진 장소였음을 추측케 한다.

문헌에 나타나는 한국 마을숲의 시원적 형태로는 신단수를 들 수 있다. 신단수를 묘사하고 있는 『삼국유사』의 단군신화에는 "환웅(桓雄)은 무리 삼천 명을 거느리고 태백산 꼭대기 신단수 아래 내려오니 여기를 신시(神市)라 이르고"[29]라고 기록되어 있다. 여기서 신단수는 영대처럼 종교적 대상물로서 삼천 명의 무리가 거주하는 지역을 대표하는 제례장소일 뿐만 아니라 당시의 통치를 신격화하는 종교적 성소(聖所)를 의미하는 것이다.

또한 단군신화 이후로 한국 마을숲의 형성 배경을 보여주는 것으로는 『삼국지(三國志)』「위지(魏志)」 동이전(東夷傳)의 '한조(韓條)'에 나타나는 "여러 나라에 별읍(別邑)이 있고 여기에 소도(蘇塗)라고 일컫는 곳이 있어 이곳에 큰 나무를 세워 놓고 이 나무에 방울을 매달아 귀신을 섬기는 풍습이 있다(又諸國 各有別邑 各地爲蘇塗 立大木 懸鈴鼓 事鬼神)"[30]라고 한 기록을 들 수 있다. 여기에서 천신(天神)에게 제사드리는 사람이 천군(天君)이고 이곳에 소도를 세우고 귀신을 섬기는 모습은 지성소(至聖所)에서 예배를 드리는 고대 종교의 모습과 조금도 다른 바 없다. 여기서 소도라는 것은 고대 국가의 종교적 성소에 세워지는 것으로 성스러운 구조물로서 신성시하고 그 주변을 보호해 신성림으로 만든 것이다. 더욱이 『삼국지』의 동이전에 "각 나라가 모두 불교의 스투파(stupa)와 같은 소도를 세우고 귀신을 모시며, 그 속에 여러 도망자가 있어도 들어가지 않는다"[31]라고 기록된 것을 볼 때, 세속을 떠난 망자(亡者)들도 숲 속에서는 완전히 새로운 인간으로 재생함으로써 숲이 구도자(求道者)가 해탈하는 장소였음을 알게 한다.

이상과 같이 신수, 생명의 나무, 세계축(世界軸)으로서의 나무, 죽음과 재생의 나무, 모성적 속성과 남성적 생산성을 함께 갖추고 있는 나무, 지혜의 나무, 희생의 나무, 역사와 전통을 상징하는 나무 등과 같은 관념[32]에서 한국의 마을숲이 출현했다고 볼 수 있다. 더욱이 한국의 대표적인 신단수는 신이 천계(天界)에서 지계(地界)로 내려오는 길, 즉 천상계와 지상계를 잇는 다리이고 제천의식이 행해지는 제단이며, 하늘에서 하강한 신 자체인 것이다.

현존하는 한국 마을숲 중에서 토착신앙적 숲을 대표할 수 있는 것으로는 사직(社稷)[33]을 들 수 있다. 사직은 민간종교적 차원에서 출현한 서낭의 국가종교적 시설로 이 주위에는 숲을 조성하여 엄하게 보호했다. 특히 겸재(謙齋) 정선(鄭歚)의 진경산수화(眞景山水畵)인 〈삼승조망도(三勝眺望圖)〉(도판 8)를 보면 사직단 후면의 인왕산(仁旺山)에서 내려오는 산자락의 소나무도 보존하여 사직의 내룡(內龍)을 보위했음을 짐작케 한다. 더욱이 조선시대에 사직단이나 사직은 한양(漢陽)뿐만 아니라 지방의 주요 부(府)·목(牧)·군(郡)·현(縣)에 이르기까지 설치되었음을 알 수 있다.

뿐만 아니라 불교에서의 보리수(菩提樹)도 신수와 유사한 맥락을 갖는 것으로 보인다. "불교에서 나무는 석가모니가 그 아래에서 깨달음을 성취한 나무, 즉 인도 가야산(伽耶山)에서 나는 피팔라 나무를 신성한 나무로 간주하고 있다. 이 나무는 깨달음의 나무라는 뜻에서 보리수라 하는데 해마다 석가모니가 입적한 날에 그 잎이 시든다고 한다."[34] 즉 불교에서의 보리수는 깨달음을 얻는 나무이고 해마다 그 잎이 시드는 영험을 갖는 대상인 것이다.

한국 마을숲의 토착신앙적 형성 배경과 관련된 또다른 예로는 옛날부터 가정에서 신앙으로 숭배되어 온 성주신을 들 수 있다. 이는 전통적으로 전래되고 있는 성주풀이의 내력에 잘 나타나 있다.

"성주는 본시 천상의 천궁에 있었는데, 하늘에서 죄를 지어 땅으로 정배(定

配)된다. 강남에서 오던 제비를 따라 제비원에 들어가 숙소를 정하고는, 집짓기를 원하여 제비원에서 솔씨를 받아 산천에 뿌린다. 그 솔이 점점 자라 재목감이 되자, 성주는 그 중에서 자손번창과 부귀공명을 누리게 해 줄 성주목을 고른다. 성주목은 '산신님이 불 끄러 오고, 용왕님이 물을 주어 키운' 나무이므로, 함부로 베지 못하고 날을 받아 갖은 제물로 산신제(山神祭)를 올린 후에 베어내어 다듬어서 집을 짓는다."[35]

이 내용에 나타난 것처럼 소나무는 집의 재목으로 그 활용가치가 높기 때문에 잘 보호하고 가꾸었음을 알 수 있다. 더욱이 소나무는 정화하는 의미를 갖고 있어서 아이가 태어난 집 대문 위나 동제 때 치는 금줄에 솔가지를 끼우는 풍속이 전래되어 왔다. 그러므로 소나무로 구성된 마을숲 중에는 성주목으로 사용할 목적으로 조성된 것도 있는 것으로 보인다.

한편 고문헌에 나타난 토착신앙적 숲 사례를 살펴보면, 마을숲과 관련된 토착신앙의 내용은 탄생설화와 사후설화, 신의 능력이 나타난 설화, 그리고 신앙적 제례방식과 금기사항 등에 관한 내용들로 나타난다. 탄생설화는 기본적으로 숲이 인류문명의 원천인 것처럼 우리 문화가 숲에서 태어났음을 의미하는 것이다. 예를 들어 『삼국유사』에 나오는 경주의 나정숲(도판 9)[36]은 "양산 기슭의 나정(蘿井) 곁, 그 신비스러운 서기(瑞氣)는 땅으로 드리워져 있었고, 그것은 마치 전광(電光)과 같았다. 그리고 그 서기가 드리워진 곳엔 흰말 한 마리가 꿇어 절하는 모양을 하고 있었다."[37]라고 묘사되고 있으며, 계림(鷄林)[38]과 관련해서는 "길을 가다 호공(瓠公)은 그 숲 속이 온통 환한 광명으로 차 있는 것을 발견했다. 자줏빛 구름이 하늘에서 그 숲 속으로 드리워져 있었다. 숲 속에 드리워진 그 구름 속에는 황금으로 된 궤 하나가 나뭇가지에 걸려 있었다."[39]라 기록되어 있어서 신비스런 기운이나 광명이 이들 숲을 신성한 장소로 만들고 있음을 보여주는데, 바로 이곳에서 신라의 시조인 박혁거세(朴赫居世)와 경주 김씨의 시조인 김알지(金閼智)가 태어난 것이다.

이에 반해 능 주변의 숲에는 사후 설화가 나타나고 있다. 경주 오릉림(도판 10)[40]에는 "혁거세왕이 하늘에 올라간 지 칠 일 뒤에 오체(五體)가 땅에 흩어져 떨어졌다. 나라 사람들이 합쳐서 장사(葬事)하려고 했으나 요괴한 뱀의 방해로 인하여 각각 장사(葬事)하고 드디어 오릉(五陵)이라고 이름하였다."[41]라는 설화가 있고, 수로왕릉(首露王陵)숲[42]의 경우에는 "팔백칠십팔 년 동안을 수로왕의 능원(陵園)의 봉토(封土)가 헐어지지도 무너지지도 않고 있으며, 그 심겨진 나무들은 말라 죽지도 썩지도 않고 있다. 더욱이 진열된 갖가지 보물들도 또한 흠 진 곳이라곤 없다."[43]고 할 정도로 신성시하여 "시조 수로왕의 묘가 지금 성(城) 서문(西門) 밖에 있으니, 관(官)에서 나무 하는 것을 금단한다"[44]고 했다.

일반적으로 설화는 그것이 얽혀 있는 숲을 기억케 하고 사람들이 이 숲을 가꾸

9. 慶州 蘿井숲.

고 보호하는 데 중요한 기능을 해 온 것이다. 이는 낭산(狼山)숲[45]과 대왕수(大
王藪)[46] 내에는 "개미도 다니지 않으며, 새들도 집을 짓지 않는다"[47]고 할 정도로
신성한 영역으로 보호되었음을 보면 더 잘 알 수 있다.

　낭산숲은 "8월에 구름이 낭산에 일어났는데, 누각과 같이 보이고 향기가 매우
성하게 퍼지며 오랫동안 없어지지 아니하였다. 왕은 군신들에게 말하기를, '이는
반드시 하늘에서 신령(神靈)이 내려와서 노는 것이니 그곳은 응당 복지(福地)일
것이다' 하여, 그 뒤부터는 누구나 그곳에서 나무를 베지 않도록 금하였다."[48]라
고 기록되어 있고 대왕수의 경우에는 "용두산의 남쪽에 동네가 있고, 동네 어귀
에 늪이 있는데, 토인(土人)들이 대왕수라고 칭한다. 대개 우리 태조께서 경계를
순시하러 남쪽 지방에 이르러 여기에 군대를 주둔시키고 삼 일 후에 떠났는데,
지금 그 땅에 높은 나무, 뭇 풀들이 많아도 나무꾼, 풀베기꾼들이 감히 가까이
들어가지 못하니 용(龍)이 보호하고 있는 것이라 한다."[49]라고 기록되어 있다.
이로 보아 낭산숲과 대왕수는 각각 신이 있는 듯한 길지의 숲에 대왕이 다녀간
장소라는 의미에서 보호되었음을 알 수 있다.

　또한 고대사회에서 숲이나 나무는 미래를 예측할 수 있는 능력을 갖는 존재로
인식되어 관찰의 대상이 되곤 했다. 『산림경제(山林經濟)』에 보면 "오목(五木)
은 오곡(五穀)의 먼저이다"라고 했는데, 오곡이 어떤지를 알려면 먼저 오목이

어떤지를 살펴보아, 그 오목 중에 무성한 것을 가려 그 나무에 해당되는 곡식을 이듬해에 많이 심으면, 만에 하나도 틀리지 않는다는 것이다. 그러므로 "음양가 (陰陽家)의 글에 화(禾)는 대추나무나 냇버들[楊]에서 생기고, 도(稻)는 수양버들[柳]이나 냇버들에서 생기고, 대맥(大麥)은 살구나무에서 생기고, 소맥(小麥)은 복숭아나무에서 생기고, 소두(小豆)는 오얏나무에서 생기고, 마(麻)는 냇버들이나 싸리나무[荊]에서 생긴다"[50]라고 한 것도 같은 맥락에서 이해된다. 또 예전부터 생기가 돌고 속기(俗氣)를 물리칠 수 있다 하여 집 주변에 송죽(松竹)을 심곤 했다는 점을 봐도 이러한 사실을 알 수 있다.

이처럼 토착신앙적 차원에서 나타난 숲은 설화나 영험과 관련되는 경향이 높고, 이들이 그 숲을 보존하는 데 중요한 역할을 해 왔음을 알 수 있다. 또한 이러한 설화나 영험이 사람들에게 연면히 전래되어 숲은 제례의 대상이 되어 왔다. 예를 들어 수로왕릉에 대해서는 "해마다 봄 가을에 부중(府中)의 부로(父老)들이 함께 모여서 제사지낸다. 한(漢)나라 헌제(獻帝) 건안(建安) 4년에 가야국(伽倻國) 시조 수로왕이 승하하니, 성(城) 북쪽에 장사하고 능 곁에 있는 밭 삼십 경(頃)을 바쳐서 춘추로 제사하는 비용에 충당하였다."[51]라고 기록하고 있다. 완도(莞島)의 경우에는 "이제부터 산천의 기암(奇岩)과 용혈(龍穴)과 사사(寺社) 등 영험한 곳에 제실(祭室)과 위판(位板)을 설치하고, 매양 사중월(四仲月—2월, 5월, 8월, 11월)의 길일에 사자(使者)를 보내어 예를 행하게 하소서"[52]라하여 제례 운영방식이 나타나 있다.

② 풍수적 배경
풍수적 맥락에서 한국 마을숲의 배경을 밝히는 데 주요한 문헌자료로서 홍만

10. 慶州 五陵林.

선(洪萬選)의 『산림경제(山林經濟)』와 이중환(李重煥)의 『택리지(擇里志)』를 들 수 있다. 특히 이 자료들은 조선시대에 상류층을 형성한 사대부들이 당시 가거지(家居地)를 정하는 데 도움이 되는 지침서였기 때문에 현존 풍수적 측면에서 마을숲의 형성 배경을 밝혀 주는 주요한 자료인 것이다.

"무릇 주택에 있어서, 왼편에 흐르는 물과 오른편에 긴 길과 앞에 못, 뒤에 언덕이 없으면, 동쪽에는 복숭아나무와 버드나무를 심고, 남쪽에는 매화와 대추나무를 심으며, 서쪽에는 치자와 느릅나무를 심고, 북쪽에는 벚나무와 살구나무를 심으면, 또한 청룡(靑龍), 백호(白虎), 주작(朱雀), 현무(玄武)를 대신할 수 있다."[53]

이처럼 주택 사방에 걸쳐 식재되는 나무들은 바로 마을숲의 축소적 사례들로 볼 수 있다. 이러한 마을숲들 중 현존하는 숲들은 숲 내에 백 년에서 이백 년 정도된 수목이 가장 많이 분포하는 것으로 미루어 보아 그 조성 시기는 대체로 조선 후기 이후일 것으로 보인다. 따라서 숲 조성 당시 조선시대의 사회적, 정신적 배경이었던 풍수나 유교가 마을숲 조성에 큰 영향을 주었을 것으로 추측된다. 또한 마을숲의 풍수지리상 근거는 『택리지』 「복거총론(卜居總論)」의 수구막이에서 잘 나타난다.

"무릇 수구(水口)가 엉성하고 널따랗기만 한 곳에는 비록 좋은 밭 만 이랑과 넓은 집 천 간(間)이 있다 하더라도 다음 세대까지 내려가지 못하고 저절로 흩어져 없어진다. 그러므로 집터를 잡으려면 반드시 수구가 꼭 닫힌 듯하고 그 안에 들이 펼쳐진 곳을 눈여겨보아서 구할 것이다. 그러나 산중에서는 수구가 닫힌 곳을 쉽게 구할 수 있지만 들판에서는 수구가 굳게 닫힌 곳이 어려우니 반드시 거슬러 흘러드는 물이 있어야 한다. 높은 산이나 그늘진 언덕이나, 역으로 흘러드는 물이 힘있게 판국(版局)을 가로막았으면 좋은 곳이 된다. 이런 곳이라야 완전하게, 오랜 세대를 이어 나갈 터가 된다."[54]

이와 같이 수구란 마을 앞의 물이 흘러나가는 출구나 마을 앞의 개방되어 있는 공간을 의미하는 것으로, 길지(吉地)를 이루기 위해서는 수구가 닫힌 다른 장소를 찾거나, 같은 장소라도 그러한 형국을 조성하면 되는 것이다. 여기서 수구를 막아 주는 대표적 수단이 마을숲인 것이다.

"수구에는 꼭 산세가 튼튼하고 조밀한 것이 요청되나니, 천 명이 모여선 듯한 것을 이름하여 귀지(貴地)라 합니다.… 수구를 닫아 주지 못하면 당년의 부귀는 쓸데없는 것이나, 수구 밖으로 휠씬 내려가서 잘 잠그어 준 것이면 여러 세대를 두고 호걸과 영웅이 난다는 것을 알 수 있습니다. 따라서 수구라는 것은 관활(寬闊)해서는 안 되고, 나성(羅城)은 공결(空缺)해서는 안 된다는 것입니다. 하나

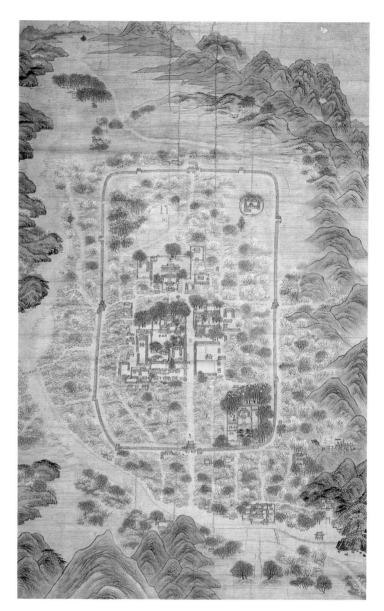

11. 〈全州地圖〉
서울대학교도서관.
18세기 후기에 그려진 회화풍의
지도이다. 한국의 다른 도시와는
달리 전주는 본래
북향입지이므로, 이를 비보하기
위해 북쪽에 수림들이 많이
조성되었다. 이 그림을 보면,
옛 전주의 주요 건물이라 할 수
있는 客舍, 宣化堂, 慶基殿 등의
북쪽을 숲이 에워싸고 있으며, 이
밖에도 성 밖 북쪽에 숲정이숲이
조성되어 있음을 알 수 있다.

의 산도 공결되어서는 안 되며 하나의 방위도 모여들지 않으면 안 되는 것입니다. 이제 우리나라 국도(國都)에 나성이 공결되고 수구가 관활하게 되었은즉, 나성과 수구를 보충하지 않으면 안 됩니다. 그러하오나, 흙을 쌓아서 산을 만들어 보결하려면 성공하기가 어려우니, 나무를 심어서 숲을 이루어 가로막게 하면 작은 노력으로 많은 효과를 거둘 수 있습니다."[55]

이처럼 풍수적 관점에서 볼 때는 공결이 없는 둘러싸인 경관을 길지로 보기 때문에 지형상 트인 부분을 이루는 수구는 닫아 주어야 하는 것이다. 더욱이 수목 식재는 시각적으로 수구를 막는 다른 어떤 방법보다 손쉬운 방법이므로 가장 보편적으로 사용되어 오늘날 마을숲을 이루게 되었다. 또한 이러한 수구막이로는 수목 식재 외에도 조산(造山)과 저수지 축조 등의 방법을 들 수 있는데, 이들은 식재보다 시각적 효과는 적으나 풍수상 지기(地氣)를 모으거나 차단하여 가둠으로써 저장한다는 상징적 의미가 있다. 예를 들어 서울의 경우에는 "하나는 물 남쪽에 있고 하나는 물 북쪽에 있는데, 흙을 쌓아 산을 만들었으니, 지기를 함축시키기 위하여서인 것 같다"[56]라 하여 가산(假山)[57]을 쌓았음을 알 수 있다. 또한 전주 덕진지(德津池)[58]를 조성한 경위를 보면, "부(府)의 지세는 서북방이 공결(空缺)하여 전주의 기맥(氣脈)이 이쪽으로 새어 버린다. 그러므로 서쪽으로는 가련산(可連山)으로부터 동으로 건지산(乾止山)까지 큰 둑을 쌓아 기운을 멈추게"[59] 했음을 알 수 있다. 결과적으로 식재, 조산(造山), 저수지 조성 등이 풍수적 길지를 위한 수구막이의 수단들임을 알 수 있는데 조산이나 저수지 제방에도 수목이 심겨지기 때문에 이 중에서도 식재가 가장 보편적인 수단이었음을 알 수 있다.

③ 유교적 배경

중국의 고대국가인 주(周)나라의 정치집회 장소에는 집회를 주관하는 왕이 앉아 있는 건축물이 있고 그 앞으로 세 그루의 느티나무(혹은 회화나무 : 槐)와 아홉 그루의 가시나무[棘]를 심어 놓았는데, 이 나무 아래에 세 명의 정승[三公]과 아홉 명의 고급관리[九卿]를 앉도록 하여 정사(政事)를 다루었다고 한다. 이러한 고사에서 유래하여 삼공구경(三公九卿)이라는 어휘가 만들어졌으며, 이것은 삼괴구극(三槐九棘)이라는 어휘로 대신하여 쓰이기도 했다. 즉 느티나무 세 그루는 삼정승(三政丞)을, 가시나무 아홉 그루는 고급관리를 암시함으로써 정치적 위계질서를 세웠던 것이다.[60] 괴위(槐位), 괴정(槐鼎), 괴좌(槐座) 등의 용어는 모두 정승 또는 정승의 위치를 나타내는 어휘인데, 이러한 용어의 유래 역시 느티나무가 가지고 있는 의미로부터 연유하고 있다. 이와 같은 고사를 통해 볼 때 이미 원시 부족국가 시대에서부터 정치집회 장소에 마을숲이 조성됐음을 알 수 있다.

유교적 맥락 안에 있는 한국의 대표적 숲으로 종묘(宗廟)[61]를 들 수 있다. 이 종묘는 왕가(王家) 조상의 신위(神位)를 모신 곳으로서 국가적으로 높이 받들고 중시하던 시설이므로, 그 주변에 사직과 마찬가지로 숲을 조성하고 보호한 것이다. 이처럼 종묘나 사직은 왕실이라는 지배계급이 민(民)이라는 피지배계급을 종교적·사상적으로 통치하는 두 대표적인 구조물이므로, 그 주변의 숲은 국가의 존망과 관련된 의미를 갖는 중요성이 있었다. 김용옥은 이 종묘와 사직의 의미를 "종묘는 남성인 데 반하여 사직은 여성이다. 종묘는 종적인 관계에서 성립하고 있는 데 반하여 사직은 백성의 횡적인 연계를 나타낸다. 종묘는 도시의 종교를 상징하는 데 반하여 사직은 농촌의 종교를 상징한다. 종묘는 귀족의 예식인 데 반하여 사직은 농민의 예식에 그 근원이 있다."[62]라고 했다. 따라서 종묘나 사직에 식재된 숲은 한국 마을숲과 관련된 국가적인 숲으로 마을숲의 형성 배경을 잘 전해 주고 있다. 또한 『산림경제』는 사대부가 가거지(家居地)를 설정하고 산림을 경영하는 것을 잘 알아야 함을 말해 주고 있다.

"대개 선비는 조정에 벼슬하지 아니하면 산림에 은퇴하는 것이다. 만약 전지(田地)를 다듬고 원포(園圃)를 만들어 꽃과 나무를 심어 놓은 뒤에 거기를 살 곳으로 정하지 않고 버리고 다른 곳으로 간다면 많은 공력(功力)만 헛되게 허비한 결과이니, 어찌 아깝지 않겠는가. 그러니 반드시 그 풍기(風氣)가 모이고 전면(前面)과 배후가 안온(安穩)하게 생긴 곳을 가려서 영구한 계획을 삼아야 할 것이다. 명산에 복거(卜居)할 수 없으면 곧 산등성이가 겹으로 감싸고 수목이 울창하게 우거진 곳에다 몇 묘(畝)의 땅을 개간하여 삼간 집을 짓고, 무궁화를 심어 울을 만들고 띠를 엮어 정자를 지어서, 1묘에는 대[竹]와 나무를 심고, 1묘에는 꽃과 과일을 심고, 1묘에는 오이와 채소를 심으면 또한 노년을 즐길 수 있을 것이다."[63]

이 글에서는 선비가 좋은 장소를 찾는 원리가 잘 나타난다. 우선 주변의 지세를 잘 살펴서 명당을 택하고 난 후에는 무엇보다도 나무나 꽃을 심는 것을 당연한 원리로 알고 있음을 알 수 있다. 즉 예전 사람들은 살 만한 곳이면 가장 먼저 터를 닦고 그 주변에 나무를 심음으로써 그들의 원림생활을 시작한 것이다. 여기서 이러한 나무들은 바로 마을숲을 이루게 된 바탕이 되는 것으로, 현재 거의 전국의 마을에서 숲이 나타나는 것과도 관련지어 설명될 수 있는 것이다. 이와 같이 조정에서 벼슬을 하지 않고 물러난 선비나 조선 중기 이후 당쟁으로 인해 은퇴한 사류(士類)들이 그들의 본거지인 고향으로 돌아가 자연을 벗하며 살게 되는데, 바로 이때 마을숲이 그들의 생활 근거지로 제공되는 것이다.

이러한 사례로는 조선시대 사대부층의 원림생활과 관련된 석서정(石犀亭)[64]과 취운루(翠雲樓)[65]의 사례를 들 수 있다. 석서정에 관해서는 고문헌에 "물이 옛날에 흐르던 곳에 정자를 짓고, 그 중간에서 보(洑)를 내어 물이 양쪽으로 나뉘게 하니, 물이 사면으로 정자를 둘러서 마치 물로 벽을 한 것과 같은 체제가 되었다. 정자 앞뒤에 흙을 모아 섬을 만들고 여기에 꽃나무를 심으며, 모두 두 곳에 부교(浮橋)를 놓아 출입하게 했다."[66]고 기록되어 있어 정자를 짓고 그 주변으로 조경을 하는 사류들의 원림생활이 잘 나타나 있다. 또한 취운루는 "저 소나무들이 자라기를 기다려서 정자를 여기에 지으면 그 운치가 한송(寒松), 월송(越松)의 두 정자와 서로 갑을이 될 것이라. …성(城) 남쪽에 새로 한 층루(層樓)를 지었는데, 나무 심어 그늘 이루니 지경이 더욱 그윽하구나. 정오의 해가 공중을 불태워도 붉은 빛 새어들지 않고, 여름 그늘이 난간을 둘러싸니 푸른빛

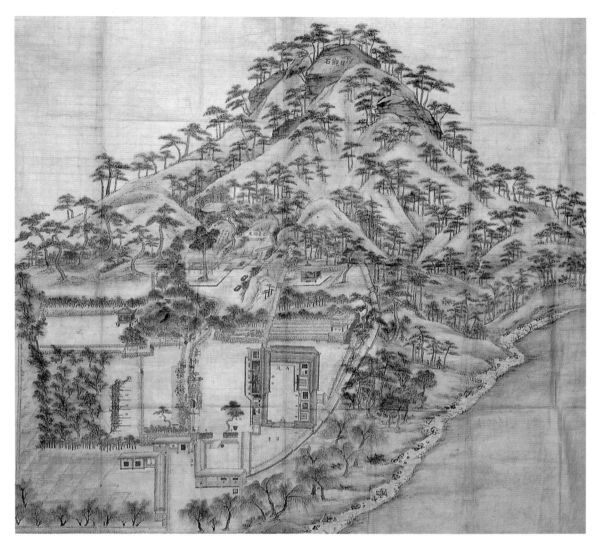

흐르는 것 같은 것이… 예전 보던 어린 소나무들 지금 이미 성장했는데, 올라와
구경하니 옛날 놀던 일 감회 깊구나."[67]로 묘사되고 있어 소나무 유목을 심은 후
에 성목이 되기를 기다려 정자를 짓는 원림생활의 슬기를 보여주고 있다.

2. 경관적 배경

마을숲 출현의 경관적 배경에는 주위의 환경을 아름답게 하려는 인간의 본질
적 욕구가 전제되어 있다. 즉 오랫동안 사람들은 그들 마을의 주변환경을 그들이
원하는 경관으로 만들고자 해 왔다. 따라서 마을 사람들은 그들에게 보이는 경치
를 좋은 또는 안 좋은 곳으로 구분하고, 좋은 곳을 더 아름답게 만들거나 안 좋
은 곳을 개선하기 위한 수단으로 숲을 조성했다. 그러나 마을 사람들에게 있어서
이러한 경관을 지각하는 방식은 결국 그들의 내면적 가치관을 구성하는 문화에

12. 〈玉壺亭圖〉
사대부들의 원림생활을 알 수 있는
역사적 기록이나 그림들은 쉽게
찾기가 어렵다. 이 그림은 비록
낙향한 은거처사의 사례는
아니지만 비교적 사대부의
원림생활의 일면을 엿볼 수 있는
자료로, 玉壺亭은 서울 삼청동에
있었던 永安府院君 金祖淳의
개인별장이다. 권문세가의
별장답게 매우 호화롭게 꾸며져
있어 당시의 사대부들이 누리고자
했던 풍류를 잘 알 수 있다. 특히
숲과 관련되어 볼 때는 후면
송림과 전방 溪流部의 버들
식재가 그 특징이다.

의해 여과되어 나타난다. 따라서 마을숲이 속한 각 문화의 성격에 따라 사람들이 인식하는 경관이 다르다고 할 수 있다.

그러면 경관 인식의 결과는 어떤 모습을 갖는가? 이는 앞에 기술한 토착신앙, 풍수, 유교 등 한국문화와 관련되어 다양하게 나타나고 있지만 대표적으로 들 수 있는 경관은 위요경관(圍繞景觀)이라 할 수 있다. 즉 한국의 마을 사람들은 둘러싸인 경관을 선호하며 이를 만들기 위해 마을숲을 활용하는 경향이 있다. 더욱이 이렇게 둘러싸인 경관이 형성되는 이유는 사람들이 마을 밖의 어떤 경관이 안 좋다고 생각해 이를 마을 안에서 안 보이게 하거나 혹은 마을 안의 어떤 것을 외부로부터 숨기려는 의도가 있는 것이다. 이러한 경향은 애플턴(Appleton)의 전망 은신처(prospect-refuge)적 이론으로 잘 설명될 수 있다.[68] 그는 사람들에게 전망적 경관을 가지려는 욕구와 밖에서는 안이 들여다보이지 않으면서도 안에서는 밖을 볼 수 있는 은신처적 경관을 가지려는 욕구가 동시에 있다고 주장하고 있다. 여기서 전망적인 경관의 예들은 정자나 누(樓)가 입지한 경승지(景勝地) 주변에 조성된 마을숲들을 들 수 있는데 대부분의 마을숲의 경관은 은신처적 경관이라 할 수 있다.

그러나 현재 이러한 마을숲의 경관을 볼 수 있는 자료로서 사진, 그림, 지도 등이 남아 있으나 숲 경관의 상세한 내용을 알기가 어렵고 그나마 한시(漢詩)나 기문(記文)을 통해 묘사된 글들이 비교적 숲 경관을 잘 표현하고 있다. 따라서 『신증동국여지승람』을 중심으로 내용에 따라 구분하여 숲의 경관적 배경의 맥락을 정리하고자 한다.

『신증동국여지승람』에 있는 이륙(李陸)의 「유산기(遊山記)」를 보면 "대개 산이 높아서 하늘에 가까우므로 기후가 평지와는 아주 다른 것이다. 대개 산 밑에는 감나무나 밤나무가 많고, 조금 위에는 모두 느티나무이다. 느티나무 지대를 지나면 삼나무와 노송나무이다. 절반은 말라 죽어서 푸른 것과 흰 것이 서로 섞여 있으며 바라보면 그림과 같다. 맨 위에는 다만 철쭉꽃이 있을 뿐인데, 나무 높이가 한 자 길이가 채 못 된다. 무릇, 아름다운 나물과 이상한 과실이 딴 산보

13. 金弘道 〈練光亭 宴會圖〉
국립중앙박물관.
평양부 연광정에서 평양감사 연회가 베풀어진 모습을 그린 그림으로, 대동강 건너 大悲院을 중심으로 펼쳐진 장림이 절승의 배경을 이루고 있다.

다 많아서 산에 가까운 수십 고을이 모두 그 이익을 입는다."[69]라고 하여 산에 오르면서 보이는 숲의 고도에 따른 생태적 경관을 묘사하고 있다.

이처럼 고문헌을 통해 경관적 배경하에 출현한 마을숲 경관을 구분한·결과 전경(全景)이 표현된 경관, 도로숲, 동구숲, 하천숲, 해안숲, 그리고 일시적 경관 등으로 나타났다. 전경이 잘 묘사된 경관의 경우는 밀양 율림(栗林)[70]과 여주 팔대수(八大藪)[71] 등을 들 수 있다. 율림의 경우에는 "북으로 소나무 언덕에 의지하고, 서쪽으로 관도(官道)에 임했는데 큰 강이 그 사이에 비껴 흐르고, 늘어서 있는 봉우리가 삼면에 겹겹이 에워싸고 있고, 넓은 들이 아득하고 평평하기가 바둑판 같은데, 큰 숲이 그 가운데에 무성하여, 흐리고 맑고 아침해 뜨고 저무는 사시(四時)의 경치가 무궁해서 마을 다리엔 버들이 천림(千林) 비 속에 어둡고, 관로(官路)엔 꽃이 십 리 연기 속에 밝구나"[72]라고 숲과 그 주변의 들, 강, 산 등이 어울린 모습을 표현하고 있는데, 그 중에서도 숲이 그 절경의 중심이 되고 있다.

팔대수의 경우에는 최숙정(崔淑精)의 시에 "평림(平林)은 바라보아도 다함이 없어, 강가에 잇달았네. 울밀(鬱密)한 건 백 년 된 등(藤)이요, 우거진 것은 천년 된 나무일네."[73]라 하여 강 가의 우거진 숲을 묘사하고 있다.

도로숲의 경우로는 창활수(昌活藪)[74]와 반송정(盤松亭)[75]을 들 수 있는데, 이들 숲에 관해서는 도로 주변의 주막의 모습이나 길을 따라 펼쳐진 수목들의 모습이 기록되어 있다. 창활수에 대해서는 "바람에 나부끼는 표기(標旗)[76]는 희미하게 무성한 수풀과 격해 있고, 허물어진 역원(驛院)은 황량한데 한 줄기 길이 깊도다"[77]라고 도로를 따라 펼쳐지는 숲 경치를 표현하고 있으며, 반송정에 대해서는 "푸른 솔, 저 푸른 솔 길가에 났는데, 두어 그루 그늘 서로 이르니 덕이 이웃에 있는 듯, 큰 줄기 올라가서 서린 모양 용인 듯, 꿈틀꿈틀 달아나고 굽혔다 다시 폈네. 가는 가지 멀리 뻗어 푸른 장막 펼쳤는데, 햇볕을 가로막아 서로 의지했네."[78]라 하여 도로숲이 길을 따라 연이어 펼쳐진 모습을 잘 묘사하고 있다.

하천숲의 경우로는 숲만 나타난 동락정(同樂亭),[79] 나루터와 숲이 연관된 대림(大林)[80]과 양화진(楊花津)[81] 등을 들 수 있다. 동락정에 대해서는 "우거진 숲과 긴 대밭이며, 평평한 모래펄과 굽이진 물가가 좌우에 어울려 비치어"[82]라고 숲과 하천의 모래밭 그리고 물이 어울린 모습을 표현하고 있다. 나루터와 관련된 대림에 대해서는 "이곳의 물과 산에 경치 더욱 좋은 것을 가장 사랑하네. 꽃다운 풀 우거진 나룻터에는 손[客]의 길이 나누어졌고, 푸른 버들 늘어진 둑 가에는 농부의 집이 있다. 비가 그친 넷들[四郊]에 격양가(擊壤歌) 들리는데, 앉아서 숲의 나무에 차운 삭정이가 붙는 것을 보노라."[83]라 하여 나루 근처의 버들숲과 농가의 모습이 표현되어 있다. 또한 양화진에 관해서는 "도성에서 서남쪽으로 시오리쯤 가면 나루터가 있어 양화도라 하는데, 대개 각 도에서 오는 양곡이 와 닿는 곳입니다. 나루 어귀에 푸른 돌이 수묘(數畝)나 되게 넓은 것이 물가에 벽처럼

14. 부산 해운대 송림.

섰는데, 푸르고 늙은 소나무가 많아 높은 관을 쓰고 칼을 든 이가 섞여 서서 서로 마주 향한 것 같으며, 여기에 올라가면 한없이 조망이 좋으니, 한번 가서 놀지 않겠소."[84]라 하여 나루터에 송림이 어울린 하천숲 경관을 표현하고 있다.

그리고 해안숲의 경우로는 봉송정(奉松亭)[85]과 월송정(越松亭)[86]을 들 수 있는데, 다른 숲과는 달리 바다의 바람이 특히 강조되어 있다. 봉송정에서는 "바다가 넓으니 물결소리 웅장하고, 들이 비었으니 회오리바람이 침노한다. 소나무는 보호하는 장벽이 되어 무성하게 수풀을 이루었으니, 천년을 두고 푸르름이 그늘진다."[87]라고 숲을 묘사하고, 월송정은 "백사장 주변 길에 푸른 솔 둘렀으니, 신령한 바람소리 십 리에 찬바람이 나네. 용의 수염, 무쇠 가지가 울창하게 가리웠으니 검은 기운 하늘을 막아 그늘도 넓고 넓으네. 달빛이 그 그늘 뚫어 절반쯤 어둡고 밝은데, 일만 가지 황금이 부서진다."[88]라고 묘사되어 해안숲 중에서도 특히 방풍림으로서의 숲 경관이 잘 나타나 있다.

마지막으로 일시적 경관 모습을 묘사한 경우로는 밤꽃 경관의 율림,[89] 봄꽃의 상운정(祥雲亭),[90] 그리고 해운대(海雲臺)의 송림[91](도판 14) 등을 들 수 있다. 율림에 대해서는 "누(樓) 앞의 십 리 앵무주(鸚武洲)에는, 밤꽃이 눈 같고 향기 넘치네, 늘어진 밤송이 별같이 많아서, 가을이면 만섬 황금 거두네, 나무 끝에 희게 비낀 것은 연기 아닌 연기인데, 만가(萬家)의 연기는 멀리 서로 이었구나"[92]

라 하여 밤꽃의 향기를 묘사하고 있으며, 상운정(祥雲亭)에 관해서는 "바다 곁에 긴 소나무가 십 리를 연달아 푸르게 그늘져서, 쳐다보아도 해가 보이지 않는다. 소나무 사이에 잡풀이 없고, 오직 산철쭉이 있어서 봄에 꽃이 피면 붉은 비단같이 난만(爛漫)하다."[93]라 하여 봄꽃의 숲 경관이 표현되어 있다. 그리고 마지막으로 해운대에 대해서는 "산의 절벽이 바다 속에 빠져 있어 그 형상이 누에의 머리와 같으며, 그 위에는 온통 동백나무와 두충나무, 그리고 소나무와 전나무 등으로 덮여 있어 싱싱하고 푸르러 사철 한결같다. 이른 봄철이면 동백꽃 잎이 땅에 쌓여 노는 사람들의 발굽에 차이고 밟히는 것이 3, 4치나 되며, 남쪽으로는 대마도(對馬島)가 아주 가깝게 바라보인다."[94]라고 숲과 사람들 그리고 바다의 절승(絶勝)을 잘 표현하고 있다.

3. 이용·기능적 배경

문화·역사적 배경과 경관적 배경이 민간 차원에서의 마을숲 형성의 폭넓은 배경이라면, 이용·기능적 배경은 민간 차원뿐만 아니라 국가적 삼림경영 차원에서 식재 또는 관리된 마을숲들의 형성 배경도 된다. 즉 '십 년 계획으로 나무를 심는다'는 말도 있는 것처럼 예전부터 나무는 "지역에 따라 그곳에 알맞는 나무를 많이 심으면 봄에는 꽃을 볼 수 있고 여름에는 그늘을 즐길 수 있으며 가을에는 열매를 먹을 수 있을 뿐만 아니라, 그것이 재목이 되고 기기(機器)가 되니 모두 자산(資産)을 늘리는 방법이다. 그리하여 옛 사람들도 나무를 심고 가꾸는 것을 중히 여겼던 것이다."[95] 이러한 국가경영적 차원에서 조성된 마을숲을 알아볼 수 있는 기록으로는 『목민심서(牧民心書)』의 「공전(工典)」 6조 산림(山林)에 나오는 봉산(封山)의 금송(禁松), 천택(川澤)의 거(渠), 도로(道路)의 후자(堠子) 등을 들 수 있다.

우선 봉산의 경우를 살펴보자.

"각도의 황장목(黃腸木)을 키우는 봉산(封山)에는 경차관(敬差官)을 파견하여 경상도와 전라도에서는 십 년에 한 번 벌채하고 강원도에서는 오 년에 한 번 벌채하여 재궁(梓宮)감을 골라낸다. …각도의 봉산의 금송(禁松)을 함부로 벤 자는 엄중하게 논죄하며 소나무가 잘 자라는 산의 조선재목(造船材木)을 병사(兵使), 수사(水使) 또는 수령(首領)이 함부로 벌채하거나 벌채를 허락한 자는 사매군기율(私賣軍器律)로 논죄하며[96] 솔밭에 방화한 자는 일률(一律)[97]로 논한다."[98]

이처럼 봉산에서 기르는 소나무는 엄중한 금령(禁令)이 있어서 국가에서 직접 관리, 운영해 왔다. 당시에는 소나무가 건축(建築), 조선(造船), 화목(火木) 등으로 가장 효용이 높아 국가 차원에서 이를 보호했던 것이다. 더욱이 금송절목

15. 鄭歚〈景福宮圖〉
고려대학교박물관.
경복궁의 송림은 과거부터
국가에서 禁養해 온 송림 중
대표적 수림이다. 비록 이 그림은
임진왜란 이후의 그림으로 폐허로
변한 궁의 모습을 보여주고
있지만, 울창한 노송림이 우거져
있어 쓸쓸함을 달래 주고 있다.

(禁松節目)에는 "바다 연변의 삼십 리에서는 비록 사양산(私養山)이라 하더라
도 일체 벌채를 금하거나 죽은 나무도 그냥 그 자리에 썩도록"[99] 할 정도의 엄한
규율이 있었다. 따라서 현재 동해안의 강릉 지역, 남해안의 도서 지역 등에는 해
안을 따라 길게 조성된 해안숲들이 많이 잔존하게 된 것이다. 특히 해안에 가까
운 이 지역의 숲들이 잔존하게 된 것은, 이 숲들이 벌채시 해안을 통한 운반이
용이해 전쟁시 병선(兵船)을 조선(造船)할 재목을 조달할 숲으로 보호됐기 때문
이다. 뿐만 아니라 『경국대전(經國大典)』「재식조(栽植條)」에 따르면 "각 고을
에서는 닥나무·옻나무·전죽(箭竹)의 대장(臺帳)을 만들어 공조(工曹)와 본도
(本道)와 본읍(本邑)에 보관하고 이들 나무를 심고 배양해야 한다. 오동나무는
각 사(司)에서 각각 십 주를 심고 배양하여야 하며 공조에서 이것을 검찰(檢察)
한다. 지방의 각 고을에서는 각각 삼십 주를 심고 배양하여야 하며 관찰사가 이
것을 감찰한다."[100]라고 되어 있어서 기존 수림을 보호했을 뿐만 아니라 실제 활
용을 목적으로 필요한 수종들을 국가 차원에서 권장했음을 알 수 있다. 그러나
오동나무는 장수목(長壽木)이 되지 못하므로 현재 거의 나타나고 있지 않다.

봉산 차원에서 보호한 숲의 경우로는 병선의 조선(造船)을 위한 봉송정(奉松亭)과 한송정(寒松亭),[101] 황장목(黃腸木)의 보호지인 완도(莞島)의 숲 등이 있다. 봉송정과 관련해서는 "병선(兵船)은 국가의 도둑을 막는 기구이므로 배를 짓는 소나무를 사사(私事)로 베지 못하도록 이미 일찍이 입법하였는데, 무식한 무리들이 가만히 서로 작벌(斫伐)하여 혹은 사사(私事)로 배를 짓고, 혹은 집 재목을 만들어 소나무가 거의 없어졌으니 실로 염려됩니다"[102]라고 기록되어 있어 봉산의 관리와 관련한 당시의 상황이 잘 나타나 있다. 한송정에 대해서는 "강원도 영동의 여러 곳에는 소나무가 많을 것이니 배를 만들게 하여 경상도로 보내는 것이 어떠하겠는가"[103]라고 기록되어 있어서 봉산의 용도가 표현되어 있다.

다음에는 천택(川澤)의 거(渠)의 경우이다. 고대 수렵이 성행하던 때에 숲은 사람들에게 중요한 사냥터였으나, 그 후 경작이 이루어지면서 그 중요성이 점차 감소해 왔다. 그러나 경작에 있어서 수리(水利)가 중요한 요소이기 때문에 숲은 물의 원천적 공급처로서 중요시되었다. 따라서 천택은 예전부터 농리(農利)의 근본이 되었던 것이다. 과거에는 천수답이 많아 물을 가두는 저수지나 수리보(水利洑)가 수리관개 체계에 있어서 중심이 되었으므로, 저수지를 판 후 제방을 안정시키기 위해 제방 둑에는 수목들을 식재했다. 예를 들어 『세조실록(世祖實錄)』에서는 산야를 보호하고 수해를 방지해야 함을 다음과 같이 강조하고 있다.

"산야를 불사르는 것은 금령(禁令)에 나타나 있는데, 관찰사·수령이 보기를 문구(文具)로 하는 까닭에 무식한 무리들이 혹은 사냥을 하고 말을 치며, 혹은 경작으로 인하여 초목을 불사르니, 지기(地氣)가 윤택하지 못하고, 조금만 한건(旱乾)하면 천택이 고갈합니다. 또 대소의 내와 개천은 모름지기 언덕의 풀이 무성한 뒤에야 무너지지 않는 것인데, 어리석은 백성들이 한 치의 밭이라도 개간하고자 내와 개천 양쪽 가의 초목을 베어 버리는 까닭에 조금만 비가 오면 곳곳에서 무너지니, 청컨대 이제부터는 사냥으로 인하여 불을 놓는 자와 냇가의 초목을 베어 버리는 자를 모조리 금단(禁斷)하고, 그 경작하고 말을 치기 위하여 불을 놓는 자도 또한 한계를 세워 불사르지 못하게 하되, 위반하는 자는 저죄(沮罪)하게 하소서."[104]

이러한 사례로는 "물이 넘치면 바로 읍성(邑城)으로 대들기 때문에 둑을 쌓아서"[105] 막은 황산언(黃山堰)과 그 위에 조성한 숲[106]을 들 수 있다. 현존하는 것으로는 전주의 덕진지(德津池)를 들 수 있으며, 과거에 있었던 곳으로는 합덕지(合德池)와 김제의 벽골제(碧骨堤)[107]를 들 수 있다. 벽골제와 관련해서는 "수원(水源)은 셋이 있는데, 하나는 금구현(金構縣) 무악산(毋岳山)의 남쪽에서 나오고, 하나는 무악산의 북쪽에서 나오며, 하나는 태인현(泰仁縣)의 상두산(象頭山)에서 나와 벽골제에서 같이 만나 고부군(古阜郡)의 눌제수(訥堤水)와 동진

16. 京畿道 水原市 亭子洞 노송지대.
莊獻世子(正祖의 생부)의 陵寢인 顯陵園의 식목관에게 조정에서 1,000냥을 하사하여 소나무 500주와 능수버들 40주를 식수하여 조성한 역사 깊은 도로숲이다.

(東津)에서 합치고, 만경현(萬頃縣)의 남쪽을 경유하여 바다로 들어간다. 신라 흘해왕(訖解王) 21년에 처음 둑을 쌓았는데… 제방 안팎에 버드나무를 두 줄로 심어 제방을 견고히했다."[108]는 기록이 있다. 그러나 최근에 와서 수목의 근력(根力)이 제방 안정에 악영향을 준다 하여 저수지 축조시 식재를 거의 금하고 있는 상황이다. 이 점은 과학적으로 아직까지 확인되지 않아 어느 것이 옳다고 주장하기 어려우나, 오늘날 저수지가 단순히 농리 목적뿐만 아니라 휴양이나 관광 목적으로도 활용되는 실정을 감안하면 수목 식재가 더 활용가치가 높을 것으로 판단된다.

마지막으로 도로조(道路條)에 나오는 후자(堠子)의 설치를 들 수 있다. 후자란 이정표의 일종으로, 흙을 쌓아 올린 돈대(墩臺)의 생김새를 가졌으며 국가에서 설치하던 시설이다. "경복궁 앞의 원표(元標)를 기점으로 하여 매 십 리에 소후(小堠), 매 삼십 리에 대후(大堠)를 만들고 각 후(堠)에는 이수(里數)와 지명을 새겨 놓았고, 그 밖에도 오 리마다 정자를 세우고, 삼십 리마다 느릅나무와 버드나무를 심어"[109] 여행자에게 쉬어갈 수 있는 자리를 제공했다 한다. 여기서 삼십 리마다 조성한 느릅나무나 버드나무가 바로 오늘날 마을숲을 형성했음을 알 수 있다. 따라서 당시 후자는 주로 도로 변이나 하천 변에 위치했는데, 이는 현존하는 마을숲 중 예전 교통의 요지였던 도(道)나 진(津) 부근에 입지한 숲들을 이해하는 데 도움이 된다.

이 밖에도 기타 이용 목적과 과수 수확 목적으로 숲이 형성된 경우를 들 수 있다. "산림으로 말하면 겨울을 지나도 이울어지지 않는 나무[常綠樹]가 울밀(鬱密)하게 들어서서 그늘을 이루어, 여름에는 더위를 피하기에 마땅하옵고 겨울에는 추위를 피하기에 마땅함"[110]으로써 오늘날의 공원처럼 예전부터 마을숲이 조성돼 온 것이다. 또한 과수의 수확을 목적으로 하는 숲은 예전부터 민간에서 과일가꾸기를 권장한 자료를 통해 미루어 판단할 수 있다. 예를 들어 제주의 경우에는 "세 고을에서는 감, 귤, 유자나무를 매년 비자나무, 옻나무, 산유자나무에 접붙이고 근방에 사는 사람을 지정해서 간수"[111]하게 했던 것이다.

3. 마을숲의 지명

1. 마을숲 지명의 의미

지명은 기본적으로 어느 지역의 입지적 정보를 전해 주기 때문에 사람들이 그 지역의 환경을 보기 전에 미리 대상을 지각하게 하는 한 수단이다. 즉 처음으로 일정 지역을 방문한 사람이 이 지명이라는 수단을 통하여 정위감(定位感)을 획득하게 되는 것이다. 여기서 '정위(定位)'란 사람이 현재의 위치를 지각하고 앞으로 나아갈 방향을 설정하는 것으로, 사람들의 새로운 환경, 사상, 관습 등에 대한 적응 또는 순응[112]을 의미하는 용어이다. 그러므로 숲의 지명을 통한 정위의 설정이란 사람들로 하여금 숲의 위치를 기억하게 하고 숲의 주변을 지각하게 하는 포괄적이고 함축적인 의미인 것이다.

또 숲 지명은 그 숲에 얽힌 설화, 속담 등을 함축하고 있어서 그 숲이 있는 장소의 경관적, 이용행태적, 문화적 상징이라 할 수 있는데, 이는 숲 지명이 갖는 다음과 같은 성격에 의해서 명백히 될 수 있다.

첫째 물리적인 숲 경관이 사라진 후에도 숲 지명은 잔존하게 되므로 숲 지명 중에는 숲이 현존하고 있지 않더라도 연면히 유지되는 것들이 있다. 그래서 잔존하는 숲 지명들은 지역적 고착성이 강한 경향을 갖는다. 이렇게 유지된 마을숲의 지명은 당연히 과거의 흔적과 변천을 담게 되어, 숲 지명은 자연과 역사의 흐름에 따라 변화하는 생명체와 같이 개칭되거나 소멸하기도 하는 것이다.

둘째 숲 지명은 숲 자체의 물리적 경관뿐만 아니라 그 경관을 풍요롭게 하는 상징적, 은유적, 문화적 의미를 부가하여 사람들에게 마을숲을 단순한 공간으로서가 아니라 친숙한 장소로서 인식되게 한다.

셋째 숲 지명은 그것이 갖는 독특한 성격에 의하여 일정 지역을 다른 지역과 구별시킴으로써 경계성이나 독자성을 갖게 된다.

이러한 지명의 출현은 어떤 특별한 논리과정을 거쳐 구조적으로 출현했다기보다는 필요에 따라 생성되거나 자연발생적인 성격을 갖는 것이기 때문에 지명의 의미를 보면 대상과 어떤 깊은 구조나 체계를 갖고 있지 못하다. 그래서 지명 자체의 출현 빈도를 조사하여 어떠한 경향을 유추할 수는 있으나, 이들 지명 간의 상관관계 분석에는 한계가 있다고 할 수 있다. 따라서 마을숲 지명이 중요하기는 하나, 이를 분석하는 방법에 있어서 전체적인 보편성에 그 가치를 두기보다는 각 숲 지명의 개별성을 인정하고 개개의 사실에 중요성을 두면서 숲 지명의 의미를 규명하고자 한다.

숲은 '수풀'이라고 보통 불리는데, 문헌이나 현지답사를 통해 나타난 숲의 지명들을 종합해 살펴보면 숲을 지칭하는 보편적 용어와 방언적 용어로 구분해 볼 수 있다. 우선 숲을 의미하는 일반적 용어는 숲, 쑤, 수(藪), 수(樹), 목(木), 림

(林) 등으로 구분할 수 있다. 쑤는 수(藪)의 발음상 나타난 용어이고, 수(樹)는 나무나 목(木)과 같이 단일 수목을 나타내는 경우에 쓰이는 용어이다. 또 수(藪)와 수(樹)의 경우에는 임수(林樹) 혹은 임수(林藪)로 많이 쓰이는데, 임수(林樹)보다 임수(林藪)가 주로 쓰인다. 읍지(邑誌)나 『한국지리지총서(韓國地理誌叢書)』 등에도 동수(洞藪), 읍수(邑藪), 임수(林藪) 등의 용어가 쓰이고 있다. 여기에서 수(樹)는 '나무 수'로서 주로 하나의 나무를 의미하고, 수(藪)는 '수풀 수'로서 "초목이 빽빽이 우거진 습지나 수풀"[113]을 의미하는 것이다. 그러므로 단목(單木)보다 나무의 그룹을 의미할 경우에는 수(藪)를 사용하는 것이 옳다고 할 수 있다.

또한 막이, 쟁이, 정(亭), 정자(亭子), 정자나무 등의 용어들도 나타나는데, '막이'와 '쟁이'는 숲을 의미하는 용어로 사용되고 있으며, 숲의 기능상 어느 지역의 지형을 보완하거나 시각을 차폐하는 기능으로 사용되어 풍수적 측면에서 명명되었음을 알 수 있다. 또한 '정'이나 '정자'의 경우에는 사람들이 이용하는 공간적 성격을 갖는 숲의 명칭으로 숲이 갖는 이용적 측면에서 명명된 사례라 할 수 있다.

이 밖에 숲에 대한 용어 중 지역별 방언으로 숲을 뜻하는 용어에는 수풀과 숲이 가장 보편적으로 전국에 걸쳐 나타나고 있으며, 다음으로는 삿갓, 수음(藪陰), 수폐(藪閉), 숩풀, 잡초, 까꿈[114] 등의 지방색이 짙은 용어들도 조사되고 있다.

숲의 일반적 명칭 중에서도 '마을숲' 또는 '마을원림'이라고 칭할 수 있는 대표적인 지명으로는 숲정이, 말림, 당숲, 수살막이, 수대, 수구막이, 숲마당 등을 들 수 있겠다. '숲정이'는 '마을 근처에 있는 수풀'[115]을 의미하는 것으로, 마을 근처에 있기 때문에 보통의 자연숲과는 다른 기능을 갖고 있으며, 주로 사람들이 이용하기에 용이한 숲으로 볼 수 있다. 또 말림은 '나무나 풀 따위를 함부로 베지 못하게 보호하여 가꿈'[116]을 뜻하는 것으로 영어의 'reservation'을 의미한다. 따라서 '숲정이'면서 동시에 '말림'인 마을 근처에 잘 보호된 숲일수록 마을의 토착신앙이나 풍수 또는 유교적 관습이 잘 유지되고 있음을 알 수 있다. 이러한 보존과 관련된 또다른 숲 지명 용어로는 '말림갓(말림+갓)'이 있다. 이 말림갓은 "나무나 풀을 함부로 베지 못하게 말리어 가꾸는 땅이나 산"[117]을 의미하는 것으로 '나무갓' 또는 '풀갓'이라고도 하는데 영어의 'reserved forest'에 해당한다.

또한 문화적 가치관의 표출이라는 측면으로 사용되고 있는 지명들을 구분해 보면, 토착신앙적 배경의 마을숲을 지칭하는 일반적 지명들로는 수살막이, 당숲, 당산숲, 성황림(城隍林), 신림(神林) 등을 들 수 있으며, 풍수적 배경을 갖는 일반적 지명들로는 수대, 수구막이 등이 있다.

수살(水殺)이란 '동네 앞을 흐르는 물 때문에 재앙(災殃)을 입거나 돌림병을

앓는 재액(災厄)'[118]을 의미한다. 그래서 수살막이란 '수살을 막으려고 동네 어귀에 심은 나무나 돌'을 뜻하는데 "재앙이나 병마를 막아 동네를 수호한다 하여 돌림병이 돌 때에는 거리에 새끼줄을 치거나 환자의 옷을 걸어 놓기도"[119]하는 것을 말한다. 또 수살막이와 유사한 개념으로는 골매기, 액막이 등이 있는데, 토착신앙적 차원에서 마을숲을 설명하는 데는 수살막이가 더욱 적절한 용어이다.

당(堂)이나 당산(堂山)은 토지나 마을의 수호신이 있다고 믿어지는 장소인데, 크게 나누어 보면 나무, 돌무더기, 돌탑, 돌단 등의 제단으로 구성된다. 이 당을 구성하는 주 요소인 나무는 신수(神樹), 당산목(堂山木), 성황목(城隍木), 본향목(本鄕木), 당나무[120] 등으로 불린다. 이들 신수는 단군신화에 '신단수'라 하여 이미 나타나고 있으며 상고(上古) 신정사회(神政社會)에서 신성시되던 나무를 지칭한다. 사람들은 이들 신수 주변을 신성한 장소로 여겨 보호하기 때문에 이 신수가 위치한 주변은 대체적으로 그 지역의 자연보존 지구와 유사한 기능을 갖게 된다. 그래서 이러한 신역(神域)을 경계짓는 신림(神林)이 출현하여 오늘날까지 전해져 온 것이 바로 마을숲인 것이다. 또한 이러한 신수 주변에 잘 나타나는 것들로는 솟대, 장승, 신장대, 또는 소도(蘇塗) 등을 들 수 있는데, 이들은 신수와 조화를 이루며 토착신앙적 의미와 기능을 갖는 대상들이다.

토착신앙적 숲 지명이 갖는 가장 큰 특징은 당이나 지형 그리고 돌탑 같은 숲 내의 시설물이나 상세한 내용을 미시적 차원에서 지칭하는 지명들로 구성된다는 점이다. 이 시설물들은 계속 반복되는 부락제(部落祭)나 굿과 같은 구체적 행위를 유발하는 의미를 내포하고 있어서, 이러한 숲 지명들을 통해 과거에 마을숲 안에서 일어난 토착신앙적인 사례들을 알 수 있는 것이다.

풍수적 배경을 갖는 숲 지명 중에 가장 보편적인 용어는 수대(樹帶)와 수구막이다. 수대는 "같은 정도 높이의 나무가 산기슭을 둘러싸고 무성하여 대를 이루는 곳",[121] 즉 'a forest belt'를 의미한다. 수구막이는 "흐르는 물이 산 속으로 멀리 돌아서 하류가 보이지 않도록 만든 형세, 나무를 심거나 산을 만들기도 한 것"[122]을 의미한다. 따라서 수구막이도 수대처럼 마을을 중심으로 둘러쳐진 숲을 말하지만, 수구막이가 위치하는 곳은 수대와 달리 물과 관련되어 수구 위치에 놓이거나 불완전한 주변 지형을 보완하기 쉬운 위치를 점하게 된다.

『택리지』에서는 물이 흘러나가는 수구가 꼭 닫힌 곳, 즉 시각상 마을이 외부에서 보이지 않는 형국이라야 비로소 풍수상 길지가 된다고 말한다. 그래서 길지의 형국을 형성하기 위한 수구막이의 재료로 주로 등장하는 것이 나무숲이다. 이 나무숲은 조성이 용이하고 오래 가며 점차 자라 더욱 좋은 형국을 유지할 수 있는 재료이기 때문이다. 그러나 수구를 막는다는 것은 나무숲으로 수구를 막아 저수지처럼 물이 고이도록 하고자 하는 것이 아니라 의미상, 시각상 효과만을 얻고자 하는 것이다. 따라서 이러한 효과를 얻기 위해서는 단식(單植)보다는 군식(群植)이 필요하며, 풍수적 배경을 갖는 숲의 입지도 대부분 마을에서 볼 때 동구 전방의 좌우지형이 좁아드는 허한 지형을 메울 수 있는 위치에 조성되어야 하는 것이다.

수구막이는 풍수적으로 수구를 막는, 즉 지기(地氣)의 유출을 막는 시설인데, 지기란 물처럼 유동적이지만 물과는 달리 눈에 띄지 않고, 눈에 띄지 않지만 반드시 존재하고 있다고 믿어지는 것이다. 즉 수구막이란 수구를 막아 물처럼 고인 지기를 통해 복을 얻으려는 기복적인 측면에서 조성된, 형국을 보완하기 위한 풍수적 목적의 전형적 비보림(裨補林)이다.

수구막이는 또 숲쟁이, 비보림(裨補林), 엽승림(厭勝林) 등으로도 불린다. 여기에서 숲쟁이와 비보림은 거의 같은 의미로 쓰이지만, 엽승림은 다른 의미로 쓰인다. 엽승림은 마을의 내부보다는 외부와 주로 관련되는데, 마을 사람들이 좋지 않다고 느끼는 대상에 대한 방어나 액막이의 의미를 가지는 것이다. 물론 엽승림도 실질적인 의미보다는 상징적 의미를 갖지만, 다른 명칭들보다는 비교적 구체적인 실천력을 갖는다 하겠다.

마당은 우리의 독특한 공간 영역으로서 "우리의 생활 속에 일터, 쉼터, 놀이터로서 이용되었을 뿐만 아니라 사색과 명상의 장소로서 혹은 추억의 장소"[123]로서 남아 있다. 특히 정자나무나 숲을 중심으로 한 동네 공동 마당은 숲마당, 숲공지, 숲정지 등의 명칭으로 지칭되고 있다. 이들 지명은 마을숲이 갖는 이용·기능적 의미를 담고 있는 명칭들로서, 숲 내부나 주변에 빈터가 있으면 그곳에 각종 휴식시설, 놀이시설, 조경시설들이 배치되었다. 이 숲들은 마을 주변의 자연숲과는 다른 양상을 나타내기 때문에 이같은 독특한 지명을 갖게 되는 것이다. 이상과 같이 마을숲은 다양한 문화적, 상징적 내용을 담고 있어 한 명칭으로만 명명하기가 어려운 대상이다. 그런데 보통 마을 주변에 입지한다는 특성 때문에 동림(洞林), 동수(洞藪) 등의 지명이 가장 일반적으로 쓰여 온 것이다.

2. 마을숲의 지명 유형

지명에 관한 문헌으로는 1965년부터 최근까지 조사된 숲 지명을 대상으로 해서 한글학회가 간행한 『한국지명총람』을 자료로 삼았는데, 그 중에서 경북, 전남, 충남, 경기, 제주 등 5개 도를 숲 지명 연구의 범위로 선정했다. 이와 같은 지역을 선정한 이유로서는 경북, 전남 등이 비교적 많은 마을숲이 보존되어 있는 지역이며 문화현상이 각기 독특하여 상대성을 지니고 있고, 충남, 경기는 중부 지역의 특성을 지니고 있는 지역이며, 제주도는 육지와 다른 독특한 문화를 지니고 있는 도서 지역이기 때문이다.

이와 같은 숲 지명에 관한 기초자료를 장소적 의미, 역사·문화적 의미, 경관적 의미, 이용·기능적 의미 등으로 유형화하여 고찰하고자 한다. 특히 이러한 유형 분류에는 지명 자체뿐만 아니라 지명이 갖는 의미까지 포함돼 있다. 지금까지 수집된 마을숲 지명을 대별해 본 결과, 지명 유형은 장소적 유형이 가장 많고, 다음으로 역사·문화적 유형, 이용·기능적 유형, 경관적 유형, 혼합된 유형 등의 순으로 나타났다.

1. 장소적 유형

장소적 유형의 지명들은 지역명이 나타난 경우, 위치나 방향 요소가 나타난 경우, 그리고 이 두 가지가 합해진 경우 등으로 구분된다.

숲 지명 중에는 숲이 입지한 지역이나 그 지역 내의 위치를 담고 있는 지명이 많다. 그것은 마을숲이 노거수로 구성되어 주변의 다른 수목들보다 시각적으로 잘 보이기 때문이다. 또 농촌 마을 주변에는 높은 수직적 구조물이 없기 때문에 사람들은 숲을 중심으로 숲 주변의 들, 개천, 바위 등의 지명들을 만들곤 하기 때문이다. 또한 마을숲은 주거지에 인접하는 경우가 많을뿐더러, 지역문화 차원에서 조성되어 주변의 다른 지역보다 사람들의 관심이 집중되는 장소이기 때문에 그 지역을 대표하는 숲 지명이 자주 나타나는 것이다.

① 지역명이나 장소명을 포함한 숲 지명

장소적 유형의 지명은 가장 보편적인 형태가 지역명이나 장소명이 포함된 숲 지명이다. 여기서 지역명은 리(里)나 동(洞)의 명칭을 따르게 되고 장소명은 지역 내의 들, 개천, 골짜기, 빈터 등 좁은 장소의 지명을 따르게 된다.

장림숲, 금당실쑤, 석문수(石門藪), 한걸솔밭, 앞마쑤, 갈말숲, 풍덕걸숲, 구천동쑤, 걸마수, 법흥수(法興藪), 진터수, 갈밭수, 살면수, 주실수, 사창수(泗倉藪), 북천수(北川藪), 후동수(厚洞藪), 화대숲, 용무드미숲, 영장숲, 배일숲, 하송숲, 화산숲, 선돌숲, 원골숲, 자방골숲, 봉림(鳳林)숲, 댁골숲, 망재숲, 송천숲, 필미숲, 안심이숲, 사계숲, 옥대숲, 오길숲, 바래내숲, 새터숲, 현동수(縣洞藪), 팩징이숲, 원덕숲, 가정리숲, 반여울숲, 안부들숲, 안말숲, 아루말숲, 골맷골숲, 주박리숲, 오릉수(五陵藪), 두정이밤숲, 속동수, 안림수(安林藪), 황성(隍城)숲, 사리숲, 사산(射山)숲, 복숫거리, 뙈기솔밭, 성단솔밭, 너부랑솔밭, 대갱빈숲, 정대숲, 사갈숲, 목계수(木溪藪), 무지기숲, 오갈숲, 화장쑤, 노실수, 서록솔, 선태기술,[124] 구진술, 새숙곳,[125] 척낙곳, 능쟁이술, 남초곳, 버래기술, 옥쟁이술, 개갱이술, 노갱이술, 죽은디술, 혹곳, 기상곳

위의 지명 중 금당실쑤 또는 금곡수(도판 17)는 경북 예천군 용문면 상금곡리 서북쪽에 위치한 소나무숲으로, 오미봉에서 시작해 용문국민학교까지 약 400미터에 걸쳐 울창하게 펼쳐지고 있는데, 마을 이름을 따서 붙인 것이다. 또 장림숲은 경북 경산군 경산읍 임당리 서북쪽에 있고, 임당동, 중방동, 신교동, 사정동에 걸쳐 있던 큰 숲으로, 경림(瓊林) 또는 경림수(瓊林藪)라고도 불린다. 이 밖

에도 석문 입구에 있다 하여 명명된 경북 영양군 청기면 당리의 석문수, 한걸솔 밭은 경북 군위군 고로면 석산리에 있는 마을숲으로, 논 들판 남쪽 양편으로 물 이 합류하는 한복판에 숲이 위치한다 하여 붙은 명칭이다.

② 위치나 방향요소가 나타난 숲 지명

숲 자체의 위치나 방향을 나타내는 숲 지명은 위와 아래, 전후좌우, 동서남북 등 위치나 방향 요소가 표현되어 아랫숲, 윗숲, 서림, 동림, 동구숲, 동산숲, 앞숲, 뒷숲 등으로 나타난다.

머리기숲, 아리수, 뒷솔밭, 안꽃질수, 터박구석, 동구목(洞口木), 숲머리, 앞쑤, 서 림(西林), 윗숲, 상림(上林), 하림(下林), 성안, 서교숲, 서문밖숲, 동림(洞林), 남수 (南藪), 북수(北藪), 동구숲, 강변숲, 개울숲, 걸숲, 동산숲, 상단보앞숲, 기계서림 (杞溪西林), 솔머리, 먹남술, 뒤곳, 뒷술, 앞술

위의 지명 중 머리기숲은 경북 영일군 지행면 죽정리에 있는 마을숲으로, 마을 입구에 있다고 하여 붙은 명칭인 반면, 아리수는 경북 경주시 구황동(九黃洞)의 북천 남쪽 아래에 있다 하여 붙은 이름이다. 또한 경북 청송군 파천면 신기리에 있는 소나무숲인 뒷솔밭은 마을의 서쪽 뒤편에 있다고 하여 뒷솔밭이라 불리며, 경북 고령군 운수면 화엄리의 마을숲은 웃꽃질 앞에 있다 하여 안꽃질수라고 불린다.

한편 이러한 숲 지명들 외에도 숲 주변의 다른 지명들을 보면 숲을 중심으로 해서 '숲＋장소명'으로 나타나는 경우도 있다. 예를 들어 숲안들, 숲밖들, 윗숲 들, 숲머리들 등의 지명들이 그렇다. 이 밖에도 장소명과 위치나 방향 등의 내용

이 서로 혼합된 숲 지명들로는 주삿골아랫쑤, 주삿골웃쑤, 한들서숲, 상단보안숲 등이 있다.

2. 역사·문화적 유형

역사·문화적 유형의 숲 지명은 구전설화가 나타난 숲 지명, 토착신앙적 내용이 나타난 숲 지명, 풍수적 내용이 나타난 숲 지명, 조성자가 나타난 숲 지명 등으로 나눠진다. 전술한 것처럼 숲 지명은 사람들이 숲을 접하는 가장 기본적인 매체라고 할 수 있는데, 숲 지명은 그 숲의 문화 배경을 담고 있다고 할 수 있다. 따라서 사람들은 숲 지명을 통해 그 지역의 문화를 쉽게 접하게 되는 것이다.

① 구전설화가 나타난 숲 지명
계림(鷄林), 임무수(林茂樹), 독모정(獨母亭), 윤팔송, 홀부래비정자나무, 배모탱이, 호림(虎林), 논호수(論虎藪), 이행단(李杏檀), 구신정(九臣亭), 마검정(磨劍亭), 조산나무, 동네수, 범솔밭, 백련동(百蓮洞)숲

위 지명 중 대표적인 것으로 경북 경주시 황남동의 계림(도판 18)은 신라 개국설화 중의 하나인 김알지의 탄생설화가 깃들여 있는 숲으로서 『삼국사기』 기록에는 시림(始林)으로 나타나 있고, 오늘날에도 특별히 보호되고 있는 숲이다. 그리고 경북 경주시 황성동의 논호수는 신라 때 김현(金現)과 호랑이 처녀와 얽힌 이야기가 전해지고 있고, 전남 해남군 해남읍 연동리의 백련동숲은 백 년 동안 연꽃이 자생했다는 이야기가 전해지고 있다. 이러한 설화가 전해지는 또 한 예로는 경북 예천군 예천읍 갈구리에 군청사(郡廳舍)를 확장할 때 보호된 임무수(林茂樹)가 있다.

② 토착신앙적 내용을 담고 있는 숲 지명
숲 지명 내의 토착신앙적 내용은 제례를 담고 있는 특징을 갖는다. 그래서 숲

18. 慶州市 校洞 鷄林.
계림은 신라 개국설화 중의 하나인 김알지의 탄생설화가 깃들여 있는 숲으로, 『삼국사기』의 기록에는 始林으로 나타나 있고, 오늘날에도 특별히 보호되고 있는 숲이다.

지명들도 당, 당산, 성황당, 골맥이, 신수 등과 같은 토착신앙적 용어들로 구성되며, 숲은 신이 있는 장소일 뿐만 아니라 매년 제례를 행하는 장소라는 의미를 갖는다.

이 숲 지명들에는 숲의 영험적 능력이 나타난 경우와 숲을 통해 길흉판단을 한 경우가 있다. 우선 숲의 영험적 능력이란 사람들이 숲을 신앙의 대상으로 하기 때문에 나타난 것이다. 고대부터 사람들에게 숲이란 동물, 적 등과 같은 위험 대상이 숨어 있는 장소일 뿐만 아니라 신과 같은 어떤 존재가 사는 장소로 여겨져 왔다. 그래서 숲은 신과 같은 능력을 갖는다고 믿어진 것이다. 더욱이 숲은 종교적 차원에서 천계와 지계를 연결하는 우주축과 같은 의미를 포함하고 있어서 신이 하강하는 통로요, 또한 천상으로 연결되는 성스러운 장소이기도 하였던 것이다. 그래서 이와 같은 토착신앙도 지역문화 차원에서 그 숲을 유지 보존하는 데 중요한 기능을 할 뿐만 아니라 숲이라는 물리적 공간을 그 지역문화에 결속시키는 역할을 하고 있다고 볼 수 있다.

이 외에도 숲의 변화를 관찰함으로써 미래의 풍작, 기후 같은 사항을 예측할 수 있다는 점을 들 수 있다. 더욱이 이러한 기후현상은 우리가 비올 것을 개구리나 새들의 움직임을 통해 예측하는 것과 마찬가지의 경우로 보인다.

성황당(城隍堂), 애기당나무, 신수(神樹), 자식나무, 당섶, 서낭나무, 동신나무, 동사나무, 당남기, 동수나무, 당나무, 용나무, 포구나무, 지당숲, 당수, 당숲, 신당숲, 서낭당, 제당, 삼신할매나무, 당수나무, 제당나무, 동제나무, 당목, 동제당, 당산숲, 당산(堂山), 할아버지당산, 할머니당산, 당할머니소나무, 도당나무, 고사나무, 돌탑숲, 상당(上堂), 하당(下堂), 성황림(城隍林), 신림(神林), 아홉당산, 골맥이, 수살목(水殺木), 수살막이, 살막이, 당술, 동신곳, 시절나무, 작촌수(鵲村藪)

위의 숲 지명들은 대부분 토착신앙적 고사나 제를 지내는 장소와 관련된 것들이다. 이 중에서 숲의 영험이 표현된 예로는 자식을 바라는 사람이 자식을 잉태할 수 있다는 경북(慶北) 울진군(蔚珍郡) 원남면(遠南面) 금해리(金海里)의 신수(神樹), 전남(全南) 완도군(莞島郡) 군외면(郡外面) 대문리(大文里)의 자식나무 등이 있다. 숲의 나쁜 영험이 나타난 예로는 손님을 맞는 것이 싫어 용두산 줄기를 끊었다가 망했다고 하는 경북 영양군(英陽郡) 입암면(立岩面) 신사리(新泗里)의 당나무, 숲 앞으로 상여나 가마가 지나면 변을 당한다는 전남 완도군 약산면(藥山面) 해동리(海東里)의 당섶 등을 들 수 있다.

길흉판단의 의미가 나타난 예로는 그 숲에 꽃이 잘 피면 그해의 시절이 좋음을 암시하는 전남 강진군(康津郡) 신전면(薪田面) 송천리(松川里)의 시절나무, 숲에서 까치가 울면 벗이 찾아 온다는 경북 달성군(達城郡) 구지면(求智面) 내동리(內洞里)의 작촌수(지루지수라고도 불림) 등을 들 수 있다.

③ 풍수적 내용을 담고 있는 숲 지명

숲 지명 내에 포함되어 있는 풍수적 의미는 크게 허한 곳을 메우거나 형국을 완성하는 비보적 의미와 외부의 좋지 않은 기운을 차단하여 보호하는 엽승적 의미로 이루어진다. 여기서 비보적 의미는 풍수상 지기를 보호하거나 지기의 통로를 연결 또는 보완하기 위해 숲이 조성된 경우로, 조성 목적은 경관적, 지리적으로 둘러싸임을 이루지 못한 수구를 수목으로 차폐하여 둘러싸인 듯한 형국을 이루는 데 있다. 이에 반해 엽승적 의미의 숲은 숲 밖의 돌, 산, 동굴, 강 등이 마을에 비치는 것을 막고자 하는 경우로 엽승을 위해 숲을 조성했을 때도 역시 둘러싸이는 형국이 되기가 쉬운 것이다.

비보수(裨補藪), 돛대나무, 조산(造山), 수구막이, 숲맥이, 수대(樹帶), 숲정이숲, 섶실수구, 마절수(馬節藪)

경북 경주시(慶州市) 교동(校洞)의 비보수는 조선시대 경주부(慶州府)의 부윤(府尹)이 거처하던 아사(衙舍) 주변을 비보하기 위해 조성된 숲이고, 경북 영덕군(盈德郡) 남정면(南亭面) 장사리(長沙里)의 돛대나무는 마을이 배 형국이어서 조성한 숲이다. 그리고 전북(全北) 전주시(全州市) 덕진구(德津區) 진북동(鎭北洞)의 숲정이숲은 전주시가 북편으로 허한 형국을 보완키 위해 수구막이 목적으로 조성된 숲이고, 경북 울진군(蔚珍郡) 북면(北面) 소곡리(蘇谷里)의 섶실수구는 섶실 앞의 숲으로 수구를 막기 위한 숲이다.

엽승적 사례로는 경북 영양군 영양읍 현리(縣里)의 마절수가 있는데, 마을에서 보이는 주변의 바위가 험악하며 마을을 쏘아 비치고 있다 하여 이를 차폐키 위해 숲을 조성했다.

④ 조성자가 나타난 숲 지명

예술작품에 작가와 작품 의도가 있듯이 마을숲에도 조성자와 조성 의도가 있어, 그것이 숲 지명에 반영되어 전해지고 있다. 특히 숲 지명에 조성자가 전해지는 경우는 생태적으로나 역사·문화적으로나 마을숲이 인공림임을 알려 준다.

장동지(張同智), 봉송정(奉松亭), 이송정(李松亭), 버둑할망동백숲, 장정지, 고정자, 김정자, 마정자, 추정자, 황정자, 수만정자, 학정자

조성자가 나타난 숲 지명 사례로는 동지(同智) 벼슬을 한 장씨(張氏)가 심었다는 전남 구례군(求禮郡) 광의면(光義面) 연파리(煙波里)의 장동지, 봉씨(奉氏) 부사(府使)가 심었다는 경북 영덕군 병곡면(柄谷面) 휘리의 봉송정, 이씨(李氏) 부사(府使)가 해풍을 막기 위해 심었다는 영덕군 같은 마을의 이송정, 현씨(玄氏) 부인(婦人)이 심었다는 제주도(濟州道) 남제주군(南濟州郡) 남원읍(南元邑) 위미리(爲美里)의 버둑할망동백숲 등을 들 수 있다.

3. 이용·기능적 유형

마을숲의 이용·기능적 측면이 나타난 숲 지명 유형을 보면 이용적 측면으로는 주로 휴식과 운동을 들 수 있으며, 기능적 측면으로는 재해 방지, 목재생산 등을 언급할 수 있다.

① 이용적 측면이 나타난 지명

유당공원(柳塘公園), 솔마당, 밤숲터, 꿀밤나무숲, 추천나무, 송정(松亭), 괴정(槐亭), 귀목정(鬼木亭), 정자나무, 사장(射場)숲, 궁수(弓樹), 모정(茅亭)나무, 쉰대정나무, 서림공원(西林公園), 할머니놀이터, 정자터, 여기정(女妓亭), 쉰대자리, 소꼴숲, 식송마당, 동네솔밭, 솔공지, 솔정지, 숲공지

공원으로 활용되는 전남 광양군(光陽郡) 광양읍(光陽邑) 인동리(仁東里)의 유당공원(도판 19), 마을마당 역할을 하는 경북(慶北) 영양군(英陽郡) 입암면(立岩面) 양항리(良項里)의 솔마당, 한가윗날 밤 그네 뛰며 놀았다는 경북 경주시 황남동(皇南洞)의 밤숲터, 꿀밤나무가 숲을 이루어 꽃이 필 때 놀이터가 되는 경북 고령군(高靈郡) 개진면(開津面) 오사리(吾士里)의 꿀밤나무숲, 단오 때 그네를 매어 추천놀이를 한 경북 영덕군 강구면(江口面) 강구리(江口里)의 추천(鞦韆)나무 등을 들 수 있다.

오늘날 도시에는 공원이나 녹지 공간이 있어서 시민들이 쉬거나 산책하는 공

19. 全南 光陽郡 光陽邑 仁東里 柳塘公園.
위에서 내려다본 유당공원의 전경으로, 사진에는 보이지 않으나 도로 반대편에 또다른 고목숲이 예전 광양읍성 터를 따라 위치하고 있다. 이 숲은 조선시대에 광양읍성을 쌓고 성이 바다에서 보이지 않도록 하기 위해 조성되었다고 한다. 현재 성은 없어지고 울창한 나무들만 있으며 시민공원으로 개발되어 광양 주민들의 휴식공간으로 활용되고 있다.

간으로 활용되듯이 마을숲은 마을에 인접해 있는 공원과 유사한 기능을 담당하게 된다. 그러나 그 역사가 깊고, 단순한 이용뿐만 아니라 제례가 정기적으로 수행된다는 점이 일반적 도시공원과 다르다. 그래서 숲 지명 내에는 공원, 놀이터, 공터, 정자, 마당 등의 용어들이 나타나고 있다.

② 숲의 기능적 측면이 나타난 숲 지명
수해, 풍해, 조해(潮害) 등 자연재해를 막거나 목재생산적 가치에서 조성된 기능적인 측면도 숲 지명에서 나타나고 있다.

관방제림(官防堤林), 방하수(防河藪), 풍숲, 방풍림, 바람나무, 수시수(壽矢藪), 후동약수(厚洞藥藪), 송전(松田)

자연재해 방지의 사례로는 관에서 수해를 방지하기 위해 제방 위에 조성한 전남 담양읍(潭陽邑) 남산리(南山里)의 관방제림과 경북 영주시(榮州市) 영주동(榮州洞)의 방하수, 바람을 막기 위해 심은 경기(京畿) 여주군(驪州郡) 북내면(北內面) 신남리(新南里)의 풍숲 등을 들 수 있다. 이 밖에 숲 내의 나무들을 군사, 건축 등의 목적으로 활용하기 위해 조성된 경우로 경북 영일군 구룡포읍 후동에 있는 수시수와 약수는 활이나 약초를 재배하기 위해 조성된 숲들이다. 그리고 경북 영일군 청하면 미남리의 송전은 소나무밭이란 의미로 소나무를 활용하기 위해 관에서 조성한 숲이다.

4. 경관적 유형

숲 지명에는 긴 제방을 따라 조성된 형태, 물에 반사된 경치가 아름다운 곳, 안개와 같은 모습, 뱀 같은 형상, 새들이 많이 노는 모습 등 숲의 경관을 담고 있는 숲 지명들도 있다. 이 유형의 숲 지명은 숲의 시각적 경관 형태에 따라 나타난 지명, 숲 규모가 나타난 지명, 주요 시설물이 나타난 지명, 구성수목이 나타난 지명 등으로 나눌 수 있다.

① 시각적 측면이 나타난 숲 지명
천경림(天鏡林), 운무정(雲霧亭), 뱀뱅이숲, 장제무림(長提茂林), 새청, 황새나무, 세평(細平)숲, 반월숲, 찰밥나무, 코딱지나무, 줄나무, 형제송(兄弟松), 수산맥, 수풍바다숲, 돛대, 경림수, 줄밭, 청림대(青林臺), 통매산, 개호송(開湖松), 죽죽솔배기숲, 솔때배기숲, 세성제술

위의 지명 중에 숲의 시각적 형태를 의미하는 사례를 구체적으로 설명하면 경주 서남쪽 남천가에 있는 경북 경주시 사정동(沙正洞)의 천경림, 잡목이 우거져 있어 구름과 안개가 낀 것 같은 경북 고령군 덕곡면(德谷面) 반성리(盤城里)의 운무정, 뱀처럼 길다는 경북 영천군(永川郡) 임고면(臨皐面) 양항리의 뱀뱅이

숲, 둑을 따라 길게 펼쳐진 전남 여천시(麗川市) 상암동(上岩洞) 호명리(虎鳴里)의 장제무림, 새가 깃들인다는 경북 경산군(慶山郡) 용성면(龍城面) 곡란리(谷蘭里)의 새청, 황새가 깃들인다는 경북 의성군(義城郡) 가음면(佳音面) 가산리(佳山里)의 황새나무 등을 들 수 있다.

② 숲규모가 나타난 숲 지명

오정자(五亭子), 삼수정(三樹亭), 윤팔송(尹八松), 오리수(五里藪), 큰둑쑤, 육대송(六大松), 만지송(萬枝松), 일송대, 칠송배기, 삼형제솔, 쌍느티나무, 왕소나무, 만년송(萬年松), 백리숲, 쌍송나무, 쌍정자, 구수정(九樹亭), 만송정(萬松亭)

다섯 그루라 하여 명명된 경북 금릉군(金陵郡) 감문면(甘文面) 광덕리(廣德里)의 오정자, 세 그루라 하여 명명된 경북 예천군(醴泉郡) 풍양면(豊壤面) 청곡리(靑谷里)의 삼수정, 윤황과 그 손자 명재 등을 추모하기 위해 심은 여덟 그루로 된 전남 장성군(長城郡) 삼계면(森溪面) 사창리(社倉里)의 윤팔송, 오리에 걸쳐 심겨진 경북 경주시 구황동(九黃洞)의 오리수, 만여 주(株)에 이를 정도로 크다는 경북 안동군(安東郡) 풍천면(豊川面) 하회리(河回里)의 만송정(도판 20) 등으로 숲 지명이 구성되었다.

③ 숲 내의 시설물이 나타난 숲 지명

화석정, 선몽대(仙夢臺), 남정수(南亭藪), 임정수(林井藪), 나정(蘿井)숲, 육모정 공원, 성단(城壇)솔밭, 조산(造山)나무, 토성터숲, 관세정(觀歲亭), 웅굴숲, 빙옥정(冰玉亭)숲, 이인정(里仁亭)숲, 덤바위숲, 연풍대(年豊臺)숲, 삼풍대(三豊臺)숲, 안봉대(安峰臺)숲, 빌레곳

숲 내에 정자가 있는 경기 파주군(坡州郡) 파평면(坡平面) 율곡리(栗谷里)의 화석정, 경북 예천군 호명면(虎鳴面) 백송리(白松里)의 선몽대(도판 21)와 육모정 공원, 그리고 경북 경주시 탑정동(塔正洞)의 남정수,[126] 샘이 있는 경북 경주시 황성동(隍城洞)의 임정수와 경북 경주시 탑정동의 나정숲, 토성터 주변에 있는 전남 여천군(麗川郡) 화양면(華陽面) 장수리(長水里)의 토성터숲 등이 있다.

④ 나무 이름이 나타난 숲 지명

유림수(柳林藪), 산조수(山棗藪), 배나무쑤, 오리나무쑤, 송림, 가래숲, 동백숲, 비자나무숲, 소나무숲, 꿀밤나무숲, 밤숲, 율림, 녹수남벵이, 포구나무숲, 해송숲, 귀남숲, 느티나무, 솔나무, 소나무, 팽나무, 홰나무, 팽낭기, 회화나무, 괴화나무, 은행나무, 느릅나무, 오리목, 잣나무, 이팝나무, 백목(柏木), 엄나무, 대선술, 농남술, 뒤차낭술, 덜기술

20. 慶北 安東郡 豊川面 河回里 萬松亭.
부용대 위에서 마을을 보면(위)
강 변 모래사장과 연해 있는
솔밭이 보이는데, 이를
만송정이라 부르고 있다.
만여 주에 이를 정도로 많은
소나무숲이란 명칭의 만송정은
낙동강이 하회마을을 감싸듯
돌아치는 부근에 길게 늘어서 있어
수해를 방비할 뿐만 아니라
사람들에게 좋은 휴식처가 되고
있다. 이 숲은 하회마을의
명성만큼이나 울창하게 잘
보존되고 있다. 아래 사진은
마을쪽 제방 위에서 만송정을
찍은 것이다.

위의 숲 지명 중에 나무 이름이 나타난 구체적 사례로는 광주시(光州市) 북구(北區) 임동(林洞)의 유림수, 멧대추나무숲인 경북 경주시 성동동(城東洞)의 산조수[127] 등이 있고, 그 밖에 경북 예천군 개포면(開浦面) 가곡리(佳谷里)의 배나무쑤, 경북 영양군 수비면(首比面) 발리(發里)의 오리나무쑤 등을 들 수 있다.

5. 혼합된 유형

숲 지명에는 장소적 유형과 경관적 유형, 장소적 유형과 문화적 유형이 혼합된 숲 지명들이 있다.

① 장소적 유형과 경관적 유형이 혼합된 숲 지명
삼정골정자나무, 인골정자나무, 업치기정자나무, 덕곡정자나무, 서기정자나무, 댓개정자나무, 가산정자나무, 내방정자나무, 외방정자나무, 야릇마정자나무, 한수장림(漢水長林), 안영동줄나무, 사산줄나무, 오리밑숲거리

② 장소적 유형과 문화적 유형이 혼합된 숲 지명
고사리재서낭, 중마당나무, 큰마당나무, 갈근이당나무, 당마당나무, 음산이당나무, 복룡당산나무, 아랫서당나무, 하당산, 웃당산나무, 아랫당산나무, 앞당산나무, 내당산, 외당산

결론적으로 숲 지명의 유형은 역사적으로는 토착신앙→풍수→유교의 순으로

21. 慶北 醴泉郡 虎鳴面 白松里 仙夢臺.
내성천 건너편에서 숲을 바라본 전경으로 좌측에 보이는 古建築物이 선몽대이다. 백송리는 진성 이씨의 집성부락으로서 선몽대숲은 이 마을의 수구막이로 조성된 숲이다. 숲 앞의 내성천을 따라 이어진, 십리에 이른다는 백사장을 끼고 펼쳐진 경관은 매우 아름답다.

나타났던 것으로 추측되며, 최근에는 숲 지명의 이러한 의미가 점차 감소되고 있다. 더욱이 현대에 와서 숲 지명의 유형들은 과거의 역사·문화적 유형에서 이용·기능적 유형 또는 경관적 유형으로 변화했다. 그래서 이제는 마을숲이 무서운 장소나 경외의 대상이 아니라 휴식과 자연감상, 즉 자연을 접하는 장소로 사람들에게 인식되어 왔다. 또 실제 마을숲의 단순한 목재활용적인 차원은 거의 사라지고 현재는 공공적 이용 목적이 대부분을 이루고 있다.

註

1. 마상규 「숲문화와 숲길」 『숲과 문화』 제5호, 1992, pp.21-22
2. 김기선 「문화지향적 삼림개발」 『숲과 문화』 제1호, 1992, p.20 재인용.
3. M. Eliade 『샤마니즘』 이윤기 譯, 까치, 1992, pp.250-253.
   엘리아데에 따르면 우주나무, 혹은 世界樹의 관념은 인류 대부분의 종족, 문화권에 거의 공통으로 나타나는 종교적 현상이다. 아바칸 타타르 인의 전설에 의하면 철의 산 꼭대기에는 일곱 개의 가지가 돋힌 흰 자작나무가 聖樹로 자라고 있다. 바시유간 오스티야크 인은 우주나무의 가지는 하늘에 닿아 있고, 뿌리는 저승에 닿아 있다고 믿고 있다. 시베리아 타타르 인은 '천상의 나무(celestial tree)'와 똑같은 나무가 하계(저승)에서 자란다고 여기고 있다. 이 우주나무는 끊임없이 재생을 반복하는 우주를, 우주적 생명의 무한한 원천을, 거룩한 것을 갈무리하는 신선한 저장고를, 천상의 천국 혹은 현세의 천국을 상징하기도 한다. 세계의 신성성, 풍요성, 영속성을 나타내는 이 우주나무는 창조, 다산, 입문, 나아가 절대적 실재 및 불멸성의 관념과 관련되어 있어 생명의 나무, 영원 불멸의 나무인 것이다.
4. 金學範 「韓國의 마을園林에 관한 硏究」 고려대 박사학위 논문, 1991, p.263.
5. 朝鮮總督府 『朝鮮の林藪』 1938, pp.9-88.
6. 金學範, 앞의 논문, p.64.
7. 위의 논문.
   1991년까지 조사된 마을숲의 수종들만을 열거했음.
8. 남규호 「栗谷의 護松說과 現代의 護松의 意味」 『숲과 문화』 제2호, 1992, p.8 재인용.
9. 任慶彬 『나무백과 2』 일지사, 1982, p.59.
10. 韓國造景學會 『造景樹木學』 문운당, 1989, p.110.
11. J. G. Frazer 『황금가지 I』 장병길 譯, 삼성출판사, 1990, pp.161-190.
12. 朴容淑 『韓國의 美學思想』 일월서각, 1990, pp.83-84.
13. 金容沃 『여자란 무엇인가』 통나무, 1989, p.241.
14. 위의 책, p.242.
15. M. Eliade, 앞의 책, p.251.
16. 朴容淑 『韓國의 始原思想』 문예출판사, 1985, p.120.
17. 위의 책, pp.139-140.
18. 위의 책, pp.113-114.
19. 鄭榮善 『西洋造景史』 명보문화사, 1979, pp.27-28.
    핫셉수트 여왕이 태양신인 아몬(Amon)을 모신 델 엘 바하리의 神殿이 가장 유명하다. 이것은 계단 모양으로 된 세 개의 규모가 큰 露壇에 의해 구성되었으며, 山腹을 깎아 만든 境壁을 列柱廊으로 장식해 놓은 장려한 신전이다. 우선 나일 강 가에 길게 두 줄로 배치된 많은 스핑크스 사이를 지나면 기반을 이룬 제일 아래 노단의 탑문에 도달된다. 그리고 완만하게 경사진 도로가 경벽의 중앙을 꿰뚫어 각 노단을 이어 준다. 과거 스핑크스의 양쪽에는 아카시아가 列植되어 있었던 듯하며, 또한 탑문 부근과 세 개의 노단 위에도 수목이 식재되어 신전을 형성하고 있었던 것으로 상상되고 있다. 여왕은 아몬 신의 계시에 따라 이 신전을 修飾하기 위하여 먼 곳에서 香木을 옮겨 심었다는 사실도 전해지고 있다. 델 엘 바하리의 신전은 지금도 건재하여 기반 노단 위에는 綠陰樹를 식재하기 위하여 암반에 파 놓은 植穴이 오늘날까지 남아 있는 세계 최고의 정원 유적이 되고 있다.
20. 위의 책, pp.34-36.
    고대 문명사의 공통적인 특징의 하나가 숲을 신성시한 것인데, 그리스 인들도 숲을 신성시했고, 그들의 세계를 지배하는 신들이나 영웅에게 특별한 나무를 바쳤다. 그 예로, 主神 제우스에게는 떡갈나무를, 사랑의 신 에로스에게는 올리브를, 아르테미스에게는 사이프러스를 바쳤다. 이러한 그리스의 대표적 聖林은 델포이의 聖林, 올림피아의 聖林 등을 들 수 있다.
21. 尹國炳 『造景史』 일조각, 1978, p.35.
22. J. G. Frazer, 앞의 책, pp.18-41.
23. 위의 책, pp.161-191.
24. 鄭榮善, 앞의 책, pp.24-25.
    狩獵園의 형태는 대개 인공으로 언덕을 쌓아 그 정상에 신전을 세우는 식인데, 산을 만들 때

생긴 低地에 인공호수를 만들고, 언덕에는 소나무, 사이프러스 등을 식재했다. 이 수렵원은 그 후 페르시아에서도 크게 발달하여, 다리우스 1세의 宮園에 크게 영향을 미쳤고, 수렵, 향연, 제사 등 옥외 생활을 위해 계획된 수렵원은 '짐승을 기르기 위해 울타리를 두른 숲'이라는 어원에서도 알 수 있듯 공원, 즉 오늘날 말하는 공원의 시초가 된다.

25. E. H. Zube, 'The Natural History of Urban Trees,' *Human Scape*, Stephen Kaplan 외 1인 Ed., Ulrich's Books, 1982, pp.178-179.
26. 위의 책, p.181 재인용.
    1821년 미국에서 미시시피 시의 입지를 결정하기 위한 조사보고서 중 일부임.
27. E. Relph, *Place and Placelessness*, Pion Limited, 1986, p.47.
28. 尹國炳, 앞의 책, pp.147-148.
    周나라는 지금의 중국 陝西省 西安市의 남방 20킬로미터 지점인 澧水 부근에 도읍했는데, 이곳에는 靈臺라는 園林이 만들어져 있었다는 사실이 『詩經』「大雅篇」에 소개 되어 있다. 이 시는 『孟子』의 「惠王篇」에도 실려 있어 영대라는 원림이 周의 중기 이전의 것임을 알 수 있다. 영대는 높은 조망시설을 중심으로 하여 물고기와 새가 유영하는 연못과 사슴떼가 노니는 수림을 갖추고 있음이 시 속에 표현되고 있다.
29. 一然 『三國遺事』 리상호 譯, 신서원, 1990, p.82.
30. 한국문화상징사전편찬위원회 『한국문화상징사전』 동아출판사, 1992, pp.136-138.
    무속의 신들이 나무를 통하여 내려온다는 것은 神木 숭배와 관련된다. 이것은 오늘날 무당이 당굿을 할 때 장대 꼭대기에 방울 등을 단 신대로 신을 내리게 하는데 이때의 장대(나무)는 소도에 세웠던 혹은 세워져 있었던 신성한 나무와 관련을 가지고 있는 것이다.
31. 陳壽 『三國志』「魏志」東夷傳.
32. 한국문화상징사전편찬위원회, 위의 책, pp.136-137.
33. 서울특별시사편찬위원회 『서울六百年史』(제1권), 1977, p.230.
    社稷은 국토의 신과 五穀의 신을 모시고 제사드리는 곳인데 단을 쌓고 두 神位를 함께 奉祀하기 때문에 社稷壇이라고도 한다. 국토와 오곡은 국가와 민생의 근본이 되는 것이니 만큼 옛날에는 국가에서 국가와 민생의 안정을 기원하고, 保佑에 보답하는 의미에서 반드시 사직을 설치하고 제사드렸던 것이다. 흔히 국가를 말할 때는 宗社로 칭호하여 왔는데 宗社는 곧 宗廟社稷의 合稱인 것이다.
34. 한국문화상징사전편찬위원회, 위의 책, p.138.
35. 위의 책, p.431.
36. 慶北 慶州市 塔正洞 소재의 박혁거세 탄생설화와 관련된 숲으로 현존함.
37. 一然 『三國遺事』 李東煥 譯, 서우, 1989, p.35.
38. 慶北 慶州市 校洞에 현존하는 숲.
39. 一然 『三國遺事』 李東煥 譯, 앞의 책, p.44.
40. 慶北 慶州市 栗洞에 현존하는 숲.
41. 民族文化推進委員會 譯 「陵墓」『新增東國輿地勝覽 21권』(慶州都護府), p.233.
42. 慶南 金海市 西上洞에 현존하는 숲.
43. 一然 『三國遺事』 李東煥 譯, 앞의 책, pp.159-160.
44. 民族文化推進委員會 譯 「宮室」『新增東國輿地勝覽 32권』(金海都護府), pp.314-315.
45. 경주시 내에 한두 그루가 남아 있는 것으로 알려짐.
46. 경주시의 五陵林 주변숲.
47. 民族文化推進委員會 譯 「樓亭」『新增東國輿地勝覽 45권』(平海郡), p.544.
48. 金富軾 『三國史記』 김종권 譯, 명문당, 1988, p.77.
49. 民族文化推進委員會 譯 「山川」『新增東國輿地勝覽 25권』(禮安縣), p.538.
50. 洪萬選 『山林經濟 I』 民族文化推進會 譯, 古典國譯叢書 231, 민문고, 1967, p.90.
51. 民族文化推進委員會 譯 「陵墓」『新增東國輿地勝覽 32권』(金海都護府), p.328.
52. 世宗大王記念事業會 譯 「健康의 莞島」『世宗實錄』 1971, p.76.
53. 洪萬選, 앞의 책, p.39.
54. 李重煥 『擇里志』 李翼成 譯, 을유문고, 1971, p.162.
55. 世宗大王記念事業會 譯 「金守溫의 上疏」『世宗實錄』 1971, p.362.
56. 民族文化推進委員會 譯 「山川」『新增東國輿地勝覽 3권』(漢城府), p.255.
57. 서울 종로구 방산동에 있었던 것으로 판단됨.

58. 전북 전주시 내의 덕진지 제방 위에 있는 숲을 말함.
59. 民族文化推進委員會 譯「山川」『新增東國輿地勝覽 33권』(全州府), pp.394-395.
60. 金容沃, 앞의 책, pp.238-241.
   『漢韓大字典』1966, p.639.
   『周禮』에는 周代의 조정에는 세 그루의 槐(느티나무나 회화나무)와 아홉 그루의 棘(가시나
   무)로 公卿의 자리를 표시했기 때문에 이러한 정치집회 행사와 관련하여 공경의 자리나 신
   분을 나타내는 많은 용어가 만들어졌다. 즉 槐棘(三槐九棘, 三公九卿), 槐位, 槐座(정승의
   자리, 신분), 槐鼎(조정의 별칭) 등과 같은 어휘가 그것으로서 곧 느티나무는 예로부터 이렇
   게 중요한 의미를 갖는 나무였으며, 또한 聖化의 상징으로 보고 있는 것이다.
61. 『太祖實錄』卷六, 태조 3년 11월 戊戌.
   처음 太祖가 漢陽에 천도하고 여러가지 시설을 갖출 때에도 태조 3년(1394) 11월에는 먼저
   都評議使司와 書雲觀의 관원들을 데리고 가서 宗廟社稷의 터를 잡았는데 國都에서 廟東社西,
   궁궐에서 廟左의 원칙에 따라 종묘의 터를 경복궁 동쪽 蓮花坊에, 사직의 터를 서쪽 仁達坊
   에 정했던 것이다.
62. 金容沃, 앞의 책, pp.247-248.
63. 洪萬選, 앞의 책, pp.27-20.
64. 光州市 東區 鶴洞에 있던 숲으로 현존하지 않음.
65. 慶北 蔚珍郡 近南面 守山里에 있던 숲으로 현존하지 않음.
66. 李穡『牧隱集』이석구 역, 대양서적, 1975, p.188.
67. 民族文化推進委員會 譯「古蹟」『新增東國輿地勝覽 45권』(蔚珍縣), pp.590-591.
68. J. Appleton, *The Experience of Landscape*, John Wiley & Sons, 1977, pp.70-73.
69. 民族文化推進委員會 譯『新增東國輿地勝覽 30권』(晋州牧), p.181.
70. 慶南 密陽市 三門洞에 있던 숲으로 현존하지 않음.
71. 京畿 驪州郡 陵西面 旺垈里에 있던 숲으로 현존하지 않음.
72. 民族文化推進委員會 譯『樓亭』『新增東國輿地勝覽 26권』(密陽都護府), pp.568-570.
73. 民族文化推進委員會 譯『新增東國輿地勝覽 7권』(驪州牧), pp.93-94.
74. 全北 南原郡 金池面 昌山里 마을숲으로 현재는 한 그루만 남아 있음.
75. 서울 西大門區 天然洞에 있던 숲.
76. 여기서는 특별히 주막을 표시하는 기를 말함.
77. 民族文化推進委員會 譯「山川」『新增東國輿地勝覽 39권』(南原都護府), p.136.
78. 民族文化推進委員會 譯『新增東國輿地勝覽 3권』(漢城府), 高麗 姜淮伯의 詩, pp.302-303.
79. 慶北 金陵郡 開寧面 西部洞에 있던 숲으로 현존하지 않음.
80. 慶北 安東市 龍上洞에 있던 숲으로 현존하지 않음.
81. 서울 麻浦區 合井洞과 望遠洞에 있는 숲으로 후에 심은 것으로 보이는 幼齡林이 현존함.
82. 民族文化推進委員會 譯「樓亭」徐居正의 紀文,『新增東國輿地勝覽 29권』(開寧縣), p.134.
83. 民族文化推進委員會 譯『新增東國輿地勝覽 24권』(安東大都護府), 고려 禹倬의 詩,
   pp.407-413.
84. 民族文化推進委員會 譯『新增東國輿地勝覽 3권』(漢城府), 倪謙의 紀文, pp.262-263.
85. 慶北 迎日郡 清河面 德城里에 있던 숲으로 현존하지 않음.
86. 慶北 蔚珍郡 平海面 月松里에 있던 숲으로 현존하고 있음.
87. 民族文化推進委員會 譯『新增東國輿地勝覽 24권』(寧海都護府), 安魯生의 12영, p.449.
88. 民族文化推進委員會 譯『新增東國輿地勝覽 45권』(平海郡), 成俔의 詩, pp.544-549.
89. 全北 井州市 上洞에 있던 밤나무숲으로 현존하지 않음.
90. 江原 襄陽郡 巽陽面 祥雲里에 있던 숲으로 현존하지 않음.
91. 釜山市 海雲臺區 中洞에 현존하는 숲.
92. 民族文化推進委員會 譯『新增東國輿地勝覽 26권』(密陽都護府), 徐居正의 十景 중 栗島秋煙,
   p.548.
93. 民族文化推進委員會 譯「樓亭」『新增東國輿地勝覽 44권』(襄陽都護府), p.536.
94. 民族文化推進委員會 譯「古蹟」『新增東國輿地勝覽 23권』(東萊縣), p.359.
95. 洪萬選, 앞의 책, p.139.
96. 『續大典』「禮典」雜令條. 私賣軍器律이란 군기를 밀매하는 행위에 대한 처벌을 뜻함.
97. 一律이란 사형에 해당하는 죄를 말한다.

98. 丁若鏞『牧民心書 5』茶山研究會 譯, 창작과 비평사, 1985, p.172.
99. 위의 책, pp.175-177.
100. 위의 책, p.181.
101. 江原 江陵市 南項津洞에 있던 숲으로 현존하지 않음.
102. 世宗大王記念事業會 譯『世宗實錄』세종 30년 8월 27일, 1971, p.77.
103. 위의 책, 세종 원년 8월 4일, 1971, p.309.
104. 世宗大王記念事業會 譯『世祖實錄』세조 2년 1월 4일, 1978, p.249.
105. 民族文化推進委員會 譯「山川」『新增東國輿地勝覽 22권』(梁山郡), p.321.
106. 慶南 梁山郡 上北面 상남마을에 있던 숲으로 현존하지 않음.
107. 全北 金堤郡 扶梁面 龍城里에 축조되었던 저수지의 제방변 숲으로 현존하지 않음.
108. 民族文化推進委員會 譯「古蹟」『新增東國輿地勝覽 33권』(金堤郡), pp.429-430.
109. 丁若鏞, 앞의 책, p.277.
110. 世宗大王記念事業會 譯『世宗實錄』高得宗의 上疏, 세종 16년 6월 30일, 1971, p.251.
111. 丁若鏞, 앞의 책, p.181.
112. 梁浩一『환경디자인 형태학』유림문화사, 1990, pp.7-8.
113. 『漢韓大字典』민중서관, 1966, p.1082.
    『周禮』에 牧濊藩鳥獸라 하여 藪란 魚類, 鳥獸 등이 많이 모이며 초목이 우거진 습지를 뜻함.
114. 李崇寧 외 1인『韓國方言辭典』명문당, 1987, pp.844-845.
115. 李崇寧 외 4인『大國語辭典』현문사, 1976, p.1222.
116. 위의 책, p.654.
117. 위의 책, p.654.
118. 한글학회『우리말 큰사전』어문각, 1992, p.2457.
119. 위의 책, p.2457.
120. 신준호 編『韓國民俗大辭典Ⅰ』민족문화사, 1991, p.350.
121. 한글학회, 앞의 책, p.2443.
122. 한글학회, 앞의 책, p.2439.
    수구막이를 한문으로 표기하면 水口藏門이라 할 수 있다.
123. 李揆穆「한국인의 얼이 담긴 장소에 관한 고찰」『환경과 조경』창간호, 1982, p.102.
124. 한글학회『우리말 큰사전』어문각, 1992, p.2505.
    '술'이란 제주도 방언으로 숲이란 의미이다.
125. 한글학회『우리말 큰사전』어문각, 1992, p.347.
    '곳'이란 제주도 방언으로 '깊은 산속의 수풀'을 의미한다.
126. 南藪 또는 五陵藪라고도 불린다.
127. 古城藪라고도 불린다.

제2장 마을숲의 문화

1. 마을숲 문화의 해석

1. 문화의 개념과 해석

문화를 좀더 광의로 해석하여 자연 현상이 아닌 인간에 의해 이루어진 모든 정신활동을 문화로 본다면, 문화란 지식, 신앙, 예술, 도덕, 법률, 관습, 기타 사회 성원으로서의 인간에 의하여 획득된 모든 능력이나 습성의 복합적 전체[1]이다. 즉 한 시대나 한 민족의 '삶의 방식 전체'를 문화로 볼 수 있는 것이다. 이렇게 볼 때 마을숲의 문화란 마을숲과 연관된 마을문화 전체를 의미한다.

한편 문화는 구체적으로 드러나는 사물 및 사건의 영역과 관념의 영역으로 양분될 수 있다. 전자는 사회 내에 인간의 활동과 그 배경을 이루는 물리적 배열 등을 의미하며, 후자는 사람들로 하여금 자신의 경험을 체계화하고 인간의 활동을 정립하는 배경을 이루는 지식 및 신앙의 체계를 의미한다. 이러한 문화의 양 측면에서 볼 때 마을숲의 문화는 마을숲이라는 물리적 영역과 그 안에서 일어나는 사람들의 활동 영역과 관련된 사람들의 관심, 감정, 신앙 등의 심리적 영역으로 구분될 수 있다.

이와 같이 마을숲을 문화를 통해 보고자 하는 데는 마을숲이 가진 다음과 같은 문화적 중요성에서 기인한다.

첫째로 마을숲은 오천 년 역사 동안 한국 지역문화의 원형이라 할 수 있는 마을이라는 정주지와의 공존을 기본전제로 한다. 따라서 마을이 없다면 숲의 존재 가치가 없을뿐더러, 반드시 마을문화적 초석 위에서만 숲의 문화도 형성되는 상호 필수불가결한 관계를 이룬다.

둘째로 마을숲은 과거 오랜 기간 동안 한국 마을문화와 더불어 존재해 온 끈질긴 생명력을 가진 대상일 뿐만 아니라, 현재도 계속해서 조성, 관리되는 살아 있는 한국의 토속적 숲이다. 따라서 그 동안 사라진 많은 고고학적 대상들과는 달리 마을숲은 과거와 현재와 미래를 동시에 체험할 수 있는 중요한 문화대상이다.

셋째로 마을숲은 한국인의 전통적인 고향의식, 자연애, 정서, 정념 등과 가장 원초적으로 관련된 중요한 대상임을 알 수 있다.

그리고 마지막으로 마을숲은 마을 공유 문화의 대표적 상징으로 공동체적 가치관이 무너지면 순식간에 소실되는 중요한 대상이다. 이것은 마을숲이 과거에는 공유지였으나 해방 후에 국유지로 대부분 전환되면서 많은 마을숲들이 소실된 점을 통해 확인할 수 있다. 더욱이 마을숲은 마을 공유의 집적된 문화가 표출되는 장일 뿐만 아니라, 숲의 관리나 운영도 함께 이루어지므로 소유나 운영 주체의 변경은 결국 문화적 표현을 억제하고 그 결과 마을숲의 소실을 초래하게 된다.

그 동안의 현장답사를 통해 나타난 마을숲의 자료를 통해 볼 때 마을숲의 문화는 마을숲이라는 문화적 상징을 사람들이 접할 때 가진 '의미'에서 가장 잘 나타난다. 여기서 마을숲의 '의미'는 마을숲과 사람들의 심리적 측면을 상호 연결하는 고리와 같은 역할을 하는데, 기어츠(C. Geertz)는 "인간은 스스로 얽은 의미의 그물에 구속되는 동물이고, 문화란 그러한 그물망이다"[2]라고 문화의 개념을 더 한층 전개해 문화와 의미체계를 동등하게 정의하기도 한다. 그래서 마을숲의 문화에 관한 탐구는 현장에서 수집된 의미들을 주 대상으로 하게 된다.

현재까지 수집된 마을숲 관련 의미들을 종합해 볼 때 마을숲의 의미들은 다음과 같은 성격을 갖는다

첫째로 마을숲의 의미들은 숲 안에 반드시 그것을 함축하는 상징요소나 상징물을 갖고 있음을 암시해 주므로 마을숲의 의미는 숲 안에서 지각되는 물리적 속성들의 이미지와 기억에 의존해서 해석될 수 있다. 물론 문화나 개인적 성향에 따라 숲의 의미나 상징적 표현들이 각각 다르게 나타날지라도, 반응을 표출하는 형식은 어느 정도 공통의 논리적 형식, 예를 들어 그 지역문화를 따르게 되는 것이다.

둘째로 사람들은 조화와 질서를 추구하고 혼란을 야기할 수 있는 불안은 제거하려 하기 때문에 숲 경관의 의미는 질서와 조화의 내용을 갖게 된다. 예를 들어 마을과 정면으로 보이는 부근에 불길하다고 해석되는 바위, 동굴, 산 등이 있다거나 마을 내에 불길한 일이 발생했을 때 그 원인이 마을 주변의 어떤 요소에 있다고 해석되면 마을 사람들은 이를 해결하는 한 방법으로 마을숲을 조성하는 것이다. 이 경우에 마을 사람들은 마을숲이 있음으로써 이러한 불길한 상황이 해소된다고 믿고 있는 것이다. 그래서 그 후에 사람들은 정성스럽게 마을숲을 가꾸게 되는데, 이때 마을숲의 존재는 마을 사람들의 안정과 조화를 상징하는 것이다.

그러나 최근 환경 분야 연구는 과학적이고 실증적인 경향을 갖는데, 이러한 연구 경향은 의미와 같은 희미하고 '뚜렷하지 않은 양상'[3]과 같은 경험적, 신비적 연구를 소홀히 하고 있다. 더욱이 마을숲과 같은 마을문화의 독특한 산물은 보편화된 원리나 고정된 틀 속에서 보기 어려운 대상이므로, 이러한 방법보다는 마을숲의 지역성, 특수성, 개별성을 인정하고 이들에 관한 다양한 정보를 토대로 각

각의 마을숲을 적절하게 분석하는 좀더 유연한 관점을 택함으로써 풍부한 마을숲 문화의 위상과 가치를 지적할 수 있을 것이다.

이상과 같이 마을숲을 해석하는 데 있어 그 대상은 이미 언급했듯이 숲 내의 문화적 의미인데, 이러한 마을숲의 의미를 해석하는 목적은 우선 다른 세계에 살고 있는 사람들이 그 세계에 살고 있는 사람들의 의미에 대한 이해를 돕는 데 있다. 즉 이는 지역인의 관점에서 마을숲을 바라볼 수 있는 이해의 수준을 얻고자 하는 것으로, 마을숲의 의미라는 문화적 대상을 해석함으로써 우리는 각 지역문화의 숨결을 체험할 수 있다. 따라서 마을숲의 의미해석은 단순한 해석만이 아니라, 그 배경을 이루는 실존적, 정신적, 미적 측면의 기본적 문제에 대한 해석을 요구하게 된다. 그리고 더 나아가서 이러한 해석에 의한 결과는 그 지역을 위해 좀더 나은 숲과 문화를 창조할 수 있는 기준을 제공해 줄 수 있을 것이다.

2. 마을숲의 문화 해석방법

마을숲의 의미가 어떻게 해석될 수 있을 것인가 하는 문제는 여전히 미지수로 남아 있다. 결국 해석방법의 문제인데, 해석방법은 마을숲이란 문화적 대상을 보다 쉽게 이해시키기 위한 과정이나 수단이다.

그런데 방법과 키가 없는 해석은 해석이라고 볼 수 없고, 더욱이 마을숲과 같이 오랜 역사를 갖는 대상을 해석할 때에는 단순한 해석방법보다는 다각도의 해석방법이 요구된다 하겠다.

현재까지 제안된 마을숲 문화에 대한 해석기법들을 종합해 보면 크게 맥락적 접근, 구조적 접근, 의미전달매체적 접근, 그리고 총체적인 접근 등으로 나눌 수 있다. 간략히 볼 때 맥락적 접근이나 구조적 접근은 의미 해석에 있어서 요인과 요인, 부분과 부분, 부분과 전체 등의 상호관련성을 분석하는 데 자주 등장하고 있다. 그리고 전달매체로서 의미를 분석하는 관점은 주로 커뮤니케이션 이론(communication theory)에 등장하는 기법으로, 사람들이 어떤 전언(message)을 전달하려고 하는가 등의 문제를 검토하고자 하는 것이다. 마지막으로 총체적인 접근은 이와 같은 모든 기법들을 포함하는 기법으로, 각 대상에 따라 적절한 기법이 있을 수 있다는 매우 포괄적인 성격을 갖는다.

사람들은 사회적 상황 또는 역사적 맥락 속에서 살아간다. 따라서 인간행동의 배경을 이루고 사고의 지표가 되는 것이 맥락인 것이다. 이러한 맥락적 관점은 게슈탈트(Gestalt) 지각이론에서 말하는 도(圖, figure)와 지(地, ground)의 개념에서 잘 확인된다. 즉 형태란 그 주변요소나 배경과 관련되어 지각된다는 것으로, 이들간의 관계를 밝히려는 것이 맥락적 해석의 초점이 된다. 이 맥락적 해석은 어떤 문화나 의미를 주변의 공간적 관계나 시간적 흐름 속에서 이해하는 방법이다. 더욱이 이러한 맥락적 해석은 물리적 배경뿐만 아니라 장소성, 역사성 등을 고려한 문화적 바탕 위에서 이루어지기 때문에 정신적 배경까지 아우르는 방법이다. 예를 들어 마을숲을 맥락 차원에서 해석하려면 마을숲이 위치한 입지적 맥락, 역사적 맥락, 문화적 맥락 등을 파악해야 한다. 그러므로 이러한 해석을 위해서는 마을숲과 관련된 기록이나 마을 사람들의 말과 같은 마을숲의 맥락을 파악할 수 있는 자료들을 수집해야 한다.

맥락적 해석이 대체로 의미와 그 주변요인들 간의 관계에 관한 해석이라면 구조적 해석은 의미의 체계적 본질과 구성을 설명하고자 하는 것이다. 따라서 구조적 해석은 의미 내에 어떤 이론적, 구조적 분석틀[5]이 있음을 전제로 한다. 즉 구조적 해석은 의미를 요소분해하고 각 요소들간에 작용하는 규칙들을 추출하여 그 의미구조의 실체를 밝히거나 관계를 기술하는 것이다. 여기서 각 요소들간의 작동규칙을 일종의 구조라 할 수 있는데, 구조적 해석은 바로 어떤 사회의 현상들에도 이 구조가 내재해 있다는 전제하에 이를 찾아 규명함으로써 그 현상들의 본질을 밝히고자 하는 것이다. 예를 들어 풍수적 의미의 마을숲은 그 주변의 대상들이 맥락 내에서 존재케 하는 역할도 하고, 숲과 그 주변의 특정한 경관요소 간에 형성된 체계와 구조도 보여주고 있는 것이다. 더 구체적인 예를 들어 보면 마을 입구에 위치하는 마을숲은 표층적으로는 숲과 그 주변에 있는 산이 관련되어 동구숲이 되면서 심층적으로는 동구의 토착신앙과 관련된 의미구조를 갖기도 하는 것이다.

이상을 통해 볼 때 해석에 있어서 맥락과 구조란 개념은 뚜렷이 구분하기 어려운 성격을 가지나, 매우 상대적인 개념이라고 할 수 있다. 즉 마을숲의 맥락적 해석은 마을숲 자체보다는 그 외연적 배경에 관심을 두지만, 구조적 해석은 내부적 구조나 체계의 발견에 그 초점을 둔다고 할 수 있다.

맥락과 구조적 해석이 문화적 의미의 본질적인 구성을 다루는 반면에 의미전달매체로서의 해석은 의미전달 과정의 매개적 규칙과 전달방식과 경로에 보다 더 관심을 두므로, 보다 직접적이며, 생생하고, 구체적인 해석을 가능케 한다. 즉 전달매체적 차원에서 본다면 마을 사람들은 그들의 정보를 전달하는 장으로서 마을숲을 활용하므로 마을숲이 바로 의미나 구조를 전달하는 수단이 되며, 이러한 의미나 구조들의 반복출현한 결과를 통해 마을숲에 표현된 가치, 목적, 의도 등을 파악할 수 있다. 그러므로 의미전달매체로서의 마을숲 해석은 인간과 환경 간의 전언적 양식(message style)에 많은 관심을 기울이는데, 예를 들어 솟대, 장승, 돌탑, 서낭 등과 같은 시설들이 바로 토착신앙적 내용과 의미를 전달하게 되며 이 의미가 전달되는 방식, 규칙, 형식 등을 분석해 나타난 결과를 전언적 양식이라 칭할 수 있다. 따라서 전달매체로서의 의미 해석은 마을을 구성하는 집, 토지, 마을숲 등의 모든 문화적 산물에 사람들이 전달하고자 하는 어떤 의미가 있음을 전제로 한다.

이 밖에도 이 세 기법을 모두 포함하는 매우 다양하고 가변적인 성격을 띠는 총체적 해석기법을 들 수 있다. 즉 의미의 총체적 해석은 위의 어떤 하나의 기법에만 의존하거나, 해석 전에 전제나 가정을 하는 등의 방식을 취하지 않는다. 따라서 총체적 해석은 기본적으로 각 대상과 주제는 자체적으로 그에 맞는 기법을 갖는다는 매우 유연한 해석기법으로 오늘날과 같이 복잡하고 애매한 현대사회를 해석하는 데 매우 효과적이다. 따라서 마을숲의 총체적 해석이란 수집된 마을숲의 문화적 의미를 각 숲을 이해하는 데 도움을 줄 수 있는 가장 적절한 기법을 선정해 해석하는 데서 시작된다. 그러므로 마을숲의 총체적 해석을 위해서는 만약 200개의 숲이 발견된다면 적어도 200개의 기법들이 창출될 수 있다는 극히 개방적인 접근태도를 필요로 한다. 좀더 구체적으로 말하면 마을숲의 총체적 해석을 위해서는 지금까지 다른 환경연구에서 소홀히해 온 마을숲의 전문성보다는 주민들의 의견과 같은 비전문성, 물리적 대상보다는 의미와 같은 비물리적 대상, 보편적 원리보다는 개별성, 단순성보다는 다양성을 더 중시해야 한다는 것이다.

　결과적으로 이와 같은 총체적 접근기법은 그 안에 이미 언급한 모든 기법들을 함축하고 있으면서도 그 밖의 다른 기법들도 포용할 수 있는 매우 함축적인 방법으로, 지역, 계층, 입지 등에 따라 매우 다양한 의미를 가진 마을숲의 해석에 가장 적절한 기법이라 할 수 있다. 그래서 이같은 해석기법을 통해 조사된 자료는 보다 포괄적이고 직접적인 마을숲 창조의 미래지향적 방향설정에 초석을 제공할 수 있을 것이다.

2. 마을숲의 문화

동서양을 막론하고 모든 문화는 추길피흉(追吉避凶)을 염원하는 기복사상을 가지고 있다. 즉 서양에서는 유토피아 사상과 천년왕국 사상이, 동양에서는 신선사상(神仙思想)에 의한 도원경(桃源境), 불교의 극락정토사상(極樂淨土思想), 음양(陰陽) 및 풍수론(風水論)에 의한 길지관(吉地觀), 선사상(禪思想) 등이 모두 이에 속한다고 할 수 있다.

유토피아란 좋은 삶에 관한 도덕철학·소설·이야기·시 등에 나타나는 상징적 장소, 완전한 사회에 대한 비전이나 관념 등으로 정의된다.[6] 그런데 서양의 유토피아는 이상의 땅(물리적 개념의 토지)을 묘사한 것이 아니고, 이상적인 사회를 꿈꾼 것이기 때문에 주로 인간과 인간, 혹은 인간과 신의 관계를 내용으로 하고 있다. 그러나 동양적인 이상의 땅으로서의 길지(吉地)는 매우 구체적인 경관을 묘사하고 있다.[7]

한국의 유토피아 사상은 불교의 극락정토사상 및 미륵사상(彌勒思想), 천인합일(天人合一)의 신인사상(神人思想)과 불로장생(不老長生)을 추구하는 도교(道敎)의 신선사상, 그리고 현세적 만족과 이익을 추구하는 풍수도참사상(風水圖讖思想) 등이 모두 결합되어 이루어졌다.[8] 이와 같은 사상을 배경으로 한 한국인의 길지관(吉地觀)은 『정감록(鄭鑑錄)』과 같은 도참서(圖讖書)를 탄생시켰으며, 『정감록』의 십승지지(十勝之地)란 곧 한국인의 은둔적 이상향을 대표하고 있다고 볼 수 있다. 또한 도교적 신선사상을 근거로 하는 동양적 유토피아의 원형인 무릉도원사상은 청학동(靑鶴洞) 전설을 만들었는데, 이와 같은 전설의 물리적 실체로서 실제로 지리산에 청학동이 조성되어 있기도 하다.

이처럼 좋은 땅을 얻고자 함은 땅 자체가 가지고 있는 힘을 빌려 피흉발복(避凶發福)하고자 하는 한국인의 기복적(祈福的) 신앙에서 연유하고 있는 것이며, 이것은 범세계적으로 무수한 형태와 변용 가운데서 발견되는 지모신앙(地母信仰)[9]과도 일치한다. 지모신앙에서는 대지는 인간을 잉태하여 낳고, 인간은 대지의 혜택으로 생존한다. 따라서 이는, 하늘은 부(父), 땅은 모(母)로서 음양이 상합(相合)하여 만물이 생겨난다고 하는 한국인의 우주관과도 일치한다고 볼 수 있다.

한민족의 땅에 대한 지모신앙적 관념은 풍수사상에서 잘 나타나는데 길지의 형국이 여성의 생식기의 구조와 비교해석되고, 여성의 생식력과 같은 땅의 지기를 지세를 통해 획득하고자 하는 데서 잘 확인된다. 따라서 선계(仙界)와 같은 불로(不老)·장생(長生)·불사(不死)의 이상향적 길지, 다산(多産)·풍요(豊饒) 발복(發福)의 지모신앙적 길지 등을 찾거나 조성하고자 하는 것이 한국인의 길지에 대한 기본적 관념이라 할 수 있다.

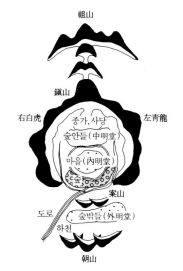

祖山
鎭山
右白虎
左青龍
종가, 사당
숲안들(中明堂)
마을(內明堂)
숲
案山
도로
숲밖들(外明堂)
하천
朝山

22. 마을숲의 전체 형국도. 마을의 전체 형국과 관련돼 일반적으로 입지하는 마을숲의 모델을 그린 것으로, 마을을 중심으로 볼 때 마을숲은 주거지나 경작지의 경계 부근에 입지하는 특징이 있다. 이는 산과 마을숲으로 대표되는 자연으로 둘러싸인 형국이 한국인의 이상적 마을 입지임을 의미하는 것이기도 하다.

한국인은 이와 같은 길지관에 의해 좋은 땅을 선택하기도 하고, 토지의 형태를 변형시켜 조성하기도 한다. 그들이 사는 마을 역시 이러한 길지관을 바탕으로 형성된 하나의 물리적 결과인 것이다. 마을의 형성에는 시대적인 상황과 사상, 즉 샤머니즘, 풍수지리설, 유교, 불교, 도교 등의 영향이 작용했다. 특히 유교사상에 의한 대가족제도는 집성형의 동족부락을 형성하게 했고, 이는 마을의 구성에도 큰 영향을 미쳐 종가(宗家)의 위치, 반상(班常)의 배치 등을 결정하는 중요한 요인이 되기도 했다.

토착신앙에 나타난 길지관의 유형은 수(水)→산(山)→천(天)의 위계를 가지므로 땅에서 하늘로 향하는 향천적 흐름[10]을 보이는데, 여기서 마을숲은 수(水)와 천(天) 사이에 입지하게 된다. 마찬가지로 풍수적 길지 유형은 산국지도(山局之圖)에 보이는 길지 형국을 들 수 있는데, 이것 역시 숲이 배산임수의 지형 중 중간 지역인 언덕이나 둔덕에 입지하는 것이다. 이상을 종합해 볼 때 숲의 수직적 경관입지는 마을 구조와 관련하여 들→하천→마을숲(서낭, 돌문이, 장승, 솟대, 당나무 등)→마을(종가)[11]→묘→산지당→수호신 등과 같은 위계를 갖는다. 반면에 수평적으로 마을의 영역은 숲 밖의 경작 영역, 숲 영역, 혈(穴)에 주로 입지하는 종가를 중심으로 한 마을 영역, 수호신을 중심으로 한 신성 영역 등으로 구분할 수 있다.

1. 토착신앙

『삼국지』「위지」 동이전에는 "삼한속사귀신(三韓俗事鬼神)"이라 하여 삼한에는 귀신을 섬기는 풍속이 있다고 했는데, 지상 최고의 신인 하느님[天神]과 땅신[地神]과 수많은 속신(俗神, Animism)을 모두 숭상하고 있음을 시사하고 있다. 또한 이능화(李能和)의 「조선무속고(朝鮮巫俗考)」를 보면 단군왕검의 국가 건립시부터 샤먼에 의해 주관되는 토착신앙이 사회를 지배[12]하고 있었음을 알 수 있다. 이능화는 「조선무속고」에서 단군을 제례(祭禮)를 주관하고 신을 섬기는 무(巫)로 해석하고 있다. 또한 신라의 차차웅(次次雄)도 무(巫)의 방언이라 풀이하고 있으며, 무천(舞天), 계욕(禊浴), 소도(蘇塗), 영고(迎鼓), 동맹(東盟) 등은 일종의 무속과 관련된 제식(祭式)으로 보고 있다. 이로 미루어 볼 때 역시 고대에서부터 샤머니즘을 위주로 한 토착신앙이 보편화되었던 것으로 믿어진다. 현재에도 이러한 토착신앙은 산제, 당제, 굿, 점 등의 형태로 행해지고 있어서 마을, 숲 등의 장소에 큰 영향을 주고 있다.

엘리아데가 주장하는 세계축을 상징하는 수목, 기둥, 제단 등은 모두 수직적 구조로 되어 있다. 여기에서 수직성은 공간의 신성한 차원을 향하는 통로를 상징하며, 천계와 지상계를 상호교감시키는 매개물로 인식되고 있는 것이다.

이러한 현상은 한국의 토착신앙에서도 찾아볼 수 있다. 한국의 토착신앙에서는

23. 仁川市 南區 東春洞
동막부락의 소나무숲.
도당굿이 이루어지는
소나무숲으로, 숲 안에는
도당할아버지와 도당할머니를
모시는 '당가리'가 있다. 예전부터
이러한 소나무숲 외에도 마을
주변에는 신이 있는 영험한 숲이
있어 그곳이 굿이나 洞祭의
중심이 되어 왔다.

만물유신사상에 의거하여 모든 자연물, 특히 높은 산이나 거목을 신성시했고, 그 주위를 성역화하여 제의의 장소로 활용했다. 토착신앙에서 우주는 천상계, 지상계, 지하계가 수직적으로 배열된 구조를 갖는다. 수직적 우주관의 예로는, 우선 『삼국유사』에 실려 있는 단군신화를 들 수 있다. 환웅(桓雄)이 태백산정의 신단수에 하강하는 것은 신성한 수직적 우주를 통해 천상계에서 지상계로 내려오는 과정으로서 한국인의 샤머니즘적 우주관이 수직성을 가지고 있음을 증명하는 것이다.

이와 같은 수직적 요소는 여러 가지의 설화 및 무가(巫歌)[13]에서도 잘 나타나고 있는데, 오늘날에도 존속하고 있는 경기도의 도당굿을 묘사한 글을 보면 더욱 쉽게 이해할 수 있다.

"마을에는 당이나 당목이 있다. 그러나 당은 신이 거주하는 장소는 아닌 것 같다. 오히려 당은 신이 내리는 곳, 강림처의 의미가 깊다. 도당굿이 청신(請神)으로 시작하여 송신(送神)으로 끝나는 까닭은 신이 당에 거주하는 존재가 아니라 어딘가에 있다가 굿을 하는 동안 잠시 당을 통해 마을로 와서 사람들을 만나고 돌아가는 것으로 생각했기 때문이다."[14]

엘리아데가 주장하고 있는 세계축[15]을 상징하는 중심이 그리스에서는 델포이

(Delphoe) 언덕, 이슬람교도에게는 카바(Kaba) 신전, 이집트의 경우는 피라미드가 되는데, 이것은 곧 우주목(宇宙木)이다. 이 우주목이란 곧 지상을 지배하고 만물 위에 존재하는 하늘과 통할 수 있는 신성한 것으로서, 속(俗)의 평면 가운데 수직적으로 솟아 있는 성적(聖的) 요소인 것이다. 여기서 엘리아데의 성(聖)의 의미는 세계의 중심이나 축 그리고 중앙을 뜻하는 것이다. 현재까지 공간을 구획하고 정의하려는 모든 노력은 무질서에서 질서를 창조하려는 한 시도라 할 수 있는데, 이 노력은 새로운 공간을 창조하는 행위라는 성적(聖的) 중요성을 갖는다. 따라서 예전부터 주거건물이나 도시가 창조되기 위해서는 세속의 공간에서 성적 공간으로의 전환의식을 필요로 했다.[16]

24. 全北 南原郡 雲峰面 西川里 堂山.
사진에 보이는 돌 당산 외에도
길 반대편에 또하나의 돌 당산이
있으며 숲은 당산에 연해 있다.
예전에 무성했던 숲은 현재
대부분 소멸되었고, 그나마 남은
고목 서너 주와 근래 조성된
幼齡木들만이 숲을 이루고 있다.

25. 慶北 安東郡 豊川面 河回里
당집.
동제를 지내는 당집으로,
하회마을 뒤편 산 위에 위치하고
있어 마을을 굽어볼 수 있다.

한국에서 우주목의 실례로는 『삼국지』「위지」동이전의 한조(韓條)에 기록된 '솟대'를 들 수 있는데, 여기서 '큰 나무가 서 있고 귀신을 섬긴다(立大木事鬼神)' 함은 신목이 솟아 있는 솟터의 성적 공간에 대한 시사이며, 이것은 우주목의 개념과 유사한 개념이라 할 수 있다. 이와 같은 솟대의 개념은 그리스의 아크로폴리스와도 연결될 수 있으며, 이것은 일종의 소우주 창조의 개념이 되는 것이다.

반면에 엘리아데에 있어서 속(俗)은 언제나 조건지어진 것, 자율성을 결여한 것으로 경험되고 있기 때문에 인간은 성과 속의 두 영역을 지각하면서 그 둘을 함께하려는 노력, 곧 그 둘을 어떤 구조 속에 맞추어 넣으려는 노력을 하게 되는데, 이러한 합일을 가능케 하는 것이 상징이라는 것이다.[17] 동양철학의 음과 양도 하나의 본질인 태극(太極)의 양 측면에 지나지 않는다고 볼 수 있다. 이러한 상징은 객관적인 실재의 복사가 아니라, 그보다 더 깊고 근원적인 어떤 것, 즉 직접적인 경험의 차원에서는 분명치 않은 '실존적 의미'를 보여준다.

강원도 장승굿, 경기도 도당굿, 하회 별신굿 등은 모두 나무(神木 또는 솟대) 앞에서 무당이 강신제(降神祭)를 지내는 것에서부터 시작되는데, 이때의 나무가 곧 천계의 중심인 우주목의 상징인 것이다. 이와 같은 정령(精靈)이 깃들여 있는 신목으로 조성된 수림을 신림(神林)이라 하며, 신림은 성황림, 당숲, 신성림 등으로 불린다. 이러한 당숲의 신목으로 사용되는 나무는 느티나무, 팽나무 등이 가장 많이 쓰이고 있으며, 또한 당숲 내에는 당집(당, 당산), 장승, 입석, 돌탑, 솟대 등 토착신앙을 상징하는 요소들이 존재하고 있는 것이다.

1. 마을숲의 토착신앙

'괴(槐)'는 '느티나무' 혹은 '회화나무'를 뜻하는 한자어로서 목(木)자와 귀(鬼)자가 합해져 글자가 완성되고 있다. 따라서 괴(槐)는 나무와 귀신이 함께 있는 상태 또는 그러한 사물을 뜻하는 글자이다. 그러므로 '괴'라 하는 나무가 '나무귀신' 혹은 '귀신붙은 나무'로 해석되는 것은 당연하다. 따라서 '괴'라는 명칭의 나무가 토착신앙과 깊은 관계가 있는 신목(神木)일 것이라는 것은 쉽게 짐작이 간다. 실제로 '괴목(槐木)' '귀목(鬼木)' 혹은 '귀목나무' 등의 이름으로 널리 불리고 있는 느티나무는 각 마을에서 대표적인 신목으로 조성되고 있음이 확인되고 있다.

전술한 대로 토착신앙을 바탕으로 하는 마을숲은 세계 모든 문명권에서 문명의 시작과 함께 공통적으로 나타난다. 이러한 성스러운 숲이 신의 강림처로서 신성한 숭배의 대상으로 조성되는 우주중심적 시설, 즉 우주목의 실체라 함은 이미 기술한 바와 같다.

이와 같은 토착신앙적 마을숲은 대부분이 이항대립적(二項對立的) 형태로 존재한다. 즉 남서낭과 여서낭, 혹은 할아버지 당산과 할머니 당산 등과 같이 보편

26. 忠南 洪城郡 廣川面 瓮岩里숲.
전형적인 동산 위의 숲으로,
주변에 다른 숲이 없어서
멀리서도 쉽게 눈에 띄는 매우
인상 깊은 숲이다. 옹암리는
과거에는 해운의 요충지로, 당시의
장터가 현재까지 남아 있을
정도로 각종 산물의 교역이
성행했었다. 이로 미루어보아 당시
옹암리의 당제가 어업과 교역을
위해 매우 성대하게 열렸음을
짐작할 수 있으나, 현재는 쇠퇴해
그 명맥만을 유지하고 있다.
또한 과거에는 소나무 당산숲이
있었다고 하는데, 현재는
당집만이 위치하고 있다. 더욱이
일제시대에 소나무숲 지역이
경작되어 소멸되었고, 현재는
그 당시에 심은 벚나무숲이
남아 있다.

적으로 남자와 여자라고 하는 양성적(兩性的) 대립구조를 취하고 있는 것이다. 이와 같은 형태는 원시 인류의 종교적 우주관을 보여주는 것으로서 번영과 풍요와 다산을 바라는 기복적 성신앙(性信仰)에 기초를 두고 있는 토착신앙적 관념이기도 하다. 이러한 현상은 숲 내에 존재하는 장승, 돌탑 등 여러 가지 토착신앙적 시설에서도 동일하게 나타난다.

이처럼 토착신앙을 배경으로 하는 마을숲은 그 명칭이 신림(神林), 성황림(城隍林), 당숲 등의 이름으로 불리고 있으며, 숲 속의 신목 주위는 물론 숲의 일정한 지역 혹은 숲 전체가 성역화되고 있다. 이 성역은 스스로를 그 이외의 모든 속(俗)의 평면과 구분시키며 하나의 소우주를 창조하는 것이다. 이와 같은 토착신앙적 마을숲이 갖는 영험성은 그 의미에 있어서 주술적이고 신앙적이며 혹은 기복적인 내용을 포함하는 경향을 보이고 있다.

마을숲의 토착신앙적 의미를 그것의 풍수적 의미와 비교해 보면, 숲의 풍수적 의미가 문자적이고 남성적인 문화로 표현되는 데 반해 토착신앙적 의미들은 구전(口傳)적이며 여성적인 문화로 표현되는 특징을 가지고 있다. 즉 토착신앙적 성격이 짙은 마을숲은 대체로 반촌보다는 민촌에서, 평지부락보다는 산촌이나 어촌에서, 집성촌보다는 각성촌에서 더 많이 조성되고 있어 여성적이고 하층적인 문화구조를 가지고 있음을 알 수 있는 것이다. 이러한 토착신앙적 마을숲은 마을 사람들이 갖고 있는 만물유신론적 사고관을 기초로 하여 이루어지고 있어, 숲의 영험적 능력으로 표현되기도 한다. 따라서 만물유신론적 사고관이 지배하고 있던 과거에 마을숲은 절대로 훼손할 수 없는 성역으로 존재했고, 토착신앙적 문화요소들은 매우 오랜 역사적 기반을 가지고 여러 형태로 숲 안에 존재하면서 설화, 제의, 놀이 등 다양한 형식으로 표현되고 있다. 이 때문에 토착신앙적 마을숲은 그 원형을 그대로 보존해 온 것이다.

2. 토착신앙적 마을숲 사례

① 토착신앙이 숲의 조성원인이 된 사례

마을숲에 얽힌 토착신앙은 사람들이 왜 숲을 조성하게 되었으며, 왜 현재 아끼고 잘 가꾸어야 하는가에 대한 교훈을 전해 준다. 이러한 숲의 사례로는 물우리 당산숲, 방수리숲, 심기마을 동네솔밭 등을 들 수 있다.

· 물우리 당산숲 : 全北 任實郡 德峙面 勿憂里

임실에서 순창으로 가다가 덕치를 조금 지나면 좌측으로 개천 건너 언덕 위에 숲이 있다.(도판 27) 이 숲은 마을의 좌측 능선을 이루는 구릉 위에 위치하며 고목의 느티나무, 물푸레나무로 구성되어 있다. 예전부터 수해가 심해 물 걱정을 한다는 뜻의 물우리가 됐다고 할 정도로 마을 앞 강에 물이 많아 나룻배를 이용하기도 했으나, 상류에 댐이 생기면서 강물이 적어져 수해가 거의 없게 되었다. 그러나 최근에는 급격히 수량이 줄어 수질오염에 따른 문제가 새롭게 나타나고 있다. 더욱이 마을 내에는 물이 적어 화재가 잦은 편으로, 이를 극복하기 위해 마을 사람들은 마을 중앙에 저수지를 조성했다. 이처럼 물이나 불의 재난이 끊이지 않는 물우리 당산숲에는 자연스럽게 토착신앙적 성격이 강하게 나타나게 되었

27. 全北 任實郡 德峙面 勿憂里 당산숲.
마을에서 교회로 넘어가는 소로의 조그만 구릉 위에 위치한 당숲으로, 여기 보이는 무덤이 당산제를 올리는 당산이다. 흙을 쌓아 무덤 형태를 갖추고 있으나, 실제 무덤이 아닌 물우리의 상징적인 할머니 당산으로, 주변의 당산숲, 저수지 등과 함께 전형적인 토착신앙림을 이루고 있다.

다. 특히 마을의례로 나룻배의 진수식(進水式)을 행하는 제와 동제를 지내는데, 동제는 '당산제'라 하여 '포강(저수지)' 주위의 할머니 당산숲에서 지낸다. 마을에는 이 할머니 당산 외에도 동산 위에 할아버지 당산이 있어서 매년 정월 14일에 양쪽에 모두 제사를 드리고 있다. 특히 물우리의 당산은 형태상 다른 당산과 달리 앞에 흙을 쌓아 가무덤을 만들어 그곳에 동제를 지낸다.

"지금부터 약 삼백구십 년 전 덕치면 물우리 마을에 처음 정착한 밀양 박씨 밀성부원군파(密城府院君派)의 중시조(中始祖)인 월파(月波) 계형공(戒亨公)이 전남 창평(昌平)에서 처음으로 이주해 와 산세와 지형을 둘러보고, 마을의 방풍과 서남쪽의 허(虛)를 방어하기 위하여 이 나무를 심었다 한다. 당시 계형공이 묘목을 구하기 위하여 인근 산야를 돌아다니다 하루는 마을 뒤의 '곰배산'에서 유독 나무가 곧고 잎이 무성한 나무를 발견하고 이를 서남쪽에서 마을로 들어오는 길 옆에다 옮겨 심었는데 그날 밤 계형공의 꿈에 산신령이 나타나 말하기를 오늘 곰배산에서 옮겨 심은 나무는 마을의 외침을 막고 질병과 재앙을 막아 주는 영험이 있는 나무이니 잘 보살피고 가꾸어라 하고 현몽하여 그 나무를 지성으로 가꾸어 왔는데 지금은 거목으로 성장하여 마을을 지키는 포병처럼 동서로 우뚝 솟아 흡사 방어진지를 연상케 하고 있다."[18]

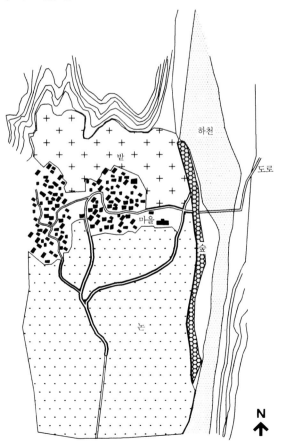

28. 全北 任實郡 館村面 芳水里숲 위치도.
방수리숲은 수해를 방지하고 넓은 들을 확보하기 위해 하천의 제방과 동시에 조성된 숲으로 보이며, 바람을 막아 농작물의 피해를 줄이는 기능도 할 것으로 보인다. 그리고 마을 앞의 들은 숲의 상류 부근에 洑를 막아 물을 끌고 있으며, 그 수로가 숲을 통과하고 있다.

· 방수리숲 : 全北 任實郡 館村面 芳水里

전주에서 임실로 가다가 관촌에서 하천을 따라 방수리 방향으로 약 4킬로미터 정도를 들어가면 천변에 800미터 정도의 숲이 보인다. 이 방수리숲은 느티나무, 쉬나무, 팽나무 등의 고목들로 구성되며 약 8,000평에 이르는 규모로 하천을 따라 선형(線形)을 이루고 있다.

"지금으로부터 약 오백 년 전 이 마을에 황 장군이라 불리는 거인 부부가 살았는데 이들 내외는 어느 따스한 봄날 자신들의 재능을 겨루기 위하여 시합을 하였다. 황 장군은 천변에 나무를 심고 부인은 보를 막기로 하고 겨루었으나 끝내는 황 장군이 이겼다 한다. 그런 연유로 이런 울창한 거목들이 생겨났다 한다. 이 전설처럼 방수리숲은 부인이 들판 가운데로 흐르는 물을 돌려 들을 만들고, 또한 수해를 막기 위해 황 장군이 숲을 조성함으로써 출현한 것이다. 그러나 황 장군은 후손이 없어서 마을에서는 황 장군의 묘를 현재까지 마을 주민의 성역으로 가꾸고 있다. 따라서 현재에도 마을제나 행사를 주관하는 사람은 이 묘를 관리하는 책임을 맡게 된다."[19]

한편 이 숲은 형국상 마을 뒷산이 '계혈'을 이루고 있으며, 앞산은 '갈마음수형(渴馬飮水形)'으로 말이 방수리 앞의 물을 먹기 위해 내리뻗은 길지의 형국을 이루고 있다고 한다. 방수리숲은 이 두 형국, 즉 산과 산의 경계를 이루는 하천

29. 忠北 槐山郡 延豐面 심기마을 동네솔밭.
심기마을로 진입하는 도로에서 본 숲으로, 마을이 숲에 덮여 거의 보이지 않는다.

둑변에 고목들로 구성된 숲이다. 즉 풍수적 마을숲으로도 볼 수 있는 이 숲은 시각적으로 하천과 어울려 풍치림(風致林)을 이루는 듯 보이고, 실질적으로는 방수리의 수해를 막는 역할을 했던 것 같다.(도판 28)

· 심기마을 동네솔밭 : 忠北 槐山郡 延豊面 심기마을

소나무로 이루어진 이 숲(도판 29)에는 성황당이 있어서 일 년에 한 번씩 제를 지내며, 이 숲은 마을 사람들이 자체적으로 관리하고 있다. 이 숲은 약 육십 년 전에 조성된 것으로 예전에 이곳을 지나가던 중이 마을 입구 근처의 밭에 소나무를 심으면 "마을이 부자가 된다"[20]고 하여 당시 개인 땅이던 밭을 동네 사람들이 쌀을 모아 공동 구입하여 조성한 것이라 한다. 그러나 그 후에 마을에서 세금을 낼 수가 없어서 군유림으로 되었다.

② 영험과 관련된 사례

사람들은 숲을 신성한 대상으로 숭배하고 숲 자체는 어떤 영험을 갖는 존재로 보는 경향이 있어 왔다. 숲의 영험적 의미와 관계된 사례들로는 개미 없는 숲(다산 돌탑숲), 손가락 나무의 영험(침산동 구수정), 인물이 태어난 숲(대리숲), 죽은 사람이 되살아나는 숲(원흥리 사리숲) 등이 있다.

· 다산 돌탑숲 : 全北 南原郡 山東面 다산리

예전에 주변에 차나무가 많았다고 해서 '다뫼'라 했다는 다산마을은 마을 뒤에 높은 천왕봉(天王峰)의 산세가 병풍 치듯 마을을 둘러싸고 있는 곳이다. 이 마을의 숲은 소나무와 느티나무로 구성되며 동구에 위치하여 마을을 완전히 둘러싸는 듯한 분위기를 주고 있다. 예전부터 "숲이 마을 앞을 막아 줘야 마을에 좋다" 하여 새마을운동 때 숲에 포장을 했다가 나무가 많이 줄어들자 동구숲 아래에 마을 공동으로 땅을 구입해서 새롭게 잣나무숲을 조성했다. 또한 숲을 지나 마을로 들어가는 부근에는 돌탑을 놓아 산짐승을 방지했다고 한다.(도판 30) 현재는 이 때문에 '돌탑숲'이라고 부르고 있다. 또한 다산리에는 마을 근처에 있는 마을 창고 주변에도 버들숲이 있는데, 동구숲보다는 이 숲이 더 자주 이용되고 있다.

그런데 이곳은 개미가 없는 곳으로도 유명하다. 바로 옆에는 개미가 있어도 이 송림 안에는 개미가 침범을 못 한다고 한다. 여기에는 한 가지 전설이 내려온다. 천왕봉 너머에는 귀정사(歸政寺)가 있으니 이는 삼국시대 백제 무령왕(武寧王) 15년(515)에 지은 절로 유서깊은 고찰 중의 하나이다. 여기에는 옛날 이름높은 도승이 있었다. 어찌나 설법을 잘 하고 도가 높았던지 왕이 도사를 찾아와 설법을 듣느라고 여기에 머물며 정사를 보살폈다 하여 본래의 절 이름이 만행사(萬行寺)이던 것을 귀정사로 바꾸었다 하며, 산 이름도 만행산을 천왕봉으로 고쳐 부르게 되었다 한다. 이 도승이 하루는 천왕봉을 넘어 다산송림을 지나다 쉬게 되었다. 어찌나 경치가 아름답고 숲이 좋던지 자기도 모르게 수도의 삼매경(三昧

30. 全北 南原郡 山東面 다산리 돌탑숲.
숲에서 마을로 들어가는 진입로 변에 대칭으로 서 있는 두 개의 돌탑으로 숲과 함께 잘 보존되고 있는 점으로 보아 다산리는 토착신앙적 경향이 매우 강한 마을임을 알 수 있다.

境)에 빠지게 되었다. 오랜 시간이 지난 뒤 깨어나 보니 하필이면 도사가 앉은 자리가 개미집이었는지라 온몸이 개미투성이가 되어 쩔쩔매고 있는데 때마침 걸인 한 사람이 이곳에 당도하여 곤경에 빠진 도사의 광경을 보고 "허허 도사님! 안되었소이다. 잠깐만 기다리시오." 하며 도사의 손을 잡고 잠시 주문을 외우자 순식간에 도사의 몸에 붙은 개미가 전부 죽어 땅에 떨어져 버리게 되었다. 그리고 숲 안에 들어가 사방에 대고 주문을 외우자 경내에 있는 개미가 전부 죽어 버리게 되었다 한다. 홀홀히 떠나는 걸인의 뒷모습을 망연히 보고 섰던 귀정사의 도승은 첩첩이 쌓인 만행산, 지금의 천왕봉 골짜기 속에서 나보다 더 훌륭한 도승이 계셨구나 하며 귀정사에 돌아가지 않고 그 길로 어디론가 사라져 버렸다 한다. 지금도 그 기이한 걸인의 주문 효력이 계속되는지 다산송림에는 지금껏 개미가 없다고 한다.[21]

· 침산동 구수정 : 대전시 동구 침산동

대전시에서 6킬로미터쯤 유등천(柳等川)을 거슬러올라가면 물 맑고 산 좋은 동구 침산동에 이른다. 이 마을 동구에는 구수정(九樹亭)이라는 정자가 있는데 "동래에서 피난 온 정씨(鄭氏)가 동네 어귀에 아홉 그루의 느티나무를 심어 외부로부터 동네를 가리고 그늘에서 사람들이 쉴 수 있는 장소를 만들어 구수정이라고 명명했다"[22]고 한다.

"일정시대에 한 일본 사람이 이 나무를 베어 배를 만들고자 했는데 나무가 밤새 울어 일본 사람이 겁에 질려 베지를 못하고 돌아갔다는 얘기가 전해지고 있다. 또한 다른 전설로는 이곳 아홉 나무 중 가지가 다섯 개 뻗은 나무가 있는데 이를 '손가락나무'라고 불렀다 한다. 어느 날 하루는 한 농군이 이 가지를 하나 베었는데 그날부터 손가락이 아프기 시작하여 여러 가지 좋은 약을 썼으나 끝내는 치료가 되지 않고 죽었다는 얘기가 전해지고 있다. 이처럼 침산동의 동구숲은 신성한 힘을 갖는 대상으로 사람들에게 인식되어 본래부터 마을에서는 함부로 숲을 대하는 것을 금하여 왔다."[23]

· 대리숲 : 全南 和順郡 和順邑 大里

대리는 마을 뒤에 배처럼 생긴 바위가 있다. 이곳은 배를 묶어 두던 곳으로 마을 주변이 바다였다고 하여 '배바위 마을'이라고 하는데, 이 마을 동구에는 개울을 낀 숲이 위치하고 있다. 이 숲은 삼백 년 이상 된 느티나무와 팽나무로 구성되어 있으며 개울을 중심으로 양편에 곡선형으로 분포하고 있다. 또한 이 숲은 동구의 개울가에 위치하여 방풍과 여름철 휴식공간으로 활용되고 있다. 1985년에 지은 정자(亭子) 앞으로 흐르는 개울이 새우의 수염 형태를 띠고 있어 이 숲의 형국은 새우형이라고도 한다.

"이 숲에는 예전부터 '학정자(鶴亭子)'라는 정자의 전설이 전해지고 있다. 고려 중엽에 화순에 배씨 한 분이 있었는데 하루는 죄를 지어 관가에서 옥살이를 하는데 배씨의 딸이 아침 일찍마다 화순 '차천'의 물을 떠서 조상전(祖上前)에 놓고 하루빨리 아버지가 복역(服役)을 마치기를 기도 드렸다. 그러던 중 겨울철에 이상스럽게도 싱싱한 오이가 차천에 둥둥 떠 있어서 이를 처녀가 먹고 집에 오니 임신을 하게 되었다고 한다. 그래서 처녀는 낳은 사내아이를 몰래 이 숲에 버리게 되었다. 이 당시 숲에 있던 학이 이 아이를 발견하고 아이를 길러 주어 살게 하였다고 한다. 이 아이가 입산하여 도를 닦으니 이 아이가 바로 그 유명한 도선(道詵)이다. 그래서 도가 밝은 그는 송광사(松廣寺), 대흥사(大興寺), 백양사(白羊寺) 등의 절터를 잡았다고 한다. 이 도선이 학의 도움으로 자랐다고 하여 이곳을 학정자라고도 부르고 있다."[24]

· 원홍리 사리숲 : 慶北 尙州郡 沙伐面 元興 一里

원홍 1리는 다른 지역과는 달리 넓은 들판에 개천둑을 따라 조성된 천변숲을 끼고 위치한 마을로서 모래가 많다고 해서 '사리(砂里)'라고도 하며 이에 따라 마을숲도 '사리숲'이라고 부른다. 마을은 풍수적으로 '배혈'이라 하여 물이 들어오면 마을이 잘된다고 하는데 실제로 1958년에 둑이 터져서 물이 들어온 후로 마을이 잘살게 됐다고 주민들은 말하고 있다. 사리숲은 백오십 년 이상 된 여덟

주의 왕버들나무로 구성되어 있는데, 물가에 입지할 뿐만 아니라 여름철에 바람이 좋아 많은 사람들이 이 숲에 와서 쉬거나 잔다고 한다. 따라서 군(郡)에서도 1986년에 이 숲에 휴식공간을 조성했고, 마을 사람들은 자체적으로 꾸준히 숲에 나무를 보식해 오고 있다. 이 원홍 1리는 전래적으로 숲 근처 제단에서 매년 동제와 같은 토착신앙적 제례가 유지되어 오고 있는데, 이에 얽힌 한 풍습이 전해지고 있다.

"이 마을 사람들에 의하면 옛날 질병이나 몹쓸병에 걸린 사람이 죽으면 이틀 동안 이 나무에 매달아 두면 신(神)의 힘에 되살아난다는 미신이 있었다고 전하고 있다. 그러나 이러한 무지한 일이 얼마동안 실행되었는지는 알 수 없다. 이 버드나무군(群) 사이엔 소도(蘇塗)가 있고 소도와 버드나무에 매년 정월 보름이면 새끼줄에 창호지를 매단 건개를 둘러치고 동제를 지낸다. 이 제상(祭床)에 쓰는 그릇은 소도 앞에 놓인 상석 밑에 묻어 둔 그릇으로만 사용하고 제물로 쓴 음식은 이 마을의 박씨와 우씨는 먹지 않는 풍습이 있어 다른 성씨를 가진 동리 사람들만 먹는다고 한다."[25]

③ 그 밖의 토착신앙림

이 밖에도 토착신앙림으로 성황림과 신림, 원구산 당산숲, 평금 아홉당산, 은티마을숲 등을 들 수 있다.

· 성황림과 신림 : 江原道 原州郡 神林面 城南里

신림에서 치악산 국립공원 내 상원사(上院寺) 방향으로 4킬로미터 정도를 가면 비교적 넓은 계곡이 굽이쳐 돌면서 좁아드는 부근에 산과 산을 연결한 듯이 조성된 숲이 나타난다. 이 성황림(城隍林)은 성남 2리에 위치하는 자연잡목림으로 성남 1리의 소나무숲인 '아랫당숲', 즉 신림(神林)과 비교하여 '웃당숲'이라고 한다. 비교적 넓은 계곡을 좌우로 연결하는 400-500미터의 길이로, 숲 내에는 회귀종을 포함해 다양한 수림대를 형성하고 있다. 수종으로는 소나무, 팽나무, 벚나무, 왕느릅나무, 물푸레나무, 쪽동백나무 등이 있다. 이 숲은 약 13,000평 정도 규모로 삼백여 년 이상 된 고목들로 이루어졌으며, 그 형태가 삼각형이다.

성황림은 예전부터 마을 사람들이 "나무가 다치면 동네가 망한다. 마을을 울창하고 아늑하게 하려면 앞을 숲으로 막아야 한다."[26]고 하는 전래적 가치관에 따라 숲뿐만 아니라 숲 주변의 산도 보존하거나 보식하게 된 것이다. 따라서 마을 사람들은 마을의 불행과 복을 성황림의 성쇠와 동일시하려는 경향을 갖고 있다. 실제로 "성황림이 잘 보존되고 서낭제를 정성들여 지냈기 때문에 지금까지 마을에 큰 우환이 없었고, 동네에서 외지로 나간 사람들이 모두 건강하게 돌아왔다"[27]고 믿는다. 성남 2리의 서낭제는 음력 4월과 9월에 지내는데, 이제는 성황림 내의 당집을 중심으로 이루어진다.(도판 31) 그런데 이 당집은 성황림 내에서도

31. 江原道 原州郡 神林面 城南里
城隍林 내 당집.
당집 우측에 보이는 큰나무가
전나무이고 좌측이 엄나무로
당집은 그 중간에 위치하고 있다.
더욱이 당집 앞에 계단이 있는
것으로 볼 때 당집은 숲 내에서도
높은 지반 위에 있어 신성한
영역의 위계를 이루고 있음을
알 수 있다.

32. 江原道 原州郡 神林面 城南里
城隍林 위치도.
성황림은 계곡이 좁아졌다가
마을로 들어가며 다시 넓어지는
협곡 부근을 가로질러 위치하고
있다. 따라서 밖에서 볼 때
성남마을은 전혀 보이지 않을
정도이고, 기능적으로 숲은 谷風을
막는 기능도 했을 것으로 보인다.

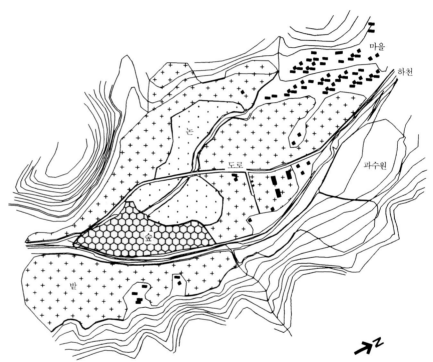

지반상 가장 높은 전나무와 엄나무의 중간에 위치한다. 이는 당집이 남서낭(전나
무)과, 여서낭(엄나무)의 중간이라는 상징적 의미를 갖고 있다. 이 두 나무는
성황림의 나무 중 가장 오래되고 큰 나무로, 숲 내의 다른 나무들보다 사람들에
게 보다 신성시되는 대상인 것이다. 더욱이 성남 2리의 마을숲은 주변의 다른 마
을숲보다 더 잘 유지됨으로써 서낭제가 비교적 잘 지속될 수 있었다.

성황림이 성남 2리의 웃당숲이라면, 성남 1리에 있는 소나무숲을 마을 사람들
은 아랫당숲 혹은 신림이라 한다. 아랫당숲도 성황림과 마찬가지로 계곡을 가로

질러 개울 양편으로 조성된 흔적은 있으나, 1972년과 1990년 장마에 숲의 절반 정도가 물에 침식되어 사라져 현재는 소나무 몇 그루만 남아 있는 정도이다. 사람들은 이 숲의 서낭을 남서낭이라 하여 이곳에서 먼저 서낭제를 지낸 후에 여서낭인 성황림에서 제를 지내기도 했다고 한다. 그러나 성황림이 서낭제와 관련되어 비교적 잘 유지되어 온 반면에, 성남 1리의 신림의 경우는 수해에 의해 파괴되고 축소되어 제를 지내는 풍습도 약화되었다. 이러한 제례의 약화로 신림에서는 관광객을 위한 음식점이 들어서고 주차 공간으로 이용되는 등 급격한 토지 사유화의 양상이 나타나고 있다. 성남리의 이 숲들은 토착신앙적 배경을 갖고 있으며 숲의 유지와 관리는 서낭제라는 제례의 유지와 밀접하게 관련되어 있음을 알 수 있어서 미래에 일어날 숲의 변화도 결국 토착신앙의 맥락 내에 존재하게 될 것이다.

· 원구산 당산숲 : 全南 咸平郡 羅山面 九山里

함평읍(咸平邑)에서 해보면(海保面)으로 가다가 송산을 지나서 고개를 넘어 내려가면 좌측으로 원형의 숲이 보인다.(도판 33, 34) 이 숲은 느티나무, 회화나무, 팽나무 등으로 구성되어 있고 아랫숲과 윗숲으로 구분되어 있다. 윗숲은 300평 정도이고 아랫숲은 500평 정도로 아랫숲은 마을 진입로의 마을회관, 공동마당과 인접하여 마을에서는 중심적인 위치를 점하고 있으며, 윗숲은 원구산 앞을 흐

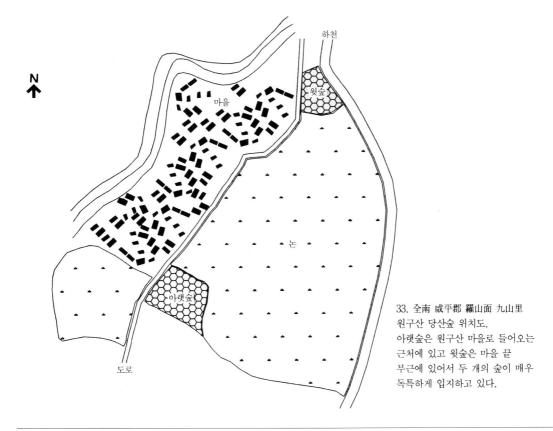

33. 全南 咸平郡 羅山面 九山里 원구산 당산숲 위치도.
아랫숲은 원구산 마을로 들어오는 근처에 있고 윗숲은 마을 끝 부근에 있어서 두 개의 숲이 매우 독특하게 입지하고 있다.

34. 全南 咸平郡 羅山面 九山里
원구산 당산숲.
원구산에 있는 두 개의
당산숲 중 아랫숲인 할머니
당산숲으로, 좌측에 있는
큰나무가 당산나무이고, 그 나무
밑의 흙무덤이 제사 후 음식을
묻는 장소이며, 우측에 보이는
건물은 제기를 넣어 두는
洞閣이다.

르는 개천에 인접하여 마을의 경계부를 이루고 있다. 따라서 아랫숲은 마을 공동마당과 연결되면서 마을의 공공 행사와 모임이 개최되는 중심적 공간으로 사용되어 왔으며, 윗숲은 물가에 인접하여 어린이 놀이터와 휴식공간으로 이용되어 왔다. 그러나 윗숲은 1989년에 대홍수가 나 하천정비를 하면서 제방이 높아지고 직선적으로 변형되어 접근이 어렵고 물이 줄어 현재는 수변(水邊) 이용이 거의 이루어지지 않고 있다.

아랫숲에는 일부에 대나무가 식재되어 있고 동제(洞祭)를 지내는 제단과 제기를 넣어 두는 동각(洞閣)이 있으며, 윗숲에는 두 개의 평평한 휴식공간이 있다. 이처럼 원구산의 두 숲은 형태와 기능도 다르고 제례도 다르다.

윗숲과 아랫숲은 윗당산숲, 아랫당산숲이라 불리기도 하며, 이는 다시 할아버지당산과 할머니당산의 의미를 갖기도 한다. 여기서 할머니나 할아버지는 마을을 지키는 상징적인 수호신으로서, 사람들은 마을 내부 숲에 '할머니'가, 마을 외부 숲에 '할아버지'가 있다고 생각한다.

사람들은 정월에 이 숲에서 한 번 지내는 동제를 통해 매년 숲의 상징적 의미를 다시 기억하게 되는데 특히 제를 드리는 방식이나 금기로 사람들이 숲에 직접 실천함으로써, 또 자신들이 받고 있다고 믿는 숲의 영험성을 통해 그들 스스로를 숲과 결합시키고 있는 것이다. 예를 들어 '금줄 친다'는 것은 형태상으로 숲 나무 밑에 대[竿]를 세우고 왼새끼로 연결하여 출입을 금하는 것이고, '황토를 뿌리는 행위'에는 잡귀의 접근을 막고 숲의 신성함을 유지하게 함으로써 마을의 건강을 지킨다는 의미가 들어 있는 것이다. 즉 일정 기간이지만 동제의 단계별 의식을 통해 사람들은 숲과 동시에 마을을 신성화하는데, 이는 숲의 영험을 통해 복을 얻고자 하는 심리가 작용한 때문인 것으로 보인다. 사람들은 아랫숲에서 동제를 지내고 윗숲으로 가는 과정을 계속 반복하면서 윗숲과 아랫숲의 모든 나무를 돌며 액을 쳐내고 당해의 새로운 복을 기원하는 행위를 하게 되는 것이다. 이와 같이 원구산 당산숲은 사람들의 기복신앙적인 의미로 채워져서 사람들에게 더욱 의미 깊은 장소로 남게 되는 것이다.

· 평금 아홉 당산 : 全南 靈光郡 大馬面 평금리

평금 아홉 당산은 마을 진입로(도판 35)와 마을 주변 그리고 중심에 골고루 분포하고 있어서 동제시에는 마을의 내외부를 돌아다니는 의식이 병행되고 있다. 이곳 당산은 본래 열두 당산이었으나 세 당산이 없어지고 현재는 아홉 당산으로, 제일 높은 곳의 천룡당산(天龍堂山)에서 아래의 장타래 당산으로 불리는 수살당산(水殺堂山)에까지 이르고 있다.

원구산과 마찬가지로 천룡당산(큰당산)이 할아버지를 의미하고 마을 중앙에 위치하고 있는 안당산[內堂山]은 할머니를 뜻하기는 하지만 원구산과는 반대로 천룡제를 지낸 후 안당산으로 가는 순서를 따르고 있다. 또한 할아버지당산과 할머니당산 외의 다른 당산들도 각각 큰아들, 큰며느리, 각시 등의 의미를 갖고 있어서, 각 당산의 의미에 따라 제를 드리는 방식도 약간씩 다르다. 예를 들어 반드시 제의 시작은 매년 정월 대보름에 천룡당산에서 하고, 고축(告祝)은 천룡과

35. 全南 靈光郡 大馬面 평금부락 입석.
평금은 주변의 다른 지역보다 토착신앙적 제례가 잘 전해 내려온 마을로, 현재도 평금굿이 널리 알려져 있다. 이 입석은 평금굿이 행해지는 아홉당산 중 하나로 동구에 위치하기 때문에 외부로부터의 질병과 액을 막고 정화하는 상징적 의미를 갖고 있다.

안당산에서만 할 수 있으며, 반드시 줄당산(웃당산)에서 제를 끝맺고 다음날 줄당산에서는 줄다리기와 줄감기 놀이가 행해진다. 또한 제중(祭中)에는 매년 같은 순서로 각 당산을 돌게 되며 제사 후에 음식은 반드시 당산 앞 흙에 묻어야 하지만 마지막인 줄당산에서는 개천물에 음식을 띄워 보낸다. 이에는 사람들이 전해의 액(厄)과 살(煞)을 띄워 보낸다는 의미가 들어 있는 것이다.

이와 같이 평금의 당산숲은 사람들이 토착신앙적으로 그들 주변 환경을 이해하는 한 방식을 표현해 주고 있는데, 사람들은 동제와 같은 실제 행동을 통해 이를 구체화하려고 하는 것이다. 그러므로 이들이 유지하려는 마을 고유의 문화적 전통은 겉으로는 잘 나타나지 않고 있어서 무시하는 경향이 높으나 실제로는 숲의 의미가 뚜렷한 지역일수록 숲 경관이 잘 보존되고 있음을 알 수 있다.

· 은티마을숲 : 忠北 槐山郡 延豊面 은티마을

연풍에서 속리산 방향으로 4-5킬로미터 정도를 들어가면 좁고 깊은 골짜기를 가로막는 숲이 있다. 이 숲이 위치한 은티는 산촌(山村)의 성격을 갖는 마을로, 현재에도 석회석 광산이 운영되고 있으며 마을로 진입하는 대중 교통수단도 거의 없을 정도로 오지이다. 따라서 은티마을은 풍수적인 측면보다는 산신이나 동신, 서낭신과 같은 토착신앙적인 요소가 많은 지역으로, 특히 마을숲은 방풍 목적도 있지만 그 안에 마을 제단이 위치해 정초에 동제가 행해지는 장소라는 의미가 더 크다.(도판 36) 이 동제 과정을 보면 다섯 명의 마을 사람을 선발하여 오봉대 → 지름티 → 산말랭이를 돌아 제를 지내고, 마지막으로 마을숲에서 모든 마을 사람들이 참가하는 동제가 행해진다. 특히 이곳 숲 내의 제단에는 남자 성기 모양의 돌탑이 있어서 마을의 자손 번성과 복을 빌고, 사람들은 이곳이 영험이 있다고 믿기 때문에 그 주변의 나무들도 잘 보존하고 있는 것이다.

36. 忠北 槐山郡 延豊面
은티마을숲.
은티숲에는 동제시에
사용되는 상징물과 그 주변에
제단이 설치되어 있다.
이 마을에서는 동제 후에
마을 사람들이 제단 주위에 모여
논다고 한다.

2. 풍수

1. 마을숲의 풍수이론

오늘날 과학의 개념으로 설명하거나 분석할 수 없다는 이유로 인간과 땅 사이의 '신령스런 힘'을 의미하는 관념들이 미신(迷信)으로 취급되거나 관심대상에서 제외되었다. 그러나 눈에 보이거나 눈에 보이지 않는 모든 자연현상이 가진 힘의 존재를 인정하고 그것과 인간이 조화되는 지점을 찾는 노력은 역사상 세계 모든 곳에서 행해졌던 현상이다.

땅과 자연이 가진 신령스러운 힘과 현상에 대한 이해, 그리고 그에 순응한 대지의 이용은 우리 선인들에게 중요한 현안이었으며, 땅과 자연은 외경스러운 살아 있는 복합체로 이를 잘못 사용하면 그들 자신들은 어떠한 형태로든 되돌려 받는다고 믿었다. 특히 이러한 믿음은 지모사상(地母思想), 즉 땅이 가진 산출력 및 번식력에 관련된 사상과 계절의 순환내용을 조화시킨 특수한 기술을 발전시켰다고 볼 수 있다. 이러한 기술 중 물의 이용방법, 주거지의 설정, 경작지의 위치 선정 등과 같은 환경의 적지 선정방법은 동서양을 막론하고 지구상의 어느 종족이나 마음속에 공유하는 지리학적 사고이다. 이 중에서 동양의 대표적인 적지 선정 이론이 바로 풍수인 것이다.

인간들은 그들이 사는 지역의 풍토에 적응하며 살아가는 과정에서 나름대로 주변환경을 이해하는 논리를 구축해 나갔을 것이다. 이 논리는 풍토가 어떠한가에 따라서 매우 다양한 지역적 차이를 보이게 된다. 풍수 역시 동양의 자연이해 논리 중의 하나로서 서양의 논리로는 설명할 수 없는 독특한 문화적 현상이라 하겠다. 이 풍수는 동양의 자연이해 사상, 음양오행사상(陰陽五行思想)과 지모사상, 그리고 천문사상(天文思想) 등과 같은 제반 사상에 근거[28]를 두고 있다. 한편 일정 지역의 공간질서를 이해하기 위해서 그 땅에 거주, 생활하는 사람들의 토지에 대한 관념이 어떠한가를 알아보고, 이를 통해 풍수의 관점을 찾는 것도 풍수의 이해의 한 출발점이 될 수 있다. 이 토지에 대한 관념 또는 신앙을 다른 말로 '토지관(土地觀)'이라 하며, 동양에서는 풍수가 가장 오래고 전통적인 토지관인 것이다.

고대 중국에서는 바람과 물에 대해 관심을 가졌다. 북풍은 한랭한 북중국 일대를 공포에 싸이게 하며, 비를 머금고 불어오는 남풍이 남중국의 하천을 범람시켰기 때문이다. 북풍과 유수(流水)를 다스리는 일은 고대 중국에서는 중대한 사항이었다. 거처를 안정시키고 삶을 즐기려면 우선 바람과 물의 화(禍)를 입지 않을 만한 땅을 고르고 집을 지어야만 했다.[29] 그래서 바람과 물을 관찰하는 습관이 생겼다. 따라서 적정한 토지를 찾거나 주택·묘지·지세(地勢)·지상(地相)을 보는 모든 행위를 풍수라 부르게 되었다. 최창조(崔昌祚)는 풍수가 중국에서 발생하여 그곳에서 이론적 확립을 본 뒤 우리나라에 도입되어 다른 지역의 사고와는 매우 다른 본질적 요소를 내포하게 되었다고 말한다.[30] 특히 한국의 풍수는 살아 있는 사람의 주거선정이나 취락입지의 방법뿐만 아니라 죽은 자의 영면(永眠)의 장소를 찾는 일까지 포함하고 있다는 점에서 거의 독창적인 문화현상이라고 보고 있다. 그는 또한 중국의 풍수사상이 언제 우리나라에 전해졌는지는 분명치 않으나 신라 통일 이후로 당과의 문화적 교류가 빈번해지면서 수입된 것으로 보고 있다. 한편 우리나라는 원래 산악국으로 도처에 명당(明堂)이라고 할 수 있는 풍수조건에 적합한 곳이 많다. 결국 이러한 자연환경이 우리나라에서 풍수사상의 성행과 폐해를 유도한 중요한 이유가 되었다고 볼 수 있다. 예컨대 중국 풍수가 산보다 물을 중시하는 데 비해 우리나라는 산을 중하게 여기고, 중국이 인공 건조물의 영향력을 과대평가하는 데 비해 우리는 자연의 형세를 더욱 중시하고 있어서 형국론(形局論)의 소응적(昭應的) 측면이 강조되고 있다.[31]

현재까지 풍수사상은 지리학, 민속학, 건축학, 문화인류학, 동양철학, 역사학 등 다양한 학문에서 다루어져 왔으나, 풍수가 인간의 자연이해 방식이라거나 인간과 자연의 상호관계를 중시하는 사상이라는 견해에는 변함없이 일치되어 왔다. 그러므로 풍수는 인간들이 자연의 이치와 흐름을 읽는 수단으로 형성해 온 독특한 문화적 산물로 이해될 수도 있으며, 자연과 인간이 적응하는 문화적, 생태적, 미적 패턴으로도 볼 수 있겠다.

역사적으로 신령스러운 힘의 존재는 물리적인 주변 환경의 형태와 정신세계의 관련 양상 속에서 파악되어 왔다. 따라서 인간들에게 있어서 바로 이러한 주변 환경은 신령스러운 힘을 가진 존재로 가상되었고 그들에게는 그 힘을 그들의 거주지나 묘지에 머물게 하는 것이 중요했다. 이렇게 환경 속에 내재하고 있는 힘이 바로 '기(氣)'이며 사람들은 자연을 하나의 거대한 생명체로 여기고 모든 생명체의 근본이 기에 있다고 보는 것이다. 따라서 사람의 생명은 기가 모여 현신(現身)한 상태이며 기가 모여 있으면 살고 기가 흩어지면 죽는다고 해석해서, 사람의 생과 사를 기의 취산(聚散)의 과정[32]으로 보기도 하는 것이다. 그러므로 사람들의 생활에서 나타나는 불행이나 행복의 원인을 해석하는 근본도 역시 자연의 기에 두게 되는 것이다.

풍수의 기본은 땅 위의 어떤 장소는 다른 곳보다 더욱 많은 기를 응축하고 있어 그러한 장소에 살아 있는 자를 위한 도시, 마을, 집 등을 만들거나 또는 죽은 자를 위한 무덤을 쓰면 이곳에 사는 사람이나 무덤에 묻힌 사람의 후손은 그 터의 기를 받아 부, 명예, 권세 등의 복을 누릴 수 있다는 것이다.[33] 그러므로 풍수는 자연 속에 존재하는 지력(地力, 땅속을 흐르는 生氣)이 인간생활을 양호하게 한다는 일종의 신앙이라 할 수 있다. 그들의 운명을 바꿔 줄 수 있다고 믿는 풍수적 길지를 찾는 기본관념은 다음과 같다.

그것은 산(山)·수(水)·방위(方位)의 세 가지로, 풍수는 이 삼자(三者)의 관찰과 조합에 의해 성립된다. 이 세 가지 요소가 풍수에만 한정된 것이 아니고 예전부터 인간의 생활에 있어서 필수조건으로 여겨져 왔던 것으로서, 풍수는 이러한 기본관념을 수용하여 생활상의 적지를 고르려는 사고에서부터 출발했다고 볼 수 있다. 따라서 풍수를 모르는 원시인들도 본능적으로 이러한 풍수적 원리를 이용했음을 추측할 수 있다.

풍수에서 볼 때 우주의 삼라만상(森羅萬象)은 음양이란 양기(兩氣)가 오기(五氣, 水木火土金)로 되어 상생상극(相生相剋)하면서 활동함으로써 비로소 생기는 것이다. 그러므로 만물은 이 생기(生氣)에 따라 그 정교함을 다시하며 성쇠(盛衰)의 차이를 가져오는 것이다. 우주의 조화력을 가진 이 생기가 가장 충만한 곳이 진혈(眞穴)로 이 진혈을 찾는 것이 풍수의 목적이 된다. 그러나 땅 속에 내재한 생기는 바람을 타면 흩어지고 물을 만나면 멈추게 된다. 즉 길지는 장풍득수(藏風得水)의 원칙에 따라 결정될 수 있다는 것이다. 따라서 생기가 취주(聚住)한 진혈을 찾기 위해서는 먼저 진룡(眞龍)을 찾는 것처럼 풍수에서 길지를 찾는 것은 구체적으로 간룡법(看龍法), 장풍법(藏風法), 득수법(得水法), 정혈법(定穴法), 좌향론(坐向論), 형국론(形局論) 등의 형식이론[34]을 따른다. 이와 같은 풍수의 술법 중에서 마을숲의 풍수적 이용과 크게 관련되어 있는 것은 장풍법, 득수법, 형국론 등이라 할 수 있다. 장풍과 득수란 바람과 물을 가두어 지기를 얻고자 하는 술법인데, 이것은 물리적인 지형의 조작을 통하여 이루어지는 심리적 효과를 중요시하고 있는 것이다.

이 밖에도 최창조는 풍수이론의 체계를 두 가지로 구분하고 있다. 하나는 땅에 대한 이치를 논구한 경험과학적 논리체계로서 간룡법, 장풍법, 득수법, 정혈법, 좌향론을 들고, 다른 하나로는 지기(地氣)가 어떻게 인사(人事)에 영향을 미치게 되는가를 밝힌 기감응적(氣感應的) 인식체계로 동기감응(同氣感應), 소주길흉론(所主吉凶論), 형국론 등을 지적하고 있는 것이다.[35] 이러한 구분은 풍수가 가진 신앙적 측면과 과학적 측면을 분리해 보다 쉬운 이해를 도모하고자 하는 시도로 판단된다. 그가 보기에 본질적으로 풍수는 동양의 자연이해 철학으로서, 자연과 인간의 조화와 합일을 추구하기 위해 이들 상호간의 관계를 규명하는 총체적 이론인 것이다.

① 장풍법

풍수에 있어서 생기를 타는 것이 우선 취할 것인데, 이 기는 바람을 맞으면 흩어져 버리기 때문에 생기의 멈춤과 모임을 위해서는 바람에 주의를 기울이게 된다. 장풍법은 바람을 들어오게 하고 나가지 못하게 하는 것이기 때문에 바람을 저장하는 것이라 볼 수 있다. 따라서 장풍을 하는 곳은 생기가 흩어지지 않고 모이는 곳으로, 혈(穴)을 중심으로 장풍을 할 수 있도록 감싸 주는 산이 있어야 한다. 즉 장풍법이란 명당 주변의 지세에 관한 풍수이론을 통칭하는 것이다.

장풍은 사신사(四神砂), 즉 좌청룡(左靑龍)·우백호(右白虎)·북현무(北玄武)·

남주작(南朱雀)이 혈장(穴場)의 주위를 둘러싸고, 그 중앙의 요지(凹地)에 음양이기(陰陽二氣)의 결합과 생기의 활동이 넘치게 하려는 것이다. 효과적인 장풍이 이루어지려면, 현무는 머리를 드리우고 있는 듯해야 하고, 주작은 날아오르며 춤추는 듯해야 하고, 청룡은 꿈틀거리는 듯해야 하며, 백호는 길들여져 머리를 숙이는 듯해야 하는 것이다.[36] 그러나 사신사의 형태가 부족하거나 올바로 이루어지지 않았을 경우에는 인위적 방법으로 조산(造山)을 하거나 수림을 조성하여 보완·차폐하기도 한다.

예를 들어 장풍은 주위 바람으로부터 기를 보호하기 위한 것으로 외부에서 길지로 불어오는 바람을 막기 위해 마을숲을 조성하는 경우가 많이 나타난다. 특히 장풍은 해안의 방풍림이나 계곡의 곡풍(谷風)을 막는 식재 등에 나타나는데, 해안숲의 경우에는 거의 전국적으로 해안 마을 앞에 분포하고 있다. 또한 곡풍의 예로는 일부 내륙에 위치한 강릉 지방의 마을숲을 들 수 있는데, 편서풍을 막기 위해 넓게 트인 들보다는 좁은 서편의 계곡에 숲이 조성되는 경향이 있다. 즉 장풍을 위한 숲의 조성은 본질적으로 마을을 중심으로 트임이 없이 둘러싸인 경관, 즉 생기가 모인 장소에 살려는 사람들이 이상적 경관을 추구하는 한 방법이다.

② 득수법

풍수에서는 산을 양으로, 물을 음으로 보기 때문에, 산과 물이 결합하면 음양의 조화를 이룰 수 있고 음양이 모이면 생기를 낳게 하는 고로 산수(山水)가 모이는 곳을 길지로 본다. 이처럼 득수는 음양화합의 필요불가결한 요소가 된다. 산과 물이 같이 있다 해도 생기가 반드시 발생한다고는 할 수 없고, 조화를 이루는 생기는 음양이 충화융합하는 경우에 나타나게 된다. 또한 물의 본성이 유동적이라 흘러가는 물은 유력한 산이 모여도 생기를 이루지 못하며 오히려 생기를 씻어 가 버리므로 물은 고여 있어야 길하다. 따라서 산의 경우에도 산이 춤추듯 하여 날아가 버리는 듯한 형상은 좋지 않다고 한다. 또 산보다 물이 더 유동적이라 그 영향이 급속하게 나타나게 되며, 물을 만나면 산은 멈추게 되어 물이 모이는 곳에 산룡(山龍)의 기가 멈추게 되어 풍수에서 물은 바로 재화(財貨)를 상징하게 된다고 한다.

『인자수지(人子須知)』에 "물이 깊은 곳에는 부자가 많고, 물이 얕은 곳에는 가난한 사람이 많으며, 물이 모이는 곳에는 조밀하게 사람이 많이 살고, 물이 흩어지는 곳에는 이향하는 사람이 많으니"[37]라 하여 물과 인간의 관계를 논하고 있다. 또한 『택리지』에도 "무릇 물이 없는 곳은 사람이 살 곳이 못 된다. 산에는 반드시 물이 있어야 한다. 산은 물과 짝한 다음이라야 바야흐로 생성하는 묘함을 다할 수 있다."[38]고 하여 산과 물의 관계를 설명하고 있다.

들판과 수구(水口)는 지세론에 있어 중요한 요소들로서, 들판은 각종의 생활양식을 생산하는 곳이기도 하다. 사람은 양명(陽明)한 기운을 받아서 태어나므로 들판은 가급적 넓어야 좋다. 들판의 지리를 분석함에 있어서 수구는 가장 중요한 요소이다. "지리를 논할 때는 먼저 수구를 보고, 다음으로 들, 산, 흙의 빛깔 그리고 조산(朝山), 조수(朝水)를 본다고 하여 좋은 집터는 수구가 꼭 닫힌 듯하고, 그 안에 들이 펼쳐진 곳을 골라야 한다"[39]고 하여 여러 가지 지형 조건 중에서도 수구가 닫힌 곳을 첫째로 하고 있다.

산중에서는 수구가 닫힌 곳을 쉽게 구할 수 있지만, 들판에서는 수구가 닫힌 곳을 찾기 어려워 반드시 거슬러올라가는 물이 있어야 하는 것이다.[40] 그러나 산중의 마을에 있어서도 수구는 세 겹이나 다섯 겹 등 많이 막는 것이 좋으며, 수구가 열려 있는 경우는 인공적으로 수대(樹帶)를 만들어 수구막이를 조성하기도 하는 것이다.

③ 형국론

형국론은 최후의 단계로서 주로 지세의 외관에 의하여 그 감응 여부를 판단하고 지세를 전반적으로 개관할 수 있는 술법이기 때문에 풍수사(風水師)들이 가장 많이 들먹이는 내용이고, 풍수를 잘 모르는 사람도 쉽게 이해할 수 있는 부분이다. 형국론은 복응천(卜應天)의 「물혈론(物穴論)」[41]과 같이 분명하지 못한 산천 형세를 사람, 물체, 날짐승, 들짐승, 뱀무리 등의 형상에서 유추하여 지세의 개관과 길흉을 판단하는 술법이다.

형국론은 풍수술사들이 가장 많이 응용하는 내용[42]으로 마을숲의 풍수적 활용과는 가장 관계가 깊은 풍수이론이라 할 수 있다. 산의 형세를 판단하는 것에는 오행설(五行說)을 기초로 하는 오성법(五星法)이 있으며, 오성은 청(淸), 탁(濁), 흉(凶)의 삼격(三格)[43]으로 그 길흉을 논하고 있다. 형국은 오성에 의하여 인형(人形), 물형(物形), 금형(禽形), 수형(獸形) 등으로 크게 나누어지는데, 목성(木星)과 화성(火星)은 주로 사람의 모양에 많이 대비된다.

마을숲과 관련한 형국들은 연화부수형(蓮花浮水形), 궁형(弓形), 연적형(硯滴形), 와우형(臥牛形), 금형(金形), 키형, 샘형, 지형(池形), 주형(舟形) 등이다. 이렇듯이 다양하게 나타나는 형국은 각 마을 사람들이 보는 경관의 길지적 대안으로서, 이에 맞게 주변의 산천형세를 구비해야 길지가 되는 것이다. 실제의 지형에 있어서 형국을 완벽히 구비하여 길격(吉格)을 이루는 곳도 있으나, 이런 경우는 극히 드물다. 따라서 지형의 일정한 부분이 부족하거나 지세의 한 부분만 지나치게 상승된 경우에는 보허(補虛) 또는 방살(防煞) 등을 필요로 하게 되고 바로 그 수단의 하나가 마을숲 조성이다. 예를 들어 전북 진안의 마이산(馬耳山)의 경우에는 풍수상 석산(石山)으로 불길한 형국인데, 주변의 여러 숲들이 마이산과 마을의 중간에 입지하여 마이산의 풍수적 살기(煞氣)를 차단하고 있다. 이러한 형국론은 장풍법이나 득수법보다 마을숲 조성에 더 큰 영향을 주어 왔다.

한국인은 특히 풍수의 개념과 연관하여 지리를 신봉해 왔다. 산(山), 수(水),

방위(方位) 등에 의해 이루어지는 풍수적 형국에 따라 인재나 재물 등에 있어서의 모든 흥망성쇠가 결정된다고 믿었다. 따라서 지리상 완벽한 형국의 땅을 원하고 있으나, 대부분의 경우 땅의 형세는 완벽한 형국을 갖추고 있지 못하다. 그러므로 이와 같은 경우에 적합하지 않은 지형을 인위적으로 보완하여 원하는 형국을 이루거나 교정을 한다. 그 방법에는 비보(裨補)와 엽승(厭勝)이 있는데, 마을숲에 나타나는 대부분의 풍수적 의미는 비보 또는 엽승이다.

2. 풍수적 사례

수구막이 혹은 수구맥이는 풍수적 배경을 갖는 마을숲이다. 여기서 수구막이는 마을의 앞쪽으로 물이 흘러가는 출구나 지형상 개방되어 있는 마을의 앞부분을 은폐하기 위해 가로로 길게 늘어서 심은 인공의 마을숲을 지칭한다. 이러한 수구막이는 마을의 물이 빠져나가는 곳을 가로막아 설치하는 입체 시설이기는 하지만, 댐과 같이 물을 가두는 경직된 구조물은 아니다. 수구막이는 허전하게 열려 있는 부위를 가로막음으로써 댐이 물을 담는 것과 같은 심리적인 효과를 얻고자 하는 풍수적 의미의 구조물이다. 수구(水口)는 단지 물이 흘러나가는 물리적 의미의 수로(水路)를 지칭하는 것일 뿐만 아니라, 마을의 풍수지리적 형국이 가지고 있는 상징적 의미들, 즉 복락, 번영, 다산, 풍요 등 상서로운 기운이 함께 흘러 나간다고 믿는 심리적인 의미의 출구이고 보면 수구막이의 풍수적 의미는 더욱 자명해지는 것이다.

예컨대, 물 위에 연꽃이 피어 있는 형국이라는 '연화부수형(蓮花浮水形)'의 마을이 있다. 그런데 마을 앞쪽의 수구가 개방되어 마을을 에워싸고 있는 주변의 동그란 지세가 완벽하게 연꽃이 피어 있는 것과 같은 형태를 이루지 못하고 있는 것이다. 이러한 경우에 대부분의 마을에서는 이와 같이 열려 있는 전면(前面)을 가로막아 숲을 조성한다. 곧 수구막이로 조성된 마을숲은 연화부수형이라는 풍수형국을 완성하기 위한 구조물인 것이다.

이러한 사례는 '키 형국', '배 형국' 등으로 된 여러 마을의 경우에서도 볼 수 있다. 이렇듯이 수구막이는 마을 뒤편의 주산(主山)으로부터 좌우 양측으로 뻗어내린 산세의 끝 부분이 서로 겹쳐지지 못하고 열려 있는 경우에 띠 모양으로 조성되는 숲인데, 이는 배산임수인 한국의 전형적 산간마을에서 잘 확인된다. 수구막이가 띠 모양의 숲으로 이루어지기 때문에, 수구막이를 조성하는 행위를 '수대(樹帶)친다'고 표현하기도 한다. 한국인의 전통적인 의식구조 속에는 이렇게 열려 있는 마을의 앞부분을 가로막아야 영화로운 모든 기운이 마을 안에 저장되어 부귀영화가 초래된다고 하는 믿음이 뿌리깊게 간직되어 있다. 이러한 관념은 장풍득수의 원리를 바탕으로 하고 있다.

수구막이의 구체적 활용형식으로는 비보림(裨補林)과 엽승림(厭勝林)이 있다. 비보(裨補)란 풍수상의 흠, 즉 부족한 점을 인위적인 조작으로 보완한다는 개념으로 물리적·심리적으로 플러스(十)의 형태를 이루는 것을 말한다. 이것은 풍수지리설 이전의 고대 원시사회에도 있던 개념으로, 어떤 영력(靈力)을 가진 물건을 지님으로써 약한 힘을 강하게 하고자 하는 차력신앙(借力信仰)이나 주부신앙(呪符信仰)으로부터 비롯되고 있다. 이러한 비보를 위해서는 마을의 차원에서는 풍수탑을 설치하거나, 조산(造山)하거나, 숲을 조성하고, 국가적 차원에서는 비보사찰을 설립하기도 한다.

비보림이란 비보를 위해 인공적으로 조성된 마을숲이다. 이러한 비보림의 유래는 실제로 비보림이 있는 마을에서 채취되는 각종 설화와 숲을 구성하고 있는 수목의 수령 등을 종합해 볼 때 일반적으로 풍수지리설이 자리잡기 시작한 고려시대 이전으로 거슬러올라가는 것으로 보인다.

문헌에서 비보적 마을숲이 출현하는 것은 조선시대이다. 『경국대전(經國大典)』에는 풍수적 길지를 유지하기 위해 '서울 부근의 산에서 목석을 훼손하거나 주산의 내맥의 훼손을 금한다'는 기록이 있고, 『동경잡기(東京雜記)』에는 '경주의 남산(南山)과 명활산(明活山) 사이의 언덕 지대에 나무를 심어 산수의 맥을 살렸다'라는 기록이 있어 비보를 위해 숲이 조성됐음을 알 수 있다.

엽승(厭勝)이란 풍수적으로 불길한 기운을 눌러서 제압한다는 의미의 풍수용어이다. 풍수적으로 보아 지형 한 부분의 지세가 지나치게 상승되어 있는 마을도 있고 마을에 해로운 영향을 미치는 요인들이 마을 주변에 존재하는 마을도 있다. 즉 화기(火氣), 살기(煞氣) 등이 마을에 비친다든가, 해로운 바위가 마을에서 보인다든가, 또는 일어서려는 황소, 마을을 넘보는 기세등등한 백호 등의 형국이 마을 주변에 존재하는 것이다.

이처럼 마을에 불길한 영향을 주는 요소가 마을 주변에 존재할 때에는 마을도 이에 대항하기 위해 어떠한 시설 또는 장치를 함으로써 상승되어 있는 기세를 눌러 감소시키는데, 이때의 제압방법을 풍수적인 용어로 엽승이라 하는 것이다. 즉 엽승이란 풍수상 바람직하지 않게 상승되어 있는 기운을 감소시키는 마이너스(－)적 풍수술법이라 할 수 있다. 이러한 엽승적 풍수효과를 얻기 위한 장치로서는 대부분 마을숲이 이용되는데, 이러한 불길한 요소가 있는 방향을 가로막아 불길한 기운이 마을에 미치지 못하도록 차단하는 숲을 엽승림이라 한다.

엽승의 예로는 조선시대말 경복궁(景福宮) 복원공사시에 발생한 화재사건에 대한 조정의 풍수적 대응책을 들 수 있다. 고종조(高宗朝)에 경복궁의 복원공사를 하는 도중 화재로 궁궐이 소실된 사건이 있었는데, 이 화재의 원인을 풍수술사들은 한양의 조산(朝山)인 관악(冠岳)이 화산(火山)이기 때문에 그 화기(火氣)가 한양에 미쳐 발화했다고 해석하고 있다. 그리하여 관악산의 화기를 막기 위한 방법으로 관악산에 우물을 파고 구리로 만든 용(龍)을 묻었으며, 광화문에 수신(水神)인 해태를 세워 경복궁의 화기를 제압했다는 것이다. 또한 『경상도읍지(慶尙道邑誌)』에는 상주(尙州)의 지형은 "풍수지리설로 보아 서쪽편 산의 모양이 지네를 닮아 있어 그 독을 없애야 하기 때문에 이에 대응하는 동쪽에 밤나무 숲을 조성하여 지네의 독을 없애고 있다.(…栗樹 舊說 邑基 西近 山形如蜈蚣 種栗於相望之地 以制毒云…)"라고 기록되어 있어, 이는 엽승을 위해 조성된 마을숲 사례임을 알 수 있다. 실제로 많은 마을에서 이와 같은 엽승적 효과를 얻기 위해 엽승림이 조성된 사례가 많이 있고, 구체적 내용으로는 방재(防災), 방살(防煞), 방산(防山), 방암(防岩) 등이 있다.

① 비보적 마을숲

비보림의 사례로는 연화부수형(내하숲), 연적형(창말숲), 세 동물이 다투는 형(도천리숲), 활형(사산숲과 안영숲), 금형(金形, 해저리 소꿀숲), 샘형(임한리 숲공지) 등을 들 수 있다.

· 내하숲 : 京畿道 利川郡 栢沙面 松末里

이천군 백사면(栢沙面) 면사무소가 있는 현방리(玄方里)에서 송말리 방향으로 약 1.5킬로미터 정도 가다가 우측에 원적산(圓寂山) 줄기에 감싸인 듯이 보이는 숲이 있다.(도판 37) 이 내하숲은 경관상 마을 뒤편의 산 지세가 마을을 둘러싸며 마을 앞으로 좁아드는 부근에 느티나무와 오리나무 고목군으로 조성되어 있으며 개천을 끼고 있고, 숲 내에는 연못이 있다.(도판 38) 이 숲은 2,000평 정도의 규모로 삼각형의 평면 형태를 이루고 있으며 지형상 좌우에서 산능선이 좁아드는 동구에 조성되어 마을과 마을 밖의 물리적 경계를 이루기 때문에 사람들이 빈번하게 이용하는 장소이다. 숲 내의 이용시설로는 정자, 운동시설과 휴게시설이 설치되어 있으며 임씨(任氏) 집안의 사당(祠堂)과 같은 유교적 시설과 외부 이용객들을 위한 매점이 설치되어 있다. 특히 연못은 내하 마을이 '못동네'로

37. 京畿道 利川郡 栢沙面 松末里 내하숲.
마을에서 바라본 숲의 전경으로 내하숲은 마을의 풍수 형국인 연화부수형의 형국 완성을 위해 마을 전면의 산세가 좁아드는 곳에 가로질러 조성된 대표적 수구막이다. 숲 앞에는 숲을 중심으로 명명된 숲안들이 펼쳐져 있다.

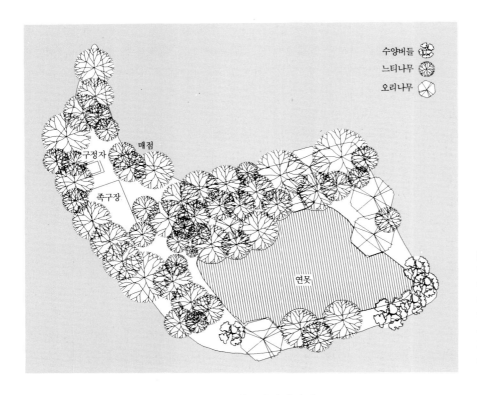

38. 京畿道 利川郡 栢沙面 松末里 내하숲 평면도.
대부분 느티나무로 조성된 숲으로 숲 내에 연못, 정자, 족구장, 매점, 벤치 등이 설치되어 있어 마을 사람들뿐만 아니라 인근 사람들이 자주 놀러오는 지역공원적 성격을 갖고 있다.

불릴 정도로 숲 경관상 중요한 요소로서, 일제시대에 저수 목적과 마을의 풍수 형국을 보완하는 측면에서 조성되었다 한다.

송말리의 풍수 형국은 '연화부수형'으로 이는 연꽃이 물에 뜬 형국을 의미한 다. 여기서 내하숲은 마을 전면의 트인 부분을 둘러싸고 있는데, 산과 산을 연결 한 듯한 형국을 이룬다. 또한 예전부터 "내하 마을의 임씨들은 부근에서 부유한 반촌(班村)으로서 마을 안에는 이를 상징하는 큰 곳간이 있는데, 내하숲은 이 곳간을 외부시선으로부터 차단하는 역할을 했다"[44]고 한다. 이처럼 당시 사람들 은 곳간이 외부에 보이게 되는 것을 마을의 식복(食福)에 대한 부정으로 생각했 다. 더욱이 내하숲을 경계로 마을 밖에는 풍천 임씨들의 식솔이나 분가 마을들이 형성되어 현재까지 지속되어 오고 있어서 내하숲은 이들 상호간의 신분적·빈부 적 경계를 암시하고 있다.

· 창말숲 : 慶北 奉化郡 物野面 梧田里 창마을

봉화읍에서 물야면 쪽으로 연결되는 지방도로를 따라가다가 보면 우측에 고목 이 동산을 이루고 있는 숲으로 둘러싸인 속에 수십 채의 고가가 언뜻언뜻 보이는 곳이 창마을이다. 창마을이란 이름은 이곳에 예전부터 창고가 있어서 빈민구제 활동을 했다고 하여 붙여진 것으로 전해지고 있다. 창말숲은 이곳에 입향(入鄕) 한 풍산(豊山) 김씨(金氏) 집안의 노봉 어른이 제주 목사로 있다가 귀향할 때 해송(海松) 씨를 갖고 와서 마을 어귀의 동산에 심어 조성되었다고 전해지고 있

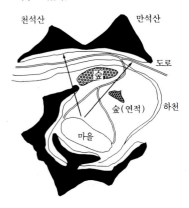

39. 慶北 奉化郡 物野面 梧田里 창말숲 형국도.
마을 앞에는 좌청룡숲과 연적숲이 있고 더 멀리에는 천석산과 만석산이 에워싸듯 펼쳐지고 있어서 창마을의 형국은 숲과 산으로 겹겹이 둘러싸인 明堂局을 이루고 있다.

다. 그러나 현재는 적송(赤松)숲으로 변했다.(도판 40)

　처음 김씨들이 정착할 당시에는 이 마을 대부분의 지역이 임야였는데, 땅을 개간하고 집을 지으면서 점차 현재와 같은 마을을 이루게 되었다. 창마을은 주산(主山)인 마을 뒷산에서 뻗어내린 청룡과 백호 중에 좌청룡의 기세가 우백호보다 길고 뚜렷하게 형성되어 있는데, 청룡의 등에 소나무가 심겨져 마을을 포위하는 형국을 이루고 있다. 특히 동구의 독산(獨山)은 형국이 연적형(硯滴形)인데, "마을이 벼루 형태를 띠고 있어서 마을에 문필이 끊어지지 않는다"[45]고 한다. 더욱이 이곳에 심겨진 나무는 "연적과 어울리는 붓이 되어 더욱 좋다"[46] 하여 나무를 심고 가꾸었다 한다. 또한 "청룡의 등이 입구에까지 더 뻗치면 삼정승(三政丞)을 낳을 복을 얻을 수 있는 형국을 갖춘다"[47] 하여 오고 갈 때마다 동구에 돌을 쌓아 청룡을 보강하고, 그 주변에는 집을 짓거나 하는 등의 동산을 해하는 일을 금했다. 이처럼 창말숲의 풍수적 의미는 구체적 행위를 낳았으며, 마을숲은 그 행위의 흔적을 담는 그릇이었음을 알 수 있다.(도판 39)

　현재 창마을의 대부분의 집은 계좌정향(癸坐丁向 : 남남서향)으로 앞에 보이는 천석산(千石山)과 만석산(萬石山)으로 향하고 있어 산의 정기를 통해 부(富)를 찾고자 하는 기복신앙적인 가치관을 보여주기도 한다. 또 마을을 중심으로 전방에 근경(近景)을 형성하는 숲, 중경(中景) 또는 원경(遠景)을 이루는 산과 산, 그리고 배경을 이루는 산은 의미상으로 상호연관되어 있는 것이다. 이러한 관련성은 한국의 마을숲 경관이 사람들에게 수용되고 있는지를 알 수 있게 한다. 즉

40. 慶北 奉化郡 物野面 梧田里 창말숲.
마을로 진입하는 우측편 산능선 위의 소나무숲으로, 풍수상 창마을의 좌청룡에 해당되는 숲이다. 특히 이 청룡능선의 숲은 주변의 다른 숲과는 달리 수세가 좋고 단순림인 것으로 보아 조성되거나 혹은 예전부터 보호하면서 인위적으로 자연적 천이를 방해해 왔음을 알 수 있다.

마을숲 경관의 내용을 구성하는 의미의 약화는 실재 경관의 파괴로 나타나고, 경관의 파괴는 의미의 약화나 소멸을 초래하게 되는 것이다.

· 도천리숲 : 慶南 咸陽郡 甁谷面 도천리

함양에서 북서 방향으로 가까이에 위치한 마을이 도천리이다. 이 도천리는 풍수상 와우형(臥牛形)의 주산(主山)을 배경으로 소의 목에 해당하는 부근에 위치하고 있다. 이 마을의 숲은 마을에서 개천 건너에 조성된 송림으로 7,000평 정도 규모의 삼각형 숲이다.(도판 41) 현재는 고속도로가 숲과 마을 사이를 지나 마을에서 숲이 거의 보이지 않는다. 이 숲은 예전에 "마을 앞이 틔어 함양읍이 보이므로 마을에 좋지 않다"[48] 하여 수구막이로 심은 것이다. 이 숲을 에워싸는 산능선은 고양이·개·호랑이 형으로, 이 동물들이 먹이를 다투는 가운데에 숲이 위

41. 慶南 咸陽郡 甁谷面 도천리숲.
숲의 전경(아래)과 함양 상림에서
위천을 건너 도천리숲으로 연결된
농로 위에서 본 숲(위).
도천리숲은 계곡 사이를 연결하듯
조성된 수구막이 숲의 전형적인
모습을 보여주고 있다.

치한다는 의미가 내포되어 있다. 즉 호랑이가 개를 잡아먹기 위해 내려오다 강이 앞을 막고 멈춘 곳에 숲이 위치한 형국이라는 것이다. 즉 마을 앞산의 바위는 '호랑이가 입을 벌리고 있는 형태'로 도천리는 "마을에서 큰 인물은 나지만 그 호랑이가 정면으로 마을을 향해 입을 벌리고 있기 때문에 오래 명예를 유지하지 못하는 형국"[49]으로 해석되고 있다.(도판 42)

실제로 이곳의 지리산 빨치산 출신인 하씨(河氏)는 선대에서 조상의 묘 앞에 "솔숲을 치우면 인물이 난다" 하여 숲을 없앴다고 하는데, 결국 하씨가 인물은 되었으나 집안이 망하는 결과를 초래했다는 것이다. 이에 대해 "호랑이가 나타나기는 했으나 숲을 없애 버려 호랑이가 몸을 숨길 수가 없어서 하씨가 인물은 되었으나 게릴라가 됐다"고 마을 사람들은 해석하기도 한다.[50]

도천리숲에는 최근 들어 숲 주변에 철책을 설치했으나 상림으로부터 근처 물가로 놀러오는 방문객들이 야영장으로 이용하고 있어 군(郡)과 종중(宗中)에서 공동으로 이곳을 관리하고 있는 실정이다.

· 사산숲과 안영숲 : 全南 咸平郡 羅山面 草浦里와 안영마을

함평(咸平)에서 장성(長城) 방면으로 가다가 삼축리(三杻里)를 지나 3킬로미터 정도 가면 나타나는 곳이 초포리 사산(射山)마을이다. 이 마을은 그 형세가 뒷산이 마을 앞까지 연결되어 있어 주변의 산과 숲이 마을을 완전히 감싼 듯한 형을 이루고 있다. 따라서 숲은 마을 위쪽에서 시작하여 마을 입구까지 이어져 있어 마치 산과 산을 연결한 듯한 모습이다.(도판 43) 초기 사산숲은 느티나무가 주요 수종이었으나 일제 말엽에 일본인들의 벌목으로 없어졌다가 후에 마을 사람들이 버드나무, 네군도단풍 등을 식재했다. 이들 수종은 속성수이거나 주변에서 쉽게 구할 수 있는 나무들로, 주민들이 직접 주변 산에서 가져와 이식했다. 현재 고목인 팽나무는 윗동각(洞閣) 부근에 서너 주, 동구에 한두 주 밖에 없고, 입석 부근의 공터에는 최근에 삼십 년 정도 된 소령목 위주의 수목들이 있어서 이를 증명해 주고 있다.(도판 44) 현재 숲은 길이 약 400미터와 폭 1.5미터 정도에 이르고, 그 면적이 약 2,000평에 달해 마을을 향해 V자의 선형(線形)을 이루고 있다.

예전부터 사산은 밭 작물로 유명했던 곳이다. 그러나 1989년에 이루어진 경지정리로 밭이 거의 대부분 논으로 전환되어 쌀의 생산은 촉진되었으나 숲의 그늘 때문에 논과 숲 사이에 거의 버려진 유휴지가 형성되었다. 일단 숲의 인접부에 이 유휴지가 형성된 후에는 숲 주변의 논은 그늘의 피해를 줄일 수 있으며, 더욱이 사람들이 쉽게 숲에 접근하도록 되어 효과가 있다. 이뿐만 아니라 사산에는 숲의 물리적, 생태적 보존을 위해 숲 내에서 벌목과 방목을 금하고 또한 쓰레기를 버리는 행위를 금하고 있다. 또한 집들의 방향이 숲이 있는 앞쪽이나 위쪽을 향하고 있다. 이는 집을 마을의 지형에 잘 적응시킨 경우로, 이 방향으로 보면

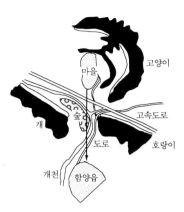

42. 慶南 咸陽郡 甁谷面 도천리숲 형국도. 숲은 세 지형이 만나는 중간 지점에 위치하므로 숲 근처에서 세 물길도 서로 만나는 특이한 형국을 이룬다.

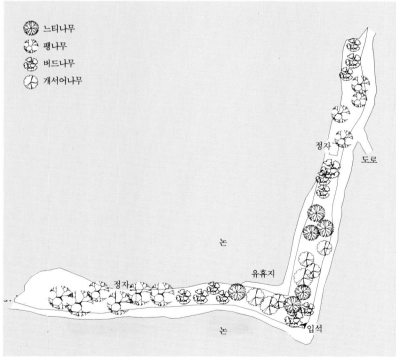

느티나무
팽나무
버드나무
개서어나무

정자
도로
논
유휴지
정자
논
입석

43. 全南 咸平郡 羅山面 草浦里
사산숲.
사산숲은 밭과 논 사이를 지나는
농로 변 수로를 따라 조성된
숲으로, 경작 후 남은 짚단들이
쌓여 있다. 사산숲은 활과 관련된
형국적 의미 완성의 수단으로
조성되어 매우 풍부한 문화현상을
갖고 있는 마을숲이다.

44. 全南 咸平郡 羅山面 草浦里
사산숲 평면도.
사산숲은 숲 내 윗정자 주변에만
예전의 느티나무 고목들이 남아
있고 다른 나무들은 거의 30년
내외의 수목들로 구성된다.

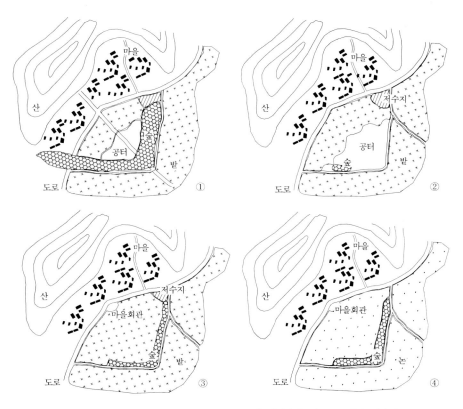

45. 사산숲의 시대별 변천도.

① 구한말 이전. 느티나무 성목들로 이루어진
활 형태의 숲이 있고 주변에 넓은 공터와 도로가
연결되어 각종 놀이와 행사가 이곳 숲을 중심으로
개최되었음을 예측케 한다.

③ 1970년대. 과거 잃어버렸던 풍수적 의미를
되찾아 마을의 복을 기원하고자 새롭게 숲을
조성했다. 그러나 숲의 면적은 과거에 조성되었던
지역보다 크게 위축되어 있다.

② 일제시대. 벌목으로 숲은 사라지고
빈 공터만이 남아 활의 형태를 이루었던 숲의
모습은 찾을 수가 없다. 숲을 관통했던 도로도
사라져 숲은 마을 사람들의 이용과 격리된
듯하다.

④ 1990년대. 1970년대와는 달리 숲 주변이
밭에서 논으로 전환되었는데, 숲 그늘이 경작에
피해를 주므로 숲의 미래가 위협받고 있는
실정이다. 이 점을 예시하듯 현재 사산에는
그나마 지속되던 동제마저도 사라진 상태이다.

앞들의 숲을 잘 볼 수 있어 시각적으로 숲과 마을이 일체됨을 느끼게 한다.

사산숲 옆으로 난 아랫동각 도로는 들판을 가로질러 안영(雁影)마을로 연결되
고 웃동각의 소로길은 농로로 이용된다. 이 두 길이 있기 전에는 숲과 마을의 중
앙 부근을 관통하는 도로가 있어서 사산마을과 숲 그리고 입석 부락이 일직선상
에 있었다. 또한 이 중앙로 주변에는 800평 정도의 공터가 있어서 마을 사람들의
놀이공간으로 활용되어 실질적으로 숲과 마을이 함께 어우러진 중심공간적 역할
을 하기도 했다. 그러나 현재 이 중앙 부분은 경작지로 바뀌고 마을회관 부근이
마을과 인접한 중심 공간으로 활용되면서 숲은 주변 경작지의 휴식공간의 성격만
을 갖게 되었다.

숲에 중앙 터가 있었을 당시에는 격구, 씨름, 줄다리기, 그네, 비석차기 등의 민속놀이가 행해지곤 했으나, 공터가 사라지면서 거의 행해지지 못하고 그네타기만 유지되고 있다. 그러나 농사일 후의 휴식, 담소, 낮잠 등의 휴양적 형태는 지속적으로 나타나고 있다. 이와 같은 사산숲의 변천을 통해 볼 때 중앙 공터는 숲의 이용범위와 의미를 결정해 주는 주요한 역할을 했음을 알 수 있으며, 실질적으로 사산숲이 모든 마을 사람들의 중심적 이용공간이었으나 현재는 그 일부만 이용되고 있어 그 의미가 축소되고 있음을 알 수 있다.(도판 45)

사산숲의 모든 나무들이 당으로 모셔지는 것이 아니라 사람들이 정한 나무 두 그루만이 이 마을의 당으로 모셔지고 있다. 하나가 아니고 둘인 것은 마을 안을 지키는 안당산과 바깥을 수호하는 바깥당산을 함께 모셔 마을이 한 가족처럼 잘 살아갈 수 있도록 해 주자는 의미이다. 안당산으로는 마을에 가까운 큰 고목 중의 나무가 선정됐고, 바깥당산으로는 마을에서 비교적 멀리 떨어진 나무가 선정된 것이다. 당산나무로 선정되면 모든 숲이 신성한 영역이 된다. 이는 사람들이 숲을 마을 경계로 인식하고 있음을 나타내는 것으로, 당제사 전에는 숲 앞에 금줄을 치기도 한다. 이러한 모든 행위는 제의 기간이 끝나면 평상시로 돌아가게 되지만 숲의 제례적 의미는 잔존하게 된다. 이는 나무를 해하거나 숲이 약해지면 재앙이 닥칠 것이라는 믿음에서도 알 수 있고, 이를 방지하기 위해 숲 이용의 금지사항을 정한 데서도 미루어 짐작할 수 있다.

이와 같은 사산숲의 의미는 무엇보다 풍수적 비보를 완성하는 데서 강하게 나타난다. 사산(射山)은 지명에서도 알 수 있듯이 활을 쏘는 산이라는 의미로서, 마을의 형국은 활인데 "활대는 있으나 활줄이 없어 활이 제 구실을 못하니 마을이 크게 번창하지 못한다"[51]고 하여 사람들은 이곳에 활줄의 의미로 느티나무를 심은 것이다. 이 마을에는 화살을 뜻하는 중앙로가 있었다고 하며, 끝에 입석이 있고 그 방향이 종가와 일직선을 이루고 있는 데서 알 수 있다. 따라서 사람들은 수목 조성 당시에 "현재 불상사가 있고 미관상으로도 안 좋고 하니 우리 부락민이 다시 식목을 하면 당장은 어렵더라도 몇 백년 후에 과거와 같은 영광을 되찾지 않겠는가"[52]라고 생각했다고 한다. 이 경우를 보더라도 마을 사람들도 숲 경관을 그들의 운명과 동일하게 해석하고 있음을 알 수 있다.

더욱이 사산숲은 약 4킬로미터 떨어진 안영마을과 관련된 형국으로 해석되기도 한다. 안영(雁影)은 그 지명에서 알 수 있듯이 기러기가 날고 있는 형국이고 사산은 활이 이 기러기를 겨냥한 형국이다. 안영 사람들은 사산마을이 번창하고 안영마을이 쇠퇴하자 이 화살을 막기 위해 사산과 마주하는 기러기 형국의 목 부근에 숲을 조성했다.(도판 46) 이는 서로간의 해석에 따라 숲이 조성된 사례로서, 마을 사람들은 이 숲의 건강을 바로 마을의 건강과 직접적으로 결합시키고 있음을 알 수 있다. 역사적으로도 사산은 예전부터 관직을 맡은 사람들이 많았고, 안영은 경제적으로 부자가 출현하기도 하여 마을간의 경쟁심리와 대립이 존

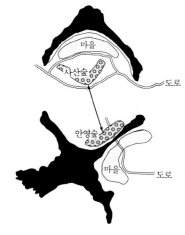

46. 사산숲과 안영숲의 형국도. 안영과 사산은 넓은 들을 사이에 두고 약 1km 정도 거리에 있는 마을로, 맑은 날 어렴풋이 상대 마을이 보일 정도이다. 그러나 숲이 조성된 위치로 볼 때 마을 간의 일직선상에 숲을 위치시키려고 했음을 알 수 있는데, 이 점은 특히 안영숲의 경우 마을숲의 동구 입지라는 보편적 유형과는 달리 마을 뒤편의 좌측 산 능선 위에 특이하게 입지한 점에서도 알 수 있다.

재하기도 했음을 알 수 있다. 이처럼 사람들은 숲이 성하면 마을이 성하고 숲이 쇠하면 마을이 쇠할 뿐만 아니라, 사산이 성하면 안영이 쇠한다는 의미적 역학관계를 실제로 믿고 있어서 결과적으로 각 마을숲이 잘 관리되고 유지되고 있는 것이다.

· 해저리 소꼴숲 : 慶北 奉化郡 奉化邑 海底里

봉화에서 영주(榮州)로 1킬로미터 정도 가다 보면 우측의 철도와 도로 사이에 숲이 있고, 도로 반대편에 보이는 마을이 바로 해저리이다. 해저리는 '바다의 바닥'이란 의미로 붙은 지명인데, 도로와 철도보다 낮은 지반에 마을이 입지하고 있다. 이때문에 예전부터 해저리에는 수해가 많았는데 해방 후에는 큰 수해가 나서 숲 내를 지나던 개울둑이 터지기도 했다고 한다. 그 후에 제방을 새로이 조성하고 당시 남아 있던 예전의 제방에 조경사업의 일환으로 장식용 화단을 조성하기도 했다고 한다. 마을은 수십 채의 고가들로 구성되어 있고, 숲은 마을에서 떨어진 철도 둑과 도로 둑으로 둘러싸인 중간 저지에 입지하고 있다.(도판 48)

숲의 지반이 낮고 마을의 지반도 낮은 편이라 시각적으로 마을에서 숲의 지표면이 보이지 않을 정도이고, 현재 지방도로가 마을과 숲을 양분하고 있기 때문에 숲은 해저 마을의 맥락 안에 존재하지 않는 것처럼 보인다. 그러나 마을숲은 해저리에 오랫동안 살아온 의성(義城) 김씨(金氏) 집안에서 조성한 숲으로 현재에도 의성 김씨 종중에서 관리하고 있다. 해송, 리기다소나무, 은행나무, 전나무 등의 수종이 식재되어 있는 이 숲은 5,000평 정도의 규모로 장방형이다. 또한 해저리숲은 이곳에서 '소꼴숲'이라고도 부르는데, 이는 숲 내에 소풀이 풍부하다고 해서 붙여진 이름으로, 최근에는 숲 내에 소 사육을 금하고 관광객들을 위한 의자나 잔디 등 휴양 및 휴식 시설들을 설치했다.

풍수상 해저리의 숲은 '여형(余形)'에서 '금형(金形)'으로 바꾸기 위해 숲을 조성했다는 특이한 배경을 갖고 있다. 이곳 해저리는 현재 의성 김씨들이 전체 인구의 80퍼센트 이상을 차지하는 집성촌으로 김씨들이 이곳에 정착하기 이전에는 여씨(余氏)들이 살았다고 한다. 전설에 의하면 당시에 의성 김씨 집안의 입향시조(入鄕始祖)인 팔로헌이 제주에 귀양갔다가 돌아올 때 제주도 해송을 가져와 이곳에 정착하면서 마을 형국이 여형이라 아래 부근에 '일(一)'자를 뜻하는 숲을 조성하여 금형(金形)을 이루도록 했다고 한다.(도판 47) 그 이후에 점차적으로 "해저리에는 여씨들이 밀려나고 김씨들이 살게 되었다"[53]는 것이다. 이처럼 해저리숲은 풍수적으로 형국을 완성한 숲으로, 당시의 사람들이 만든 숲의 철학적 의미를 알 수 있게 해 준다. 또한 해저리숲은 금(金)이라는 풍수적 형국을 완성할 뿐만 아니라, 마을 앞의 넓은 들과 마을의 경계에 위치해 마을을 외부의 시각으로부터 차단하고 바람을 막기도 한다. 이처럼 해저리의 숲은 마을 사람들의 운명과 일치되는 실체로, 그들의 지나간 삶을 담고 있는 역사적 흔적임과 동시에

47. 慶北 奉化郡 奉化邑 海底里
소꼴숲 형국도.

마을공원적 성격을 부각시키는 상징적 성격을 갖는다.

　· 임한리 숲공지 : 忠北 報恩郡 炭釜面 林閑里

　임한리(林閑里)는 네 개의 숲 사이에 사람들이 살고 있다고 할 정도로 예전부터 마을 주변에 숲이 많아 임한리라고 했다. 마을은 밭을 중심으로 하여 주변 지역에 집들이 분포하는 샘 형국으로 "마을에 샘을 파면 마을에 좋지 않다"[54] 하여 마을 내에는 샘을 파지 못했다고 한다. 또한 형국상 샘을 이루는 중앙 밭에는 집도 못 짓게 하는 금기가 행해져 왔으나 1986년 수해 이후에는 이곳에도 집을 짓게 되었다고 한다. 숲은 마을에서 '숲공지'라 불리고 있으며, 마을 형국을 더욱 선명하게 하듯 마을 둘레를 따라 분포하고 있는데, 현재는 숲의 하층에 가시덤불이 무성히 자라고 있다.(도판 49)

　② 엽승적 마을숲

　엽승림의 사례로는 방재(防災 : 거봉마을숲), 방살(防煞 : 안영숲), 방암(防岩

49. 忠北 報恩郡 炭釜面 林閑里
숲공지.
들판 가운데 숲이 있는 점으로
볼 때 임한리의 숲공지는 다른
마을숲과 달리 평지에 입지한
마을의 특성 때문에 주변의
산 대신 숲으로 마을을 에워싸
둘러싸인 형국을 이루기 위해
조성된 것으로 보인다.

: 성주 성밖숲, 호경리숲), 방굴(防窟 : 온천리 통매산), 방산(防山 : 황전리숲)
등이 있다.

· 거봉마을숲 : 忠北 槐山郡 靑川面 德坪里

거봉마을은 달천강(達川江) 주변의 마을로, 논보다는 밭이 대부분인 마을이
다. 현재 숲이 있는 곳은 거봉마을로 들어가는 입구 근처의 동산으로 그 형세가
뱀같이 길게 늘어져 '뱀혈'이라고 한다. 거봉마을숲은 상수리나무로 이루어져 있
으며 예전부터 숲이 약하면 마을의 젊은 사람이 죽는다는 믿음이 있어서 숲을 관
리해 왔다. 특히 "강물이 비치면 마을에 좋지 않다"[55]고 해서 비록 현재 땅을 개
인이 소유하고 있지만 마을에서 숲을 통제하고 있다.

· 성밖숲 : 慶北 星州郡 星州邑

성주읍을 둘러싸는 토성 밖 마을의 이천(泥川) 변에 왕버들로 된 숲이 분포
하고 있는데, 예전부터 이 숲은 '서교숲' 또는 '서문밖숲'이라 불려 왔다.(도판
50) 이 숲은 6,000평 정도로 이천 변을 따라 장방형을 이루고 있다. 전하는 말로
성밖숲은 예전에 성밖 마을에서 소년들이 변고로 죽자 한 지관(地官)이 말하기
를 "마을에 있는 족두리바위랑 탕건바위가 마주보고 있어서 마을의 소년들이 죽
는다"[56]라고 했다고 한다. 이와 같은 재앙을 막기 위해 이 두 바위의 중간인 이곳
에 밤나무로 된 엽승림을 조성했고 그 후에는 마을에 우환이 사라지게 되었다고
한다. 그러나 임진왜란 이후 고을의 기강이 해이해지고 민심이 어지러워져 밤나
무를 베어내고 왕버들을 심었다 한다.

· 안영숲 : 全南 咸平郡 羅山面 안영마을

안영숲은 사산숲에 대응해 출현한 숲으로 사산마을의 형국상 나오는 살기(煞
氣)를 막기 위해 조성되었다.(도판 52) 즉 활 형국인 초포리 사산숲의 화살이
기러기 형상인 안영마을을 겨냥하고 있기 때문에 화살 방향과 일치하는 고개, 즉
기러기 목 부근에 느티나무 숲을 조성해 안영마을을 유지하고자 한 것이다. 안영
사람들은 마을 입구도 아닌 이곳 언덕에 특이하게 숲을 조성하고 그 가운데 정자

50. 慶北 星州郡 星州邑 성밖숲.
씨름장이 설치된 성밖숲의
내부(아래)와 이천 건너편에서 본
성밖숲의 전경(위)으로, 이천
변을 따라 길게 펼쳐진 성밖숲
뒤로는 성주읍의 건물들이
언뜻언뜻 보이고 있다.

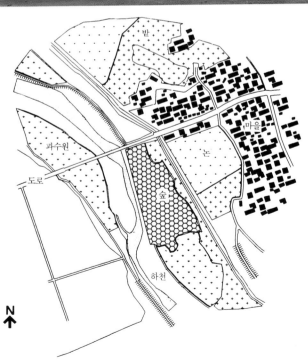

51. 慶北 星州郡 星州邑 성밖숲
위치도.
전형적인 하천숲으로 특히 수분이
많은 곳에서 잘 자라는 왕버들로
조성돼 있다. 따라서 성밖의 인근
하천둑에 위치한 장점 때문에
성밖숲은 성주의 대표적인
공원으로 개발되고 있다.

52. 全南 咸平郡 羅山面 안영마을 안영숲.
마을 밖에서 보이는 능선 위의 숲 전경으로, 이 산 능선을 넘어가면 마을의 뒷부분에 이르게 된다. 숲 내에는 마을 정자가 설치돼 있고 그 주변에는 큰 돌들이 놓여 있는데, 이는 아마도 고대의 지석묘일 것으로 보인다.

를 세웠다. 또한 이러한 염승적 성격은 마을간의 상호비교를 통해 강화되는데, 예를 들면 사산은 집성부락, 안영은 각성부락이고, 사산은 벼슬을 한 사람이 많은 마을이고 안영은 부자가 많이 났던 마을이다. 곧 숲이 약하면 마을이 쇠한다고 판단하는 것이다.

· 호경리숲 : 全北 南原郡 朱川面 湖景里

이 호경리의 숲은 마을 옆으로 흘러 내려오는 개천 건너에 조성된 소나무숲으로서 원형이다. "이 숲은 마을의 방향과 관련하여 물이 직선으로 동네로 흘러드는 것이 좋지 않기 때문에 을진방(乙辰方)을 나무로 막는 것이 좋다고 해서 조성했다"[57]고 한다. 즉 호경리숲은 을진방에 있는 '여음석(女陰石)', 즉 살기(煞氣)가 있는 대상을 막기 위한 염승림으로 조성된 것이다.(도판 53)

또한 마을이 배 형국을 이루고 있어서 호경리는 예전부터 7-8년마다 돛대를 세우는 행사를 하곤 했다. 이 행사는 '짐대행사'라 불리며 2월 초하루쯤에 이 숲의 소나무를 베어 배돛대처럼 깎아 세우며 그 위에는 오리 세 마리를 앉혀 두 마리는 마을 밖을, 한 마리는 마을 안을 쳐다보게 한다고 한다. 마을 밖을 보는 두 마리는 '오리가 똥을 싸고 가면 부자가 난다'고 하는 의미이며, 마을 안을 보는 오리는 망을 보는데 마을을 수호하는 의미를 갖고 있다. 그러나 최근에는 이 행사

53. 全北 南原郡 朱川面 湖景里숲.
송림을 조성한 것만으로는
염승적 효과를 기대하기에
부족하여 돌담을 쌓아 불길한
기운을 차단하여 放煞하고 있다.

가 중단되었는데, 지금은 전봇대가 많이 세워져 있어서 배의 돛대 역할을 겸한다고 한다.

· 온천리 통매산 : 忠南 公州郡 反浦面 溫泉里

공주(公州)에서 유성(儒城)으로 가다가 반포(反浦)를 지나 모퉁이를 돌자마자 우측에 조그만 동산형의 숲이 나타난다. 이 숲은 '통매산'이라고도 하는데 참나무류의 자연숲으로 구성되어 있다. 이 숲은 마을에서 굴이 보이는 방향에 위치해 마을에 좋지 않은 방향을 막아 주는 것으로 믿어져 왔는데, 마을 사람들은 예전부터 이 숲의 나무들을 잘 가꾸어 왔다.

· 황전리숲 : 慶北 奉化郡 奉化邑 황전마을

봉화읍(奉化邑)에서 상운면(祥雲面)으로 약 1.5킬로미터를 가면 삼거리가 있고 그 아래로 원형의 숲이 나타난다. 이 숲은 오리나무, 소나무, 느티나무로 구성된 숲으로 조그만 개울이 숲 내를 관통하며 흐르고 있다. 이 숲은 황전 마을의 동구에 위치하고 있는데, "화산(火山)인 안동(安東)의 '학가산(鶴駕山)'의 봉우리가 마을에 비쳐 마을에 화재가 잦다"[58] 하여 이 화산의 기운을 막아 마을의 안녕을 기하려고 황전리의 의성(義城) 김씨(金氏) 종중에서 마을에서 학가산 방향으로 200미터 지점에 조성한 숲이다. 속성수인 오리나무로 숲을 조성한 것은 조기(早期)에 염승의 효과를 보고자 한 의도로, 주변 지형상 트인 곳을 막은 듯이 숲이 위치하고 있다. 이처럼 마을을 중심으로 볼 때 황전리숲은 영주로 가는 도로 방향으로 트인 곳을 막는 숲으로, 시각적으로 황전마을을 사방으로 트인 곳

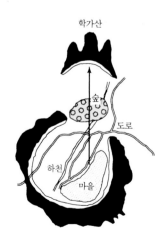

54. 慶北 奉化郡 奉化邑 황전리숲
형국도.

55. 慶北 奉化郡 奉化邑 황전리숲.
마을에서 풍수상 火山의 형국인
안동 학가산이 보인다는 방향으로
본 숲 전경으로, 숲은 산 능선이
끝나는 부분에서부터 들판을
가로질러 조성돼 있어서 마을은
사방이 거의 숲에 둘러싸인
형국을 이루고 있다.

56. 慶北 奉化郡 奉化邑
황전마을의 도암정과 연못.
황전마을 바로 앞에 있는
도암정은 정자 앞에 연못을 파
숲과 정자 그리고 연못이 절경을
이루도록 했으며, 연못의 물은
숲과 마찬가지로 화기를 막는
비보적 의미를 갖는다.

이 없는 형국을 이루게 했다. 특히 황전마을 앞산인 귀봉산은 마을 방향으로 뻗은 역룡(逆龍)으로서 풍수형국상 마을과 안산(案山)이 가까워 답답한 지형을 이루고 있다.(도판 54, 55)

또한 황전리에는 화산의 재해를 막기 위해 숲 외에도 현재 마을의 도암정 앞에 연못을 조성했다.(도판 56) 이러한 연못은 원래 도암정 뒤편의 마을회관 자리에도 있었던 것으로 앞쪽의 연못에는 섬이 하나 있는 데 반하여 뒤편 연못에는 섬이 세 개나 있었다고 한다. 더욱이 도암정 옆으로는 독바위, 인바위, 또는 거북바위와 그 위에 서너 주의 느티나무가 어울린 숲이 있는데, 비교적 떨어진 오리나무숲이 과객이나 농사철 일꾼들의 휴식장소로 이용되는 반면에 이 숲은 마을 안에 있는 정자 주변에 입지하여 마을 내의 휴식 및 어린이 놀이장소로 활용되고 있다.

3. 유교

유교(儒教) 특히 성리학(性理學)은 고려말에 우리나라에 전파된 후 조선시대에 나라를 다스리는 이데올로기가 되었으며, 조선 후기에 이르러서는 생활문화로 토착화된 사상이다. 성리학은 중국 송시대에 성립되어 송학(宋學)으로도 불리는데, 원시 유교를 기본으로 불가(佛家)와 도가(道家)의 사상을 종합하고 회통(會通)[59]했다. 성리학은 선비라는 사대부 계층을 중심으로 한 사상으로, 이들은 향촌을 근거지로 하여 유교 이념을 구현하는 신분계층으로서 유교경전을 공부하는 사람들이었다. 이들 중 상당수는 평생토록 성현(聖賢)의 사상을 배우고 실천하는 생활인으로서 유학자로 부를 수 있는데, 이들은 성리학적 유교문화의 자연관에 따라 거주지를 택하고 마을을 구성하여 유교적 문화경관을 형성했다.

성리학은 원시 유학의 전통에서 나온 예를 강조하는 위계적·윤리적 질서의 사회관, 인간과 자연의 조화와 합일을 강조하는 도가적(道家的) 자연관, 그리고 불가의 선(禪)에서 말하는 무욕(無慾)과 정(靜)을 강조하는 수양방법[60] 등으로부터 큰 영향을 받았다.

유학자들은 성인이 되는 것을 궁극 목표로 하고 배움을 통해 이러한 목표에 이를 수 있다고 믿었다. 성인에 이르는 배움의 방법은 거경(居敬)과 궁리(窮理)인데, 거경이란 배움에 임하는 사람의 몸과 마음의 준비태도이며 궁리는 사물의 이치를 객관적으로 고찰한다는 격물치지(格物致知)를 말한다. 이처럼 유학자들은 성인에 이르는 것을 궁극 목표로 성인의 학문을 배우고자 하여 거경의 생활을 유지할 수 있는 정한(靜閑)한 환경을 찾아 거주지를 선택하고 마을과 집을 이루었다. 또한 거경으로서 자신을 함양하고 나아가 배움에 힘쓰는 장소인 수기공간(修己空間)은 유교적 조상숭배를 위한 의례공간과 더불어 유학자들이 이루어낸 유교적 문화경관을 특징짓는 요소이다.

그러나 조선 초기의 유교문화의 사조(思潮)가 중기 이후의 사화당쟁(士禍黨爭)으로 말미암아 쉽게 위축되어 버리고, 그 대신 노장사상(老莊思想)에 기인하는 처사도(處士道)를 근간으로 한 은일사상(隱逸思想)이 태어난다.

오늘날 우리 나라의 지방 곳곳에 남아 있는 별서(別墅), 예를 들어 담양(潭陽)의 소쇄원(瀟灑園), 보길도(甫吉島)의 부용동정원(芙蓉洞庭園), 강진(康津)의 다산정원(茶山庭園) 따위는 거의 모두가 산간 벽지의 인적이 드문 곳에 자리잡고 있는데, 이는 은일사상의 영향으로 볼 수 있다. 이러한 은일적 생활에 젖어 있던 유림(儒林)들, 즉 천하에 도(道)가 있으면 나아가고, 도가 없으면 숨는다

57. 江原道 江陵 船橋莊의 송림.
유교적 배경에서 출현한 강릉
지방의 대표적인 古宅으로, 과거
사대부들이 즐겨 조영했던 원림의
형태를 잘 보여주고 있다. 선교장
대문 밖에는 活來亭과 方池가
있고, 방지 속에는 소나무가
식재되어 있는 둥근 섬(圓島)이
있으며, 선교장 뒤로는 산 능선을
따라 펼쳐진 노송들이 자라고
있다.

는 것처럼 관직을 멀리하고 향촌에 머무르던 사람들은 사림(士林)이라고 칭해졌
다.

이와 같이 강호(江湖)로 돌아가고자 하는 사람들의 생활하는 품(品)을 율곡
(栗谷)은 유현(遺賢), 은둔(隱遁), 염퇴(恬退), 도명(盜名) 등 네 가지로 분류
했다. 그에 따르면, 유현이란 명예를 추구하지 않고 독선적 사고도 하지 않으나
때가 오면 나아가 수도하며 임금의 마음을 바로잡고 백성을 제도하는 덕을 품은
인물을 의미한다. 은둔은 벼슬살이를 경시하고 세상사를 보잘것없는 것으로 여겨
결신망세(潔身忘世)를 일삼는 노장적(老莊的) 귀거래(歸去來)를 뜻한다. 염퇴
는 지식의 한계를 느껴 물러나 학문 연구에 몰두하는 것을 말하고, 도명은 명예
를 얻기 위해 강호를 이용하는 것이다.

유현의 강호생활을 사림들은 진락(眞樂)이라 했다. 또한 염퇴자도 강호에서
진락을 향유코자 노력하는 사람으로 규정했다. 결과적으로 사림에서의 강호는 유
현의 강호와 염퇴자의 강호였고, 은둔자의 강호와 도명자의 강호는 용인될 수 없
었다.[61]

조선시대의 대표적 유학자인 고산(孤山) 윤선도(尹善道)가 보길도(甫吉島)에
은거하기 전에 쓴 글을 보면 당시 유학자들이 갖는 은일(隱逸)의 배경과 자연관
을 잘 알 수 있다.

"동서남북에 갈 데가 없은즉· 하해(河海)뿐이요 산림뿐이다. 고인이 말한 바, 천하가 혼일한 때의 사(士)의 처신은 '조정이 아니면 산림이다'라는 말은 곧 이것이 아니겠는가, 공자는 말하기를 도가 있으면 견(堅)하고 도가 없으면 은(隱)한다고 했으니, 그 은은 갈 데가 없는 것을 이름이 아니겠는가."[62]

"눈물을 머금고 애 끊어질 때에는, 다시 언덕을 넘고, 골을 찾고, 물가에 쉬고, 멀리를 살피고, 솔을 어루만지고, 대에 기대고, 고기를 보고, 백구(白鷗)를 희롱하여 망회(忘懷)할 뿐이다. 그리하여 고인의 산에 들고 바다에 든 자가 무심(無心)의 사람이 아님을 알 수 있다. 무릇 때를 만나지 못하고 포부를 펴지 못하면 시세를 상탄(傷嘆)하여 불예(不豫)의 색(色)과 일울(壹鬱)의 회(懷)를 없앨 수 없을진대, 그 세념(世念)을 산수(山水)의 낙(樂)에 붙여 소견(消遣)할 수 있을 것이 아닌가."[63]

이처럼 조선시대의 유가적 시대사조(時代思潮)는 평민성과 결합되는 것으로서 속(俗)과 아(雅)의 경계선을 넘나드는 자연적 율동이라 표현할 수 있으며 은둔, 반발, 기대에 잇대어 강개(慷慨)와 신념이 일관되어 있음[64]을 알 수 있다. 따라서 자연 속에서 이루어지는 사대부들의 풍류는 그것이 여가풀이와 같은 유희에서 출발한 것이 아니라 하나의 인생관 내지 도(道)에서 출발한 것임을 알 수 있다. 더욱이 도가적(道家的) 은일은 도피적 입장이 아니고 현 사회의 문화, 즉 예악(禮樂)이나 경세(經世)에 뜻이 없어 공리(功利)와 현달(顯達)에 눈을 돌리지 않는 것을 의미하기 때문에 사류들은 절로 자연을 즐기게 된다. 그래서 도가적 은일자에게는 자연애호의 사상이 생기게 되고 산수와 강호의 풍류적 생활이 생기게 되는 것이다.

현재 남아 있는 유교문화를 알 수 있는 다양한 자료 중에서도 가장 보편적인 것이 한시(漢詩)로 대표되는 유교문학이라고 볼 수 있다. 특히 한시 중에서도 경관을 읊은 글들은 사대부들의 자연관을 파악하는 데 중요한 자료가 되고 있다.

1. 유교문화와 마을숲

경관을 읊은 시나 가사(歌辭)는 사류들의 원림생활의 일부분으로 주변의 자연경관을 소재로 하여 작자와 경관의 교감을 표현하고 있다. 특히 경관을 읊은 시들을 구성하는 경(八景 혹은 十景)은 작가와 자연과의 격의 없는 대화[65]로 자연과 교감한 결과이고 자연의 정기를 인간의 마음속에 비추어 표현한 것이다. 그래서 이러한 시는 자연의 아름다움만을 읊기보다는 자연과 인간의 상호작용 속에 나타나는 조화와 대조를 표현한다.

인간은 누구나 기본적인 미적 체험을 갖고 있어서 과거의 작품을 경험하고 그 경험을 현재화하여 소유하고 있다. 따라서 인간은 개별적인 체험의 지평을 넘어

58. 〈溪上靜居〉 1746, 개인 소장.
조선시대 영남학파의 지주였던
퇴계 선생이 도산서당에서 글을
짓고 있는 모습으로 좌측의
東翠屛과 우측의 西翠屛이 동구에
이르면 서로 마주대하게 되어
谷口巖이라 했다.

서 과거부터 현재까지 시대를 초월해 동시적으로 경험함으로써 독자적인 의미[66]를 갖게 된다. 따라서 경관을 읊은 글은 작자가 가지고 있는 개별적인 경관의 의미와도 관련되지만, 이보다는 사람들이 지닌 공통적 인식을 함축하고 있기 때문에 이를 통해 그 시대의 현실을 파악할 수 있는 것이다. 이는 글의 내용이 본질적인 세계와 독립된 실체가 아니라 일단의 사람들에 의해 일치된 정신적 조직[67]으로 사람들이 갖는 정신적 가치관을 표현하고 있는 것이기 때문이다.

"고려 때 사인(舍人) 벼슬로서 세상의 모든 것이 뜻과 같지 않아서 뜻을 시골에 두고 마음을 크게 먹고 고향으로 돌아왔다. 다섯 그루의 버드나무를 문 앞에 심고 찬 국화는 울타리 밑에 심으며 북쪽 창으로 맑은 바람이 들어오게 해서 마냥 도연명(陶淵明)의 시를 읊고 벗을 숭상해서 수양산(首陽山)에서 도연명이가 절개 지키면서 높이 살던 자취를 벗으로 사귀며 바람 솔솔 쐬며 한가하게 지냈으니 절개의 정도는 도연명과 비슷하며 땅으로 따지면 시대 차이가 있다."[68]

이 글은 경북 군위군(軍威郡) 부계면(缶溪面) 한밤마을의 홍경재(洪敬齋)가 이 마을에 입향한 원인과 그의 원림 생활을 말한 것으로 시골에 돌아와 숨어살면서 소박하게 자연을 사랑하는 학자의 도를 도연명에 비유하여 표현하고 있다. 이처럼 경관을 읊거나 묘사한 글은 도덕적 교훈을 주는 내용으로 구성되어 있는데,

이는 세상 사람들의 바람직한 가치관을 세우고자 하는 의도로, 일상 생활에서 보고 느끼고 행동하는 삶의 가치를 담고 있는 경우가 많다.

위의 홍경재처럼 많은 은둔처사들은 산수 전원을 배경으로 삶을 영위함으로써 산수와 인간이 좀더 친근한 관계를 형성하게 되는 것이다. 더욱이 이들이 보는 자연은 세속의 현실과 떨어진 것, 즉 이상향에 가까울수록 높게 평가받고 있다. 예를 들어 자연 속의 인간의 작업을 자연보다는 하위의 것[69]으로 보고 있는 것이다. 그래서 이들이 자연을 소재로 표현한 것들에는 자신들의 미적 의식이 반영되게 된다. 따라서 이들에게 있어서 자연은 영생의 터전으로 자연과의 합일된 경지를 통해 미를 엿볼 수 있게 된다. 따라서 미적으로 잘 조화된 작품을 만든다는 것은 개인의 내적 조화[70]뿐만 아니라 정신과 외계와의 조화까지도 이룩되는 것이다.

또한 이러한 글은 경관의 상징적 의미를 전달함과 더불어 미적 즐거움[71]을 부가하는 것이다. 따라서 이 글 속에는 사람들이 느끼는 가장 미적인 장소들이 등장하고 그 주변의 경승지들이 관련되며 그 위에 그 장소의 풍부한 의미들과 몸짓들이 융합되어 표현되는 것이다.

낙락장송 늘어진 물가의 정자에서	落落松間近水椽
나 또한 소나무의 절개와 같이 늙어 가겠노라.	歲寒心事老林泉
이 좋은 경승에 정자 하나 짓고자 품은 뜻을	靑山有地遂初服
이제야 이루었네.	
세월이 나와 더불어 흐르고 이곳은 편안히	白日如年愜晏眠
지내기에 알맞구나.	
이 아름다운 숲이 나와 같이 늙어 있고	嘉樹與人同臭味
이름난 정자가 주인을 얻었으니 그 또한	名亭得主訂喬緣
제격이 되었도다.	
나 이곳에 살면서 무한한 뜻을 알고자 하느니	欲識箇中無限意
물고기와 새들이 자연을 즐기고 있구나.[72]	一般漁鳥樂雲川

위의 한시는 함양 도천리의 마을숲에 지어져 있는 세한정(歲寒亭)의 편액(扁額)으로부터 채록한 것이다. 이 시에는 향리의 숲 속에 은거하며 유유자적하는 조선시대 선비의 모습이 잘 묘사되고 있다.

조선조의 유교사회는 경학(經學)보다도 숭문(崇文)을 우선으로 하는 풍조와 함께 도가적(道家的) 자연관을 받아들여 자연에 몰입하는 은일적 자세가 선비들 사이에 크게 전파되면서 향촌에 묻혀 명승의 경관을 노래하는 이가 많았다. 이와 같은 경향에 따라 아름다운 경승지를 팔경(八景) 혹은 구곡(九曲)이라 하기도 하고 전망이 좋은 자리를 택하여 정자 혹은 누대(樓臺)를 지어 자연을 감상하고 시작(詩作)을 하는 생활이 유행했다. 따라서 마을숲에 관련된 유교문화는 시적

(詩的) 감상이나 회화(繪畫) 등 양반계층의 상층문화로 표현되고 있으며 사류들은 시작 및 경관 감상을 위해 마을숲에 정자, 누(樓), 대(臺) 등의 건축물과 연못을 조영하기도 한 것이다.

나는 절개 굳은 소나무를 사랑하여	我愛寒松○○橡
죽을 때까지 남은 해를 이곳에서 보내겠노라	殘年只合臥林泉
구름이 흘러가는 적막한 그 아래	雲陰寂歷僧同憩
스님과 더불어 쉬기도 하고	
서늘하게 부는 바람결에 학을 벗삼아	風韻風☆風鶴與眠
졸기도 하겠노라.	
상전이 벽해라 정말로 세상 변하는 것을 알 것도 같네	桑海如今看世變
신선이 사는 무릉도원이라더니 이곳이 곧	桃源從此結仙緣
신선의 정자로구나.	
난간에 기대어 자세히 시를 보니 마치	凭欄細讀詩中畫
그림과도 같도다.	
이곳이 곧 천 년 전 왕유의 망천이로다.[73]	千載神交有輞川

이 시는 은일적 원림생활을 시작하는 한 선비의 마음을 표현한 것이다. 조선조 유교사회의 사류들에게는 정치 일선에서 물러나 향리에 은거하며 도교사상을 섭렵하여 유유자적하는 초세적(超世的) 원림생활이 유행했다. 이들의 원림생활은 우거진 수목, 산천초목의 자연미를 음미하며 그들이 마을숲을 선경(仙境), 선계화(仙界化)하고 신선과 같이 초월자적 자세를 취하므로 마을숲 또한 이와 같은 의미를 담는 구체적 모습으로 나타나는 것이다. 이러한 사류들의 원림생활은 종중집회나 경관시회(景觀詩會)와 같은 활동을 중심으로 이루어지고 있으며, 그들의 활동은 마을숲을 유교문화적 경관으로 다듬어 놓는다.

높은 언덕이 못 위에 둘러서 있고	危壁洞澤上
골짜기마다 넓은 수풀이 있구나.	平林衆○深
맑은 여울이 산골을 치고 도는데	清湍搖嶄嶔
숲은 우거져 더욱 음침하구나.	白日避陰森
초목과 꽃이 무성한 언덕을 보며	草草看花伴
유유히 봉황의 뜻을 감탄하노라.	悠悠嘆鳳心
이렇듯 빼어난 경치를 부러워하여	羨君全勝絕
우거진 이 숲에 집을 하나 지었도다.[74]	卜宅近雲林

위의 시에서와 같이 유교문화의 대표적 표현방식인 시화(詩畫)의 주 대상이 된 것은 마을숲 주변의 경승지 및 자연환경 요소들, 즉 해, 달, 별, 강, 산, 계곡, 폭포, 나무, 숲, 샘 등의 아름다운 모습이다. 그러므로 마을숲 내에 정자, 누각,

모정 등이 조영되어 있는 곳에서는 대부분 이러한 상류계층의 시경관적 모습이
정자의 편액(扁額)이나 문집(文集), 화첩(畫帖) 등을 통해 나타나고 있다.

모래가 희고 내가 밝아서 담담해 빈 것 같으니,	沙白川明澹若虛
옥 같은 산이오 구슬 같은 정원에 비교하는 것이 어떠할까.	玉山瓊圃較何如
신선의 땅이 하도 멀어 오기가 어렵다 하나	仙區萬里應難到
이 정자에 오고감을 소홀히하지 말자.[75]	來往斯亭且莫疎

이 시에서와 같이 아름다운 숲은 바로 선조들이 남겨 놓은 유교적 전통공간이
다. 따라서 마을숲에는 가묘(家廟), 재실(齋室), 정자 등과 단(壇), 비각(碑閣),
비(碑) 등 조상을 숭배하거나 조상들의 덕행을 기리는 건물이나 시설물들이 전
해져 내려오고 있다. 이러한 것들은 숲이 유교문화적 배경을 갖고 있음을 암시하
는 것들로, 이러한 점은 경북 안동군 임하면 내앞마을에 전해져 내려오는 개호송
(開湖松)의 보호에 관한 완의문(完議文)을 통해서도 잘 나타난다.

"선조가 마을 수구를 비보함으로써 가문의 터전과 가묘를 보호하기 위하여 개
호송을 심었다. 따라서 선조를 높이고 종가를 중히 생각하는 자는 선조의 사당과
종가가 있는 내앞을 지키는 이 송을 보호하는 데 힘을 다해야 한다."[76]

이상과 같이 나타난 유교적 숲은 주로 정원적 형태로 나타난다. 그리고 사회적
으로는 종중 중심의 혈연을 범위로 신분사회적 성격을 많이 갖는다. 이러한 점은
숲의 보존과 유지에 강한 결속력을 부여한다.

한국에서는 서양과 같이 규모가 큰 전통정원이 잘 나타나지 않고 있다. 유교에
서는 정원을 조성하는 것을 사치로 여겼기 때문이다. 따라서 현재 한국에 있는
전통정원들은 대부분 구한말에 출현한 것으로 순수한 한국적 원형으로 판단하기
곤란한 실정이다. 그러고 보면 그 출현 배경으로 볼 때 인위적 조성으로 이루어
진 것 중에서 한국적 정원을 대표할 만한 것 중의 하나가 바로 마을숲이라 할 수
있겠다.

2. 유교적 마을숲의 사례

유교적 문화를 바탕으로 하고 있는 마을숲의 사례로는 정자 주변의 숲(광탄리
솔거리), 동구와 연못 주변의 숲(백련동숲), 정자와 연못 주변의 숲(나산 이인
정숲), 천변의 숲(개호송), 동산의 정자 주변에 있는 숲(남전리 빙옥정숲) 등을
들 수 있다.

· 광탄리 솔거리 : 京畿道 楊平郡 龍門面 廣灘里
양평에서 강원도 홍천(洪川) 방향으로 가다 용문을 지나면 용문국민학교 건

너편에 보이는 숲이 광탄리 솔거리이다. 이 숲은 "개천 건너편의 봉황바위가 바로 보이면 마을에 좋지 않다고 하여 조성했다"[77]고 전해지고 있다. 이 숲은 '솔거리'라고도 불리는데 대부분 소나무로 된 숲과 길, 그리고 개천이 어울려 경승을 이루고 있다. 광탄리 숲은 소나무, 잣나무, 리기다소나무 등으로 조성된 장방형 숲으로 택승정(澤升亭)이 위치한 평지의 인공림 지역과 봉황정(鳳凰亭)이 위치한 동산의 자연림 지역으로 구분된다.

정자를 찾아 석벽에 오르니	尋臺登石壁
지팡이를 짚고 구름 속에 오른 듯하다.	扶杖坐雲深
붉은 봉황이 머물렀다는 이름 이미 오래된	丹鳳留名久
푸른 소나무 우거진 숲을 대하고 있노라.	蒼松對雲森
하늘은 어찌 이런 별천지를 열어 놓았는가.	天何開別界
사람의 때묻은 마음을 씻어 보고 싶구나.	人慾滌塵心
정자를 하나 지어 새로운 경치가 더해졌으니	肯構添新色
모든 것 멀리 숲 밖으로 날려 버렸으면.[78]	飛夢迥出林
숲이 멀리 둘러 있어 여럿이 활쏘기가 좋은 이곳에	林園迥遠數弓平
맑은 시내가 길처럼 언덕을 끼고 쭉 뻗어 있다.	一道淸溪挾岸明
숲에 해가 내리쬐어 초목이 익었으며	映日重階薰草色
바람부는 빈 난간에 소나무 소리가 울려 퍼진다.	當風虛檻隱松聲
마음과 몸이 모두 올바라서 군자가 되니	志容皆正成君子
이것이 전해져 젊은이들이 열심히 공부하게 되는구나.	緖業相傳勉後生
(탈자로 인해 해독 불능)	度○歸來○序酌
사방의 이웃과 종친들이 모두 흐뭇해한다.[79]	四隣花樹共春情

봉황정은 마을 앞 개울과 접하는 경관이 좋은 구릉 위에 입지하고 있어 예전에는 이곳에 문인들이 모여 학문을 수련했다고 한다. 택승정은 평지의 넓은 지역에 입지하고 있으며 무인들이 활을 쏘며 무예를 단련했다고 하여 '사정(射亭)'이라고도 부른다. 따라서 광탄리 숲은 문무를 수련하는 유교적 장소일 뿐만 아니라 주막이 있어서 과객이 이용하는 장소이기도 했다.

· 백련동숲 : 全南 海南郡 海南邑 連洞里
해남에서 대흥사(大興寺) 방향으로 3킬로미터 정도를 가면 좌측 산능선에 고가(古家) 앞으로 펼쳐진 숲이 나타난다. 이 마을, 즉 연동리는 고산 윤선도의 생가가 있는 마을로 연꽃이 백 년을 자생했다고 하여 백련동(百蓮洞)이라고 부른다. 마을 동구에는 연못과 함께 송림이 조성되어 있다. 이 숲은 "임진왜란 때 용감하게 죽은 의병들이 몰던 말을 모아 묻었다는 말무덤으로 조성하고 그 주변에 나무를 심었다"[80]고 전해지고 있는데 다른 말로는 "풍수상 녹우당(綠雨堂)의 뒷산이 화산(火山)이라 이를 방지하기 위해 이곳에 못을 파고 거기서 나온 흙을 쌓아 숲을 조성했다"[81]고 한다. 숲은 실질적으로 윤선도의 생가인 녹우당에서 역졸들이 사는 바깥 하층 주거지를 안 보이게 해 유교적인 신분의 차이를 상징하기도 하는 것이다.

· 나산 이인정숲 : 全南 咸平郡 羅山面 대정마을

함평읍에서 해보면(海保面) 문장리(文場里) 방면으로 가다가 나산면 삼축리(三杻里)를 지나 다리를 건너면 정면으로 숲이 나타난다. 이 숲에는 이인정(里仁亭)이라는 정자가 있어서 '이인정숲'이라고 불리고 있다.(도판 60) 이인정숲은 왕버들, 느티나무, 회화나무, 팽나무로 구성된 약 1,000평의 숲으로 장방형을 이룬다.(도판 59) 또한 숲은 대정마을의 진입부에 계곡을 막아 만든 연못 둑 위에 조성되어 물리적으로 정자와 숲 그리고 연못으로 구성된 숲 경관을 형성하고 있다. 이인정은 대정마을 진입로가 나기 전에는 현재와는 반대편의 재실(齋室)과 가까운 위치에 있었으나 진입로를 내면서 현재의 위치로 옮겨 숲과 연못에 가까운 위치를 점하게 되었다. 또한 숲 내의 연못은 이백오십 년 전에 축조된 나산면에서는 역사가 깊은 저수지 겸 연못으로서, 조성 당시에 둑에 심은 나무들이 연못 내의 섬과 함께 물에 투영되어 어우러지고 있다. 위치적으로 이인정과 둑변의 숲은 마을 사람들에게뿐만 아니라 지나가는 사람에게 쉴 수 있는 장소를

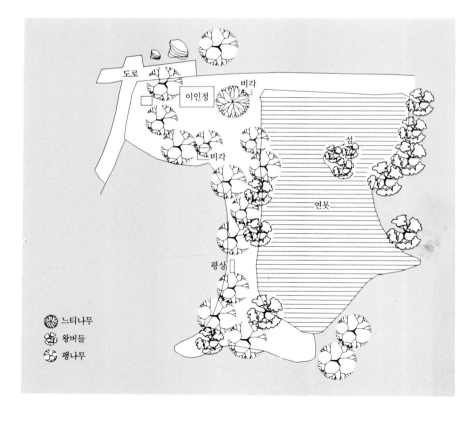

59. 全南 咸平郡 羅山面 대정마을
이인정숲 평면도.

60. 全南 咸平郡 羅山面 대정마을
이인정숲.
소나무가 심겨져 있는
이 세 개의 동섬(위)은 들판
한가운데 있고 주변 지형과
관련없이 떨어져 있는 것으로 보아
인위적으로 조성됐음을 알 수
있다. 아래 사진은 이인정에서 본
연못 제방 위의 숲 전경인데,
팽나무가 주종인 숲으로 둑
위와 둑 옆에도 나무가 심겨져
있어 둑을 중심으로 줄기가
방사상형으로 보인다.

제공하고 높은 위치에서 나산리 밖 나산천과 넓은 들판을 조망(眺望)할 수 있게
한다.

일찍이 좋은 정자 있음 알았고	早識名亭在
이제야 이름난 땅 와서 노니네.	今從特地遊
못 물은 맑아서 거울을 연 듯	池淸開鏡面
나무는 늙어서 난간을 누르네.	樹老壓欄頭

시골 노인들 잇달아 모여오고	野叟聯鞭集
들 밖에서 드는 술잔 차례차례 권한다네.	山盃次第酒
취기가 올라오자 자리 옮겨 노니는데	醉來移席興
넘어가는 저녁해 다시 잡아 두었으면.[82]	斜日更遲留

이 시에서처럼 이인정숲은 사람들이 이인정 주변의 아름다운 경치를 감상하고 남녀노소가 함께 어우러지는 장소이다. 이 밖에도 이인정숲 앞에 있는 세 개의 동섬이 조성된 유래를 통해서 이 숲의 유교적 의미를 알 수가 있다.

"동섬은 그 형태 때문에 속칭 똥섬이라고도 하는데 대정마을 죽산(竹山) 안씨(安氏) 가문에서는 예전부터 급제를 하여 금의환향하면 솔대 대신에 동섬을 만들어 가문의 경사를 기념했다"[83]고 한다. 이 동섬은 소나무 두세 주를 원형의 섬 위에 심은 형태로 대정마을 앞 논에 현재 세 개가 남아 있다.

이와 같이 이인정숲은 가문과 혈연을 중시하는 유교 문화의 신분적 위상으로서의 경관과 의미를 보여주는 예이다. 또한 이인정숲은 그 당시 외부에서 마을을 보아 "마을의 창고나 곳간이 보이면 그 마을의 복(福)이 나간다"고 하여 숲을 조성했다 하는데, 이는 으레 부자 마을 앞에는 좋은 숲이 있어야 했음을 암시하고 있다.

그리하여 숲을 경계로 숲 내에 부자층 혹은 상류층이 거주지를 형성하고 숲 밖에는 하층 거주지가 있는데, 상류층이 숲 밖을 감시할 수 있는 정자가 숲에 있게 되는 것이다. 따라서 이인정숲은 당시의 상류주택의 사랑채와 유사한 개념이다. 즉 숲이 마을 앞에 있어 외부시선을 차단하면서 외부인을 맞거나 외부의 경관을 감상하는 장소로서의 성격을 갖는 것이다.

· 개호송 : 慶北 安東郡 臨河面 川前里

안동에서 청송군(靑松郡) 진보읍(眞寶邑) 방향으로 가다가 댐의 모퉁이를 돌면 강 가운데에 섬처럼 있는 송림이 개호송(開湖松)이고, 이 숲을 지나 좌측으로 보이는 곳이 내앞마을이다.(도판 61) 내앞마을은 의성 김씨 종택(宗宅)이 있는 김씨들의 집성부락으로 마을 앞을 흐르는 낙동강 지류 반변천(半邊川) 변에 있다. 이 마을의 숲은 성격상 '개호송'과 '쑤'로 구분된다. 개호송은 마을에서 서쪽으로 약 700미터 떨어진 부근에 있는 폭 100미터 정도의 소나무 숲으로서, 수구에 위치하고 있다. 현재는 임하댐 물이 들어와 강 가운데에 타원형의 섬처럼 남아 있다. 반면에 쑤는 마을에서 비교적 가까운 천 변에 선형으로 길게 분포하고 있으며 소나무를 포함한 잡목림으로 구성되어 있다. 그래서 방사, 방풍, 방수 등 재해 방지에 구체적 역할을 할 수 있는 데 비해 개호송은 마을 서편의 강 하류에 입지하여 거리가 멀고 지반이 낮아 재해 방지의 효과가 적다고 할 수 있겠다. 그러나 풍수상 개호송은 마을 서편의 허를 보완하고 마을 밖에서 마을 안이 바로 보이지 않도록 마을의 수구를 비보하고 있다. 그렇다고는 해도 개호송은 의

61. 慶北 安東郡 臨河面 川前里
개호송.
내앞마을의 수구 부분에 위치한
개호송을 마을에서 바라본
경관(위)으로, 이 지역은 안동댐
수몰지역에 들어 있어 소멸될
운명에 처했었다. 그러나 이러한
개호송을 살리기 위해 숲
지역만을 補土해 섬을 이루었으나
현재는 숲의 소나무들이 죽어가고
있음이 관찰되었다. 이는 아마도
수몰되면서 주변 기후나 토양의
수분량이 변화되었기 때문으로
보인다. 아래 사진은 강 건너에서
내앞마을의 다른 숲을 본 것으로,
강 변을 따라 송림이 조성돼
그 경치가 아름답고 놀기가 좋아
현재 유원지로 이용되고 있다.

성 김씨 집안의 입향시조가 조성한 유교적 의미를 갖는 숲으로서 김씨 문중에서
약 350년 이상 동안을 관리, 보존해 오고 있다.

따라서 개호송은 선조의 유지를 받들어 후손에게 전달하는 역사적 자원이며
마을의 유교적 가치관의 상징으로서 숲의 건강과 보존으로 마을의 유림세력을 과
시하는 것이다. 아울러 선조를 모시는 사당과 유사한 성역(聖域)으로서 마을 사
람들은 이 숲의 관리와 보식 등을 통하여 씨족간의 결속과 마을 자체의 독자성을
획득하는 것이다.

· 빙옥정숲 : 忠北 永同郡 楊江面 藍田里

영동(永同)과 무주(茂朱) 간에 있는 양강에서 남전 방향으로 약 2킬로미터 정
도를 가면 도로에 의해 양분된 조그만 동산이 나타난다. 이 숲은 남전리의 우백
호(右白虎)를 이루는 산능선에 조성된 숲으로(도판 62), 그 안에는 '빙옥정(冰

62. 忠北 永同郡 楊江面 藍田里
빙옥정숲.
언덕 위의 빙옥정과 그 주변
송림이 잘 조화된 경관을
이루고 있다.

玉亭)'이란 정자가 있다. 빙옥정이란 "예전에 장인과 사위였다고 전해지는 연산 김씨와 구례 장씨의 관계가 구슬보다 맑고 얼음보다도 맑다"[84]고 하는 의미로, 이 정자 주변의 숲에서는 매년 이와 같은 선조들의 유지를 받들어 이들 두 성씨 간의 유교적 행사가 개최되고 있다. 현재 이 숲은 산등을 가로지르는 도로 때문에 둘로 갈라져 옛 숲의 신성한 맥락을 잃고 있으나 주변의 소풍장소로 이용되기도 한다.

註

1. E. B. Tylor, *The Origin of Culture*, Harper N. Y. and Row, 1958, p.1.
2. C. Geertz, *The Interpretation of Cultures*, Basic Books, 1973, p.5.
3. A. Rapoport 『건축환경의 의미』정무웅 譯, 대광문화사, 1990, p.22.
4. Jon Lang, *Creating Architectural Theory*, Van Nostrand Reinhold Company, 1987, pp.86-87.
5. R. J. Lawrence, *Structuralist Theories in, E. B. Research*, E. H. Zube 외 1인, *Advances in Environment Behavior and Design*, vol. 2. Plenum Press, 1989, pp.37-44.
6. 崔昌祚『韓國의 風水思想』민음사, 1984, p.331.
7. 위의 책, pp.332-337.
8. 李揆穆「韓國의 유토피아」『環境과 造景』3·4월호, 1990, pp.145-146.
9. M. Eliade『聖과 俗』李東夏 譯, 학민사, 1983, pp.106-107.
10. 林忠伸「母空間의 原型 : 물과 向天的 흐름」『건축학회지』제25권 103호, 1981.
11. 宗家는 전통적인 集姓村의 입지에서 주로 나타나는데, 이 경우에는 종가를 중심으로 마을 주거군이 입지하는 경향이 높으며, 마을 주거군이 분포하는 곳을 일반적으로 마을이라고 한다.
12. 李能和「朝鮮巫俗考」『啓明』제17호, 啓明俱樂部, 1927.
    朝鮮民族 古初時代 卽有神市 爲其敎門 天王桓雄 檀君王儉 或 爲天降之神 或 爲神格之人矣 古者以巫祭天事神 爲人尊敬 古新羅爲王者之號 次次雄 或 云慈充方言巫也 句麗有師巫之稱 如是 乃至馬韓之 天君濊之舞天 駕洛之 禊浴 百濟之蘇塗 夫餘之迎鼓 句麗之東盟
13. 우물의 썩은 동아줄 설화, 제주도의 巫歌「초감제」, 함경도의 「創世歌」등.
14. 황루시「일체감의 확인, 自存의 축제」『경기도 도당굿』황루시 외, 열화당, 1983, pp.108-109.
15. M. Eliade, 앞의 책, pp.17-49.
    "Axis Mundi란 世界의 한가운데서 솟아 하늘의 맨 위층에 다다르는 階段을 意味하며 世界軸, 宇宙軸 또는 宇宙竿으로 表現한다."
16. Yi-Fu Tuan, *Topophilia*, Prentice-Hall Inc., 1974, pp.145-146.
17. 李揆穆『도시와 상징』일지사, 1988, p.43.
18. 任實郡『내 고장 전통문화』1982, p.179.
19. 任實郡, 위의 책, p.177.
20. 忠北 槐山郡 延豊面 심기마을 마을 촌로의 말.
21. 南原郡『고도 남원의 얼』1982, p.584.
22. 침산동 마을 촌로의 말.
23. 大德郡『내 고장의 뿌리』1981, p.227.
24. 全南 和順郡 和順邑 大里 마을 촌로의 말.
25. 尙州郡『상주의 얼』1982, p.372.
26. 江原 原州郡 神林面 城南里 마을 촌로의 말.
27. 성남리 마을 촌로의 말.
28. 朴時翼 외 1인「風水地理說의 山形態의 解析 整理에 관한 研究」『대한건축학회논문집』1986. 8, p.4.
29. 村山智順『朝鮮의 風水』崔吉城 譯, 민음사, 1990, p.24.
30. 崔昌祚, 앞의 책.
31. 崔昌祚『좋은 땅이란 어디를 말함인가』서해문집, 1990, p.66.
32. 朴時翼「風水地理說과 建築計劃과의 關係에 관한 研究」고려대 석사학위논문, 1987, p.4.
33. 金晟均「風水地理說을 통해 본 韓國의 美」『美術世界』1990. 5, p.56.
34. 崔昌祚『韓國의 風水思想』앞의 책, p.32.
35. 崔昌祚『좋은 땅이란 어디를 말함인가』앞의 책, pp.177-178.
36. 郭璞『葬書』
    玄武垂頭 朱雀翔舞 靑龍蜿蜒 白虎順眺.
37. 李東奎 譯『人子須知』佛敎出版社, 1982, p.804.
38. 李重煥『擇里志』李翼成 譯, 乙酉文化社, 1976, p.164.

39. 위의 책, p.162.
40. 朴時翼 「風水地理設 發生背景에 관한 分析硏究」 고려대 박사학위 논문, 1986, p.229.
41. 崔昌祚 『좋은 땅은 어디를 말함인가』 앞의 책, p.181.
    "卜應天의 雪心賦에는 物은 人, 物, 禽, 獸의 類로 미루어 헤아릴 수 있고, 穴은 形으로 말미
    암아 취한다."
42. 崔昌祚, 『韓國의 風水思想』 앞의 책, p.179.
    "형국론은 풍수를 잘 모르는 사람도 쉽게 이해할 수 있는 부분임은 사실이다. 그 술법의 활용
    및 해석이 다양하고 지세의 개관이 耳懸鈴鼻懸鈴式으로 보는 입장에 따라 달리 인식될 수도
    있어 세간에 알려진 것처럼 명확한 술법은 아니다."
43. 위의 책, p.184.
    "淸이란 星辰이 수려하고 광채가 나는 것이요, 濁이란 성진이 살찌고 두텁고 단정하고 무거운
    것이며, 凶이란 성진이 추악하고 거칠고 煞을 띤 것을 말한다."
44. 京畿 利川郡 栢沙面 松末里 豊川 任氏 가문 촌로의 말.
45. 慶北 奉化郡 物野面 梧田里 창마을 김병윤(82) 씨의 말.
46. 창마을 김병윤(82) 씨의 말.
47. 창마을 김병윤 씨의 말.
48. 慶南 咸陽郡 咸陽邑 도천마을 하경식(76) 씨의 말.
49. 도천마을 하경식(76) 씨의 말.
50. 도천마을 하경식 씨의 말.
51. 全南 咸平郡 羅山面 사산마을 이건풍(73) 씨의 말.
52. 韓國精神文化硏究院 『口碑文學大系』(전남 함평군 나산면 篇), 1981, pp.426-427.
53. 慶北 奉化郡 奉化邑 海底里 김효충(65) 씨의 말.
54. 忠北 報恩郡 炭釜面 林閑里 유찬준(59) 씨의 말.
55. 忠北 槐山郡 靑川面 德平里 거봉마을 마을 촌로의 말.
56. 慶北 星州郡 星州邑 마을 촌로의 말.
57. 全北 南原郡 朱川面 湖景里 노영식(74) 씨의 말.
58. 慶北 奉化郡 奉化邑 황전마을 김동엽(74) 씨의 말.
59. 金德鉉 「儒敎的 村落景觀의 理解」 『한국의 전통지리사상』 한국역사문화지리학회 編, 민음사,
    1991, pp.193-194.
60. 위의 논문, p.194.
61. 이민홍 『士林派 文學의 硏究』 형설출판사, 1985, p.239.
62. 尹善道 「答人書 丁丑」 『孤山遺稿』 卷四.
63. 위의 책.
64. 尹國炳 『造景史』 일조각, 1978, p.197.
65. 崔杞秀 「曲과 景에 나타난 韓國傳統景觀構造의 解釋에 관한 硏究」 한양대 박사학위논문,
    1989, pp.197-198.
66. 박은주 「Gadamer에 있어서의 미학과 해석학」 『미학』 제7호, 한국미학회, 1981, p.44.
67. Jacques Maquet, *The Aesthetic Experience*, Yale Univ. Press, 1986, p.4.
68. 慶北 軍威郡 缶溪面 大栗里 한밤마을 南皐 先生의 「栗里山水勝覽誌」의 일부,
    張東洙 「傳統마을 한밤 景觀의 意味解釋」 서울시립대 석사논문, 1990, p.157 참조.
69. Christopher Thacker, *The History of Gardens*, Croon Helm, London, 1979, p.43.
70. Thomas Munro 『東洋美學』 白琪洙 譯, 열화당, 1987, p.81.
71. Sung-Kyun Kim, *Winding River Village*, Univ. of Pennsylvania Press, 1988, p.268.
72. 慶南 咸陽郡 咸陽邑 도천리숲 내 歲寒亭의 扁額.
73. 도천리숲 내 歲寒亭의 扁額.
74. 京畿 楊平郡 龍門面 廣灘里 솔거리 내 鳳凰亭의 扁額.
75. 예천 백송 선몽대숲의 仙夢臺의 扁額.
76. 金德鉉 「傳統村落의 洞藪에 관한 硏究」 『地理學論叢』 제13호, 1986, p.360.
77. 광탄리 양영환 씨의 말.
78. 양평 광탄리 솔거리 내 鳳凰亭의 扁額.
79. 양평 광탄리 솔거리 내 澤升亭의 扁額.
80. 全南 海南郡 海南邑 蓮洞里 孤山 집안 종손의 말.

81. 연동리 고산 집안 종손의 말.
82. 대사헌 이헌경의 시.
83. 全南 咸平郡 羅山面 대정마을 촌로의 말.
84. 忠北 永同郡 楊江面 藍田里 촌로의 말.

제3장 마을숲의 경관과 이용

1. 경관의 개념과 해석

경관(Landscape)은 사전적 정의로 '한 시점에서 한눈에 취해지는 자연내류 경치의 전망 또는 조망'[1]이라 하는데, 이 정의에 따르면 경관은 시각상으로 지시하는 개념이며 주관적이라 할 수 있다. 또한 경관은 일반적으로 경치를 뜻하거나 특색있는 풍경 형태를 가진 일정한 지역을 의미한다. 이러한 경관의 개념은 역사상 토지 개념, 경치 개념, 공공 개념, 심리 개념 등[2]으로 발전, 정립되어 왔다. 이 중에서 우리가 경관을 볼 때 가장 보편적인 것이 경관을 경치로 보는 개념일 것이다. 이는 16세기에서 17세기 당시에 풍경화를 그리는 데 공간적인 깊이를 고려함으로써 관찰자와 대상 간에 일정한 거리가 설정되고, 관찰자가 일정한 시각에서 일정한 방향으로 쳐다볼 때 그 사람에게 보이는 경치[3]라는 개념에서 시작되었다. 그 이후 19세기말에 경관의 개념은 불특정 다수인 공공의 자유로운 여가활동을 위한 공원으로까지 그 의미의 범주가 확장되었고, 더 나아가 경관은 조경이라는 인공공간을 지시하게 되었다. 더욱이 최근에 와서 경관은 물리적 대상만을 지칭하는 것이 아니라 관찰자가 느끼는 지각과 심리적인 인지작용의 과정을 거쳐 우리의 뇌리에 새겨진 영상까지도 포함하는 확장된 개념을 갖게 되었다.

그러므로 경관적 차원에서 본다면 마을숲은 시지각적(視知覺的) 경치나 모습뿐만 아니라 마을 사람들의 여가활동을 담고 있는 장소로서, 혹은 눈을 감고 그 마을을 기억해 보았을 때 가장 먼저 영상으로 떠오르는 마을의 대표적 이미지를 담는 경관이라 할 수 있다.

이 밖에도 발전된 경관 개념으로서 소서(C. Saucer)와 잭슨(J. B. Jackson)의 경관 개념을 들 수 있다. 소서는 지리학적 증거들은 장소적 사실들을 형성하며 그 장소들간의 관계는 경관의 개념을 명확히해 줌으로써 경관을 물리적 혹은 문화적 형태들의 관련으로 구성된 지역이라고 정의한다. 즉 그는 경관을 시각형태와 이용, 심리, 이미지 등으로 구성된 문화적 형태의 결합으로 보고 있어서 경관을 파악하기 위해서는 시각적·미적 배경과 문화적 태도 그리고 활동 등을 찾아야 함을 제안하고 있다. 그래서 경관을 연구하다 보면 대상이 갖는 시각적 특성뿐만 아니라 사회·문화적 현실과 자연스럽게 접하게 된다. 이처럼 경관을 단순한 시각적 대상과 이미지에 머무르지 않고 그 지역의 사회와 문화의 현실을 포함하는 개념으로 확장하여 본다면 경관을 통해 우리는 오늘날 현대사회의 복잡한 현상들을 이해할 수 있다. 이는 예를 들어 마을숲 경관을 이해하려면 농촌의 사회적, 경제적, 문화적 현실과 자연스럽게 접하게 되는 것과 일맥상통하는 것이다.

잭슨은 경관을 우리의 집합적 존재의 하부구조나 배경으로 땅 위에 연해 있는 인공공간의 조합으로 정의[4]하고 있다. 더욱이 그는 경관이 자연법칙에 따라 발전하는 것이 아니라 모든 사람과 일치되어 그 지역의 사회에 어떤 역할을 하는 공유된 현실이라고 정의함으로써 경관에 대한 정의를 소서보다 발전된 개념으로 전개하고 있다.

이러한 정의를 통해 볼 때 경관은 모든 물리적 대상들뿐만 아니라 그들과 인간들 간의 상호작용을 포함하는 매우 다의적이고 모호한 개념[5]이므로 관점에 따라 각각 상이한 정의가 있을 수 있다.

결국 경관은 크게 자연경관과 문화경관으로 이루어진다. 여기서 자연경관은 "인간의 활동이 개입되기 이전의 경관으로 일단의 지형적 특성을 위주로 나타나는 경관"[6]을 말하며 지형학의 주대상이 되는 경관이다. 즉 지질적, 기후적 요인들과 시간이란 변수가 구조적으로 작용하여 나타난 땅, 바다, 식생 등의 형태들의 총합을 자연경관이라 할 수 있다. 반면에 문화경관은 "인간행위의 표현으로 자연경관에 나타난 경관"[7]으로 정의될 수 있는데, 한 지역의 문화는 자연경관을 매체로 하고 시간이란 변수를 통하여 주거, 구조, 생산, 교환 등의 문화적 형태들을 낳게 되며 이 형태들이 문화경관을 구성하게 된다. 따라서 자연경관은 중간매체이고 문화경관은 결과물이 되는 것이다. 그리고 문화경관은 다수의 사람들이 공유하는 보통경관적 성격과 장기간의 변천을 겪는 역사경관적 성격을 동시에 갖게 된다. 이처럼 인류의 경관은 인간의 손이 닿지 않는 원생의 자연경관에서 점차 인공의 문화경관으로 전환되어 왔음을 알 수 있다. 따라서 마을숲은 숲이라는 자연경관에 마을이라는 문화집적체가 결합하여 창출된 한국적 마을문화경관이라 할 수 있다.

평범한 경관일지라도 인간의 손이 가해진 경관, 즉 인공경관은 문화적 의미를 갖고 있다. 이러한 인공경관은 인간의 가치, 취향, 열정 등을 반영한 자서전 같은 것이기 때문에, 이를 통해 책을 읽듯이 문화적 의미를 읽을 수 있다.[8] 그러나 일반사람들이 경관을 읽는 데는 어려움이 있는데, 그 이유는 보통경관은 항상 접하는 것이지만 장황하고 비조직적이라 해석이 용이하지 않기 때문이다. 더욱이 경관을 해석한다는 관점에서 볼 때 경관은 자유롭게 해석되고 변형될 수 있는 하나의 텍스트로 볼 수 있다.

루이스(P. F Lewis)는 이러한 어려움을 극복하기 위해 경관해석을 용이하게 하는 중요한 지침이 될 수 있는 공리(公理, axioms)[9]들을 제시하고 있다. 한편 경관해석의 목적은 경관 내의 상징을 매체로 그 의미체계를 파악하여 보편적 법칙을 발견한다기보다는 독특한 의미체계의 전체적 맥락과 세계를 설명[10]하려는 것이라 볼 수 있다. 그러므로 경관을 해석하는 방법으로는 맥락적 해석, 구조적 해석, 상황적 해석, 대화적 해석 등을 들 수 있는데, 이 중 맥락적 해석과 구조적 해석은 이미 언급했으므로 상황적 해석과 대화적 해석에 대해서만 이곳에서 언급하려 한다.

경관은 고정되어 있는 요소들과 변화되는 요소들 간의 조합으로 구성되기 쉬운데, 여기서 비고정적 요소들은 매우 변화가 많은 다양한 내용들을 포함하므로 고정적 요소들과 함께 이루어진 경관의 해석은 더욱 유연하고 개방된 수단을 필요로 한다. 즉 경관은 고정된 틀에 의한 해석보다 상황적인 해석이 더욱 효과적이다.

과거의 경관 위에 새로운 경관이 중첩되어 하나의 콜라주를 형성하고 이렇게 중첩된 것들은 우리에게 기억의 근거를 제공한다. 따라서 해석이란 현대문화와 전통의 깊은 곳에 잠재해 있는 가능성 간의 대화(dialogue)[11]이다. 이처럼 대화적 해석은 경관과 대화하는 과정 중에 의미를 해석하는 것[12]이다.

그러나 경관 내의 의미적 구조들은 그 속에 살고 있는 사람들의 삶 속에 혼연일체되어 내재하고 있기 때문에 찾아내기가 어렵다. 따라서 그것은 의식주와 같은 사람들의 일상적 삶보다는 신화들이나 다른 특수한 상황의 증거를 바탕으로 찾는 것이 지름길이다. 그러므로 경관의 해석은 신화, 놀이, 예술 등과 같은 특수한 문화적 구조들에 관련되며, 이에 대한 해석은 사회적 행태의 맥락 속에서 발생한 상징과 은유의 상호관계를 밝히는 것이다. 그래서 경관해석을 하다 보면 결국 해석자는 대상환경의 물리적 양보다는 그 사람들이 속한 문화의 기풍과 가치관 그리고 도덕적, 미적 양식 같은 질적 문제에 보다 많은 관심을 기울이게 된다. 따라서 해석자는 단순한 관찰 이상의 능력과 정보를 필요로 한다.

마을 사람들의 삶과 연관되어 온 숲 경관은 마을 사람들에 의해 공유된 지구상의 한 공간이며, 마을 사람들의 경험 속에서 형성된 사회적 가치관, 사상, 전망 등이 투영되어 나타난 공유된 현실이다. 따라서 숲 경관은 단순한 물리적 경관으로 분리될 성질의 것이 아니라 마을 사람들의 인식이나 관점을 포괄하는 성격을 갖는다.[13]

사람들이 모여 마을을 형성하고 오랜 기간 동안 한 지역에서 살아오면서 그들은 경관과 상호작용하여 수많은 의미들을 형성했다. 이러한 의미들의 축적이 바로 마을문화인 것이다. 그래서 이 의미들을 해석해 보면 경관에 나타난 사람들이 장기간에 걸쳐 축적한 심오한 경험[14]을 이해하게 된다. 따라서 마을경관의 해석은 그 속에 나타나는 풍부한 의미를 찾아내는 작업으로 이 의미 해석을 통해 마을문화의 총체적 현실을 알 수 있는 것이다. 더욱이 이 의미 해석은 공동체적 의식을 기반으로 하므로 해석을 하기 위해서는 그 지역의 역사적, 문화적 배경에 대한 인식이 선행되어야 한다. 그러므로 마을숲 경관을 해석하기 위해서는 우선 마을 문화, 즉 토착신앙, 풍수, 유교 등에 대한 이해를 기초로 마을 사람들의 숲 경관에 대한 가치관, 사상, 관념, 전망 등을 찾는 작업이 선행되어야 한다.

2. 마을숲의 경관 유형

마을숲의 경관 형성에 영향을 주는 것으로는 숲의 입지, 형태, 기능, 그리고 감정, 이미지 등을 지적할 수 있을 것이다. 여기서 입지란 숲의 지리적 맥락과 시각적 맥락을 말하고, 형태란 평면상 지각되는 숲의 유형을 말한다. 그리고 기능이란 숲이 마을 사람들에게 제공하는 다양한 기능 유형을 의미하며, 이미지란 사람들의 숲에 대한 기억, 심상 등을 말한다.

마을숲을 입지적 측면에서 볼 때 숲은 마을과 관련하여 동구 입지, 하천 입지, 동산 입지, 들과 관련된 마을 주변 입지, 그리고 해안 입지 등 다섯 가지 유형으로 볼 수 있다. 이를 다시 마을을 중심으로 보면 마을과 개천, 마을과 들, 마을과 산이 인접하는 경계 부근에 대부분의 숲이 입지하는 경향이 있고, 수직적으로는 매우 높은 곳도 아니고 낮은 곳도 아닌 중간층에 입지하는 특성이 있다.

마을숲은 평면적으로 볼 때 원형, 장방형, 선형, 울타리형, 자연형 등 다양한 형태를 취하고 있다. 이러한 마을숲의 형태를 특징에 따라 구분해 보면 원형이나 장방형의 숲은 주로 일정 지역에 집중적으로 분포하는 경향을 갖고, 이중형이나 산재형의 숲은 마을을 중심으로 주변에 두 개 이상의 소규모 숲으로 산재하며, 그리고 선형이나 울타리형의 숲은 마을, 산, 하천 등의 선을 따라 길게 연결되어 있다.

숲의 대표적 기능으로는 종교적 기능, 효용적 기능, 휴양적 기능 등을 들 수 있으며, 이 밖에도 풍치적 기능, 경관적 기능, 교육적 기능, 군사적 기능, 농리적 기능, 교통적 기능, 심리적 기능 등을 들 수 있다. 그러나 여기에서는 대표적 기능인 종교적 기능, 효용적 기능, 휴양적 기능만을 다루고자 한다. 종교적 기능이란 숲에 나타난 토착신앙, 풍수, 유교 등과 관련된 기능을 의미하고, 효용적 기능이란 숲이 갖는 재해방지, 기후조절, 목재생산 등과 같이 숲이 직접적으로 제공하는 기능을 의미한다. 또한 숲의 휴양적 기능은 사람들이 숲을 이용하면서 갖는 운동, 휴식, 모임, 놀이 등과 같은 기능을 의미한다.

숲 경관에 대한 사람들의 감정을 드러내 주는 사례는 마을 사람들이 숲에 대한 느낌을 '아늑하다'라는 말로 표현하는 데서도 잘 확인된다. 마을숲은 아늑하게 조성되어 마을의 상징적인 복이 나감을 막았을 뿐만 아니라, 마을 입구에 조성되어 외부와의 격리를 꾀함으로써 자연지형적으로는 곡풍(谷風)을 막아 주변의 기온을 따뜻하게 하는 역할도 해 주고 있다. 이 밖에도 한국 마을숲의 가장 강한 이미지는 한국인들이 간직하고 있는 고향이라는 기억 속에 잘 나타난다. 즉 한국 사람이라면 누구나 고향을 돌이켜 볼 때 가장 시각적으로 두드러진 장소로서 어린 시절의 놀이와 추억을 간직한 숲을 가장 강한 이미지로 떠올리는 것이다.

이상에서 한국 마을숲의 경관 형성에 영향을 주는 요소들을 살펴보았다. 이를 종합해 보면, 한국 마을숲의 경관은 '마을이라는 핵심을 둘러싸는 경관', 즉 막힌 경관과 트인 경관의 반복을 통해 표현된다. 물리적으로 마을은 마을숲을 경계로 숲 안의 폐쇄와 숲 밖의 개방을 형성하지만, 심리적으로는 숲 안의 개방과 숲 밖의 폐쇄를 이루어 이들 개념간의 역설적인 관계 속에 역동적으로 마을의 삶을 포함하는 변증법적 수용성(受容性)[15]을 갖는 것이다. 이것은 곧 막히고 답답한 것을 싫어하고 트이고 시원한 것을 좋아하는 심성을 말해 준다. 따라서 마을숲은 상과 하, 안과 밖 등과 같은 사회적, 심리적 느낌을 포용하면서 오늘날의 공원과 유사하게 사회통합적인 기능을 수행하는 것이다.

한국 마을숲의 경관 유형별 사례에서는 마을숲 경관에 영향을 주는 요소 상호간의 관계를 분석해 적절한 유형을 추출했다. 즉 마을숲의 입지적, 형태적, 기능적, 심리적 경관을 제시코자 하는 것이다. 그러나 심리적 측면은 충분한 조사 및 분석이 되지 않았으므로 유형의 구분에서는 세 가지 측면으로만 한정했다. 예를 들어 안봉대숲은 입지상 동구숲이고 형태상 원형이며 기능상 토착신앙에 속한다고 볼 수 있다. 따라서 이 책에서는 이렇게 나타난 각 숲의 유형을 분류하여 지리적 입지 패턴에 따라 각각 정리했다.

3. 경관 유형별 마을숲

1. 동구숲

동구숲은 마을 입구에 위치한 숲을 말한다. 대부분의 산촌 마을은 동구에 이르러 좁아드는 형국이므로 동구숲은 이곳의 빈 공간을 채우는 수구막이, 수대, 골맥이 등과 같은 경관을 형성하기도 한다. 또한 동구라는 중요한 입지적 상황 때문에 동구숲에는 마을을 수호하는 장승, 벅수, 솟대, 돌탑, 서낭, 소도, 제각, 비 등의 종교적 시설물과 정자, 재실(齋室) 등의 건물들이 자주 등장하는 것이다. 이들은 바로 동구숲 경관을 돋보이게 하기도 하지만 사람들의 다양한 이용을 촉진하는 역할을 하기도 한다. 뿐만 아니라 동구란 그 마을의 이미지를 전달해 주는 대표적 장소이기 때문에 거기에는 여러 장식요소들이 있다. 곧 동구숲은 마을의 우월성을 나타내는 싱징이 되기도 하는 것이다.

이러한 동구숲은 동구가 병목처럼 계곡이 좁아드는 형태이기 때문에 원형이거나 장방형과 같은 뭉친 형태의 숲이 많고 동구라는 입지적 중요성 때문에 토착신앙과 풍수와 같은 종교적 기능의 숲이 많다. 또 마을 진입도로나 주변 지방도로변에 숲이 입지하는 경우도 많다. 동구숲의 유형 사례들은 아래와 같다.

- ·장방형 ＋ 토착신앙 : 노하리 읍수구막이, 목계 골맥이숲
- ·장방형 ＋ 토착신앙 및 풍수 : 한밤 동림, 서은숲
- ·장방형 ＋ 토착신앙 및 유교 : 삼풍대숲
- ·원형 ＋ 토착신앙 : 안봉대숲, 신양리 당숲, 모암리 포구나무숲
- ·원형 ＋ 토착신앙 및 풍수 : 원연장리숲, 보물리 숲거리

63. 全北 南原郡 雲峰面 花水里 동구숲.
도로를 따라 대칭형의 솔밭이 하늘이 보이지 않을 정도로 울창해 전형적인 동구숲의 형태를 띠고 있다. 그러나 실재 이 숲은 화수리의 뒤편에 있던 야산 형태의 숲으로서 차도가 마을 뒤를 지나게 되면서 동구가 된 특이한 사례이다.

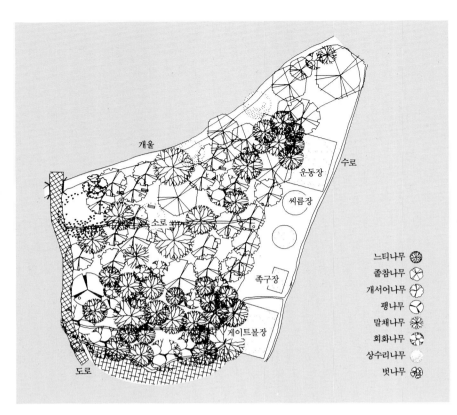

느티나무 ⊛
졸참나무 ⊕
개서어나무 ⊕
팽나무 ⊘
말채나무 ⊛
회화나무 ⊛
상수리나무 ⊛
벗나무 ⊛

64. 全北 長水郡 長水邑 路下里
큰 숲 평면도.
느티나무를 비롯해 다양한
수종들이 출현하고 있고 지형상
구릉지인 점과 옛부터 조성됐다는
이야기가 없는 것으로 볼 때
아마도 이 숲은 토착신앙과
관련해 기존 수림을 보호하면서
유지된 자연림일 것으로 보인다.

· 읍수구막이 : 全北 長水郡 長水邑 路下里

　장수읍 내에서 약 0.5킬로미터 떨어진 부근에 위치한 숲으로, 느티나무, 팽나무, 개서어나무 등의 고목들이 군서하고 있으며 상수리나무, 물푸레나무, 굴참나무 등이 부분적으로 심겨 있다.(도판 64) 숲은 개천에서 마을로 진입하는 입구의 길 양편에 있는데, 노하리 수구막이면서 동시에 장수읍 수구막이기도 하다. 이 숲은 길에 의해 큰 숲과 작은 숲으로 구분된다. 큰 숲은 3,600평, 작은 숲은 900평 정도의 규모로 두 개의 숲이 장방형을 이루고 있다. 이 두 숲은 입지상 각각 다른 성격을 갖고 있다. 큰 숲은 숲 주변에 길, 전답, 농수로 등이 있고, 안에는 운동시설, 씨름장, 족구장 등 휴식시설들이 설치되어 있다.(도판 65) 반면에 작은 숲은 주변에 길, 전답, 개천, 바위 등이 인접해 물 좋고 정자 좋고 반석 좋은 조건을 갖추고 있으나 숲 내부에는 특별한 놀이시설이 설치되어 있지 않아 여름철에 개천에 놀러오는 일시적 휴양객을 위한 장소로서 활용되고 있다. 이 숲은 예전부터 노하리 사람들이 동제를 지내 오는 장소로서 노하리와 인접한 길목에 돌장승이 위치하고 있다.

· 골맥이숲 : 慶北 靑松郡 巴川面 목계마을

　진보면(眞寶面)에서 청송읍으로 가다가 보면 마을을 지나자마자 목계리 동구의 도로 양편으로 울창한 소나무숲을 접하게 된다. 이 숲은 다리를 사이에 두고

65. 全北 長水郡 長水邑 路下里
읍수구막이.
예전부터 동구에 입지한
큰 숲(위)은 숲 내에 각종
휴식시설들이 설치되어 장수읍
사람들의 휴식공간이 되고 있다.
큰 숲에서 조금 떨어진 위치에
있는 작은 숲(아래)은 큰 숲과는
달리 하천 변에 위치하고 있는데,
아마도 예전에는 이 두 숲이 서로
연결되었을 것으로 보인다.

마을과 접하고 있는데 '고을을 막는다'하여 '골맥이'라고 불리기도 하며 계곡 사이를 연결하듯 장방형을 이룬다. 현재는 숲이 도로에 의해 두 부분으로 갈라져 큰 숲에는 약 오 년 전에 군(郡)에서 조성한 휴게시설이 위치하고 있고, 이보다 작은 숲에는 집 한 채 외에는 별다른 시설이 설치되어 있지 않다. 또한 숲 내에는 사람들이 앉을 수 있도록 돌을 안치해 놓았다.

이 마을은 "산속의 천옥(天獄, 하늘이 정한 감옥과 같이 지형적으로 주변이 막힌 곳을 비유한 말)으로 산 높고 골짜기가 깊어 나무를 심게 되었다"[16]고 전해진다. 더욱이 숲은 산골짜기의 험한 지형에 부는 곡풍을 막는 방풍의 역할을 겸하는데, 매년 정월 대보름에는 동제가 이곳에서 행해지곤 한다.

· 한밤 동림 : 慶北 軍威郡 缶溪面 한밤마을

군위군 효령읍(孝令邑)에서 부계면 방향으로 12킬로미터 정도를 가다가 산모퉁이를 돌자마자 넓게 펼쳐지는 계곡을 가로막은 듯이 보이는 숲이 나타난다. 이숲은 다리를 건너 한밤마을로 진입하는 길 양편에 있는 150년생 정도의 소나무로 이루어진 동구숲이다. 마을에서는 이 숲을 동림(洞林) 또는 송림(松林)이라고 부르는데 5,000평 정도의 규모로 장방형을 이루고 있다. 이 숲은 도로에 의해 동서로 양분되어 서편 동림에는 마을의 공덕비와 돌의자 그리고 반원형 돌단 등이 있고 현재 대율국민학교의 자연학습원으로 이용되고 있다. 반면에 동편 동림은 별다른 시설 없이 지나가는 사람들이 들르거나 소가 풀을 뜯는 곳으로 이용되고 있다. 또 마을과 경작지의 경계를 이루기 때문에 휴식장소로도 많이 이용되고 있다.(도판 67, 68)

66. 慶北 軍威郡 缶溪面 한밤마을
洞林 형국도.
한밤은 풍수 형국이
玉女散髮形(옥녀가 머리를 풀어
헤치고 있는 형국)이라 하고
마을이 북향이기 때문에 숲이
동구 부분을 가로질러 길게
조성되어 있다.

동림 내에는 마을에서 동제를 지내는 '진동당(鎭洞堂)'이 있고 돌로 된 담이 있어서 '성안'이라고 한다. 이 진동당은 동제의 상징적인 징표인 동시에 마을을 수호하는 곳으로, 그 주변을 이루는 동림은 마을 사람들에게 조용하고 엄숙한 장소이다. 또한 한밤의 동구숲은 마을에 불어오는 바람을 막고 흘러나가는 하천물이 마을에서 보이지 않도록 하는 등 풍수적 의미에서 조성된 듯하다. 그러나 동림이 실질적으로 그러한 기능을 했다기보다는 마을 사람들은 풍수적 길지의 개념으로 이 숲을 보고 있는 것이다.(도판 66)

동림 외에도 한밤에는 천을 따라 천변송림(川邊松林)이 입지하고 있다. 마을 동쪽의 개천인 '앞걸'에 연해 있는 하천숲으로 '웃덤'과 '아랫덤'의 중간에 위치해, 천변송림에서는 예전부터 이 두 지역 사이에 놀이와 운동시합이 빈번하게 벌어졌다. 천변송림의 모래사장은 예전에 씨름, 그네, 줄다리기 등을 하는 장소였다. 현재 동림은 잘 보존되어 있는 반면에 천변숲은 육군아파트 내에 일부 남아

67. 慶北 軍威郡 缶溪面 한밤마을
洞林 내부.
대율국민학교 자연학습원으로
활용되는 숲의 내부로, 멀리
숲이 끝나는 경계 부근에 쌓은
돌담(마을 사람들은 城이라고
한다)이 보이고 있다.

68. 慶北 軍威郡 缶溪面 한밤마을
洞林.
마을로 진입하는 다리에서 마을 쪽
송림을 본 모습으로 차도를
중심으로 숲이 양분돼 있다.
현재 우측 숲은 대율국민학교
자연학습원이면서 동제단이
설치돼 있고, 좌측 숲은 우측
숲보다는 작으나 휴식공간으로
조성돼 있다.

69. 慶北 軍威郡 缶溪面 한밤마을
洞林 평면도.
한밤숲의 수종은 대부분이
소나무이며, 현재 국민학교 입구
부근에 느티나무 고목이 있는
정도이다.

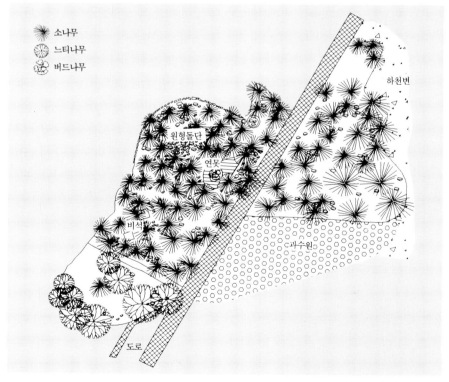

소나무
느티나무
버드나무

하천변
원형돌단
연못
비석
과수원
도로

있어서 마을 사람들은 거의 이용하지 않고 있으며, 특히 1930년 수해 후에 천변에 둑을 쌓게 되어 접근이 좋지 않아 거의 보존되지 못하고 있는 실정이다.

이 천변송림은 마을에서 내백호(內白虎)의 등이라고 할 수 있는 활밤들(마을 동편에 있는 들)의 암반 언덕이 보기에 좋지 않다고 하여 활밤언덕이 안 보이도록 하기 위해 조성했다고 한다. 실제로 예전에 천변송림은 마을에서 활밤들의 언덕이 보이는 사이에 분포하여 동림과 연결됨으로써 마을의 북동쪽을 거의 덮을 정도로 큰 규모였다고 한다.

· 서은숲 : 江原道 洪川郡 南面 서은마을

홍천군 남면 양덕원(陽德院)에서 횡성(橫城)으로 5킬로미터 정도 가다가 우측의 경기도 양평군(楊平郡) 방향으로 700미터 정도를 더 가면 도로 좌우편에 십여 주의 느티나무숲이 나타난다. 서은숲은 경관상 마을과 도로가 만나고 산이 좁아드는 동구 부근에 입지하여 지형상으로 마을 좌측산과 우측산을 연결하듯 펼쳐져 있다.(도판 70) 이 서은숲은 이백여 년 된 고목성 느티나무와 오리나무로 구성되어 있는데, 1,500평 정도의 부지 위에 장방형을 이루고 있다. 도로를 경계로 마을쪽 숲에는 정류장과 바윗돌로 된 서낭당이 있고 예전에는 소나무로 깎아 만들었던 지하대장군(地下大將軍)이 있었다고 한다. 반대편에는 조그만 개울을 따라 1983년에 조성된 휴게시설들이 설치되어 있다. 숲이 마을과 들의 경계에 위치하므로 숲 주변의 들은 '숲밖들'과 '숲안들'이라고 불리고 있다. 여기서 숲밖들은 논이 대부분이고 숲안들은 밭이다. 숲안들에서는 이 지역의 주산물인 옥수수가 재배된다.

한편 서은숲은 수구를 막아 마을 형국을 보완하는 전형적인 동구숲을 이루고

70. 江原道 洪川郡 南面 서은숲.
숲 밖에서 바라본 마을숲으로,
숲은 마을 전면을 가로막고
있으며 마을은 주변 산세와 숲에
완전히 둘러싸여 있음을 알 수
있다.

71. 江原道 洪川郡 南面 서은숲
형국도.
서은은 비교적 산골마을로 산들이
좁아드는 부근에 숲이 좌우 산을
연결하듯 조성돼 있다.

있다. 서은은 '키 형국'이라 하는데 키에다 곡식을 넣고 까불었을 때 알곡이 키 밖, 즉 마을 밖으로 넘어가지 못하도록 막기 위해서 숲을 조성했다는 것이다.(도판 71) 여기서 알곡은 마을의 복이나 부를 상징하는데, 이 숲은 시각적으로 외부에서 보이지 않도록 하는 목적에서 조성됐다고 한다. 즉 "주변 지형상 숲을 질렀(심었)을 때 마을에 부자가 난다"[17]는 것이다.

·삼풍대숲 : 慶南 昌原郡 內西面 三溪里

남해고속도로를 가다가 내서(內西) 인터체인지에서 중리를 거쳐 3킬로미터 정도를 들어가면 우측으로 들 한가운데에 숲이 보인다. 이 숲은 마을에서 전방으로 약 200미터 지점에 장방형으로 된 1,000평 정도의 숲인데, 들판에서 마을로 진입하는 구(舊)도로와 농수로를 끼고 있는 동구숲으로, 삼계리의 풍년을 기원하는 의미에서 삼풍대(三豊臺)라 이름했다고 한다. 삼풍대는 수령 이백여 년 된 느티나무 십여 그루가 총총히 들어서 있어 그늘이 매우 짙다.

역사적으로 "임진왜란 때 이순신 장군이 세병관(洗兵館)을 지을 때 이 나무들을 베어다가 지었고 그 후에 다시 자란 나무들이 현재의 숲을 이루었다"[18]고 전해진다. 군유림이지만 삼풍대숲 내에는 마을 사람들이 자체적으로 돈을 모아 1977년에 평상(平床)을 설치하고 휴게공간을 조성해 놓고 있어서 많이 이용되고 있다. 따라서 마을 사람들은 이 숲에서 여름 한철의 더위를 식히고 농사철이 끝나는 대로 당해의 풍년을 구가하는 마을 축제를 벌인다. 숲 내에는 마을에서 형제가 모두 부모에게 지극한 효자였음을 기념해서 만든 쌍효각(雙孝閣)이 위치해 유교적 의미를 더해 주고 있다. 최근에 마을에서는 이곳 삼풍대에 돌을 깎아 비석 하나를 세웠는데 그 비석에 다음과 같은 비문이 새겨져 있다.

광려산(匡廬山) 철쭉 입에 물고
삼풍대 천년의 숲바람에
땀 적시던 곳
더러는 흙으로 돌아가고
지금은 백발이 다 되었지만
농부의 꿈이
이대로 서려 있는
우리의 요람 삼풍대
너도나도 지성껏 가꾸리라.
내 고장 삼계리 수호하는
삼풍원두(三豊原頭)에
해마다 풍년은 들어 오곡백과 무르익고
숲은 더욱 우거져
새의 노래 영롱하리니

여기 한점 빗돌을 깎아

그 유서를 새겨

이 마을의 미풍양속(美風良俗)을

영원히 지키고자 함이니라.[19]

· 안봉대숲 : 慶南 昌原郡 內西面 三溪里 안계마을

이 마을숲은 마을로 굽이쳐 돌아 들어가는 동구에 입지한 원형의 개서어나무 숲이다.(도판 72) 숲 내에는 평평한 단(壇)이 있고 그 위에는 마을 제당과 돌장 승 그리고 두꺼비 형태의 돌이 있다. 이곳은 마을에서 안봉대(安峰臺)라 부르고 있는데, 이는 마을에서 가장 큰 산봉우리의 지명이기도 하다. 해마다 동짓날이 되면 이곳에서 마을 사람들은 당산제를 올리는데 하루 두 번씩 찬물에 목욕재계 를 하는 등 온갖 정성을 다하고 강신(降神)을 기다렸다가 전 주민과 함께 동제 를 올려서 마을 주민의 무병장수(無病長壽)와 마을의 번영을 빈다. 또한 이 숲 에 제단을 보수하기 위해서 개서어나무 주변을 괭이로 파던 중 나무 밑에서 흡사 두꺼비 모양의 돌을 하나 발견했다고 한다. 마을 사람들은 이 돌이 "두꺼비 모양 으로 되어 식복(食福)이 많아 좋다"[20]하여 제단 위에 돌장승과 같이 놓아 두고 있다. 이곳 동제당인 안봉대에는 아래와 같은 비문이 있다.

안봉산 두견화 피고지고

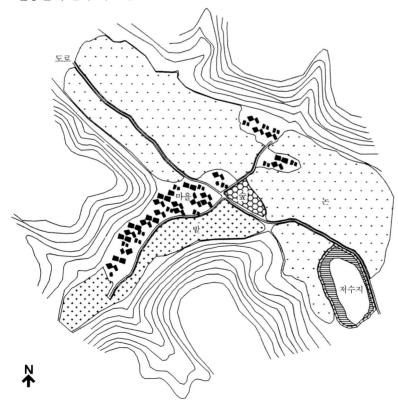

72. 慶南 昌原郡 內西面 三溪里 안계마을 安峰臺숲 위치도. 산과 산 사이의 비교적 협소하고 경사진 위치에 마을이 입지하고 있고, 동구 부근에 조성된 안봉대숲은 토착신앙적 제단으로 활용되고 있다.

몇 번이며

안계의 옥수변에 무상한 철새들

오고가고 몇 해이던고

청풍명월(靑風明月)은 성조신손(聖祖神孫)에 변함 없으나

녹수청산(綠水靑山)의 천혜자연(天惠自然)에서

무한히 강한 것도 인생이요 약한 것도 사람이니라.

여기 신단은

천만 년을 연면(連綿)히 안계촌을 수호하신

명신(明神)의 섭리에 감송함이요

영원무궁한 가호가 있을 지어다.

우리 모두 이 영단을

영겁으로 보존하기에 정성을 다하리.[21]

ㆍ당숲 : 全北 南原郡 德果面 新陽里

임실(任實)에서 남원으로 가다가 덕과에서 우측으로 2킬로미터 정도를 가면 좌측으로 언덕에 원형의 숲이 나타난다. 이곳이 바로 신양리 동구숲으로 이 숲은 개서어나무와 느티나무로 구성되며 숲 내에는 바위로 된 휴게 공간이 있다. 이 숲은 마을에서 당숲 또는 당산숲이라 불리고 있는데, 마을 사람들의 모임이나 당제 혹은 휴식장소로 잘 이용되고 있으며 숲은 마을 사람들이 직접 관리하고 있다. 마을 주변에 예전부터 창촌(倉村, 예전에 국창이 있던 곳)과 비창(備倉)이라 하는 곳이 있어서 오가는 많은 사람들을 위해 이 숲이 조성됐을 것[22]이라는 말이 전해지고 있다.

ㆍ포구나무숲 : 慶南 昌原郡 東面 모암리

이 숲은 마을 앞 동구를 지나는 지방도로 건너편의 저수지 방향에 있는 원형의 거대한 돌무더기 위에 일곱 그루의 나무로 조성된 포구나무숲이다. 특히 주변이 들과 저수지로 된 평탄지이기 때문에 이 숲은 반원형의 형태가 유난히 두드러진다. 이 숲은 저수지 변에 위치하여 여름에 시원할 뿐만 아니라 주변 저수지에 날아든 철새들과 어울려 경관이 좋다.

"옛날에 천상(天上)에 한 역사(役事)가 있었다. 그 역사에서 돌을 들어 나르던 어떤 신이 그만 실수해서 돌 몇 덩이를 지상에 떨어뜨렸는데 그 돌이 하필이면 이 모암마을의 들 가운데에 떨어졌다고 한다. 지금의 모암마을의 동산은 그때 하늘에서 떨어진 돌덩이로 만들어진 것이라고 전한다. 그 후 이 마을의 이름이 모암리(帽岩里)가 된 것은 옛날 어느 때 한 선비가 이 마을을 지나다가 잠시 마을 앞의 동산에 앉아서 다리를 쉬게 되었다. 이 선비가 바위에 앉아서 마을 쪽을 바라보았더니 마을 뒷산의 모양이 흡사 망건과 같은지라 이에 선비는 앉아 있던

이 바위를 함께 명명하여 이곳 지명이 모암리가 된 것이라 한다."[23]

· 원연장리숲 : 全北 鎭安郡 鎭安邑 원연장리

진안에서 전주(全州)로 가다 보면 우측으로 이십여 호 정도의 개량주택 마을
이 보이고 그 옆에 원형의 숲이 있다. 이 숲은 원연장리를 둘러싸는 산의 지형이
마을 앞으로 좁아드는 동구 근처에 조성되어 외부에서 마을이 잘 보이지 않는다.
이 숲은 마을에서 300미터 이상 떨어져 있고 수종은 느티나무로 구성되며 규모
는 4,000평 정도이다.(도판 73)

이 숲은 일제시대 때 일본인의 벌목으로 없어진 후에 "동구에는 숲이 있어야
한다"[24]고 하여 마을에서 다시 심은 것이다. 풍수상 원연장리숲은 연화부수형이
라 해서 꽃이 필 위치에 '꽃우두머리'라 하는 숲을 조성하고 있다. 예전부터 "동
구에 반드시 숲이 있어야 바람을 막기도 하고 마을에 좋다"[25]고 하여 숲을 조성
했다고 한다. 또한 숲은 마을제의 하당(下堂)이 모셔진 장소로서 정월 동제시에
마을 사람들은 뒷산의 상당(上堂)에서 제를 시작하여 이곳 하당에서 잡귀를 물
리는 퇴식(退式)을 거행한다.

원연장리숲은 조성 이후로 크게 두 가지의 변화를 겪었는데, 그 하나는 저수지
공사이고 다른 하나는 숲 옆에 새롭게 건설된 대성마을 사업이다. 원연장리의 저
수지 공사는 숲 조성 당시에 주변이 대부분 밭이었던 토지를 논으로 바꾸는 데
결정적 역할을 했다. 당시에는 숲 안의 논이 물이 좋아 상답(上畓)이므로 숲 안
에 논을 갖는 것이 부자임을 의미했다. 그래서 당시에 숲은 물리적인 토지이용의
경계일 뿐만 아니라 사회적 경계를 상징했다. 또한 원연장리숲은 주거환경 개선
사업의 일환으로 새롭게 건설된 대성마을 옆에 입지하므로 조만간 대성마을의 소
공원으로 활용될 예정이다.

73. 全北 鎭安郡 鎭安邑
원연장리숲.
마을 안에서 밖을 본 모습으로,
좌우의 능선이 좁아드는 동구에
원형으로 숲이 위치해 있고,
그 주변으로는 대성마을이
보인다.

· 보물리 숲거리 : 忠南 公州郡 正安面 甫物理

공주에서 천안(天安)으로 가다가 보면 우측으로 원형의 리기다소나무숲이 나타난다. 이 숲 옆으로 500미터 정도를 더 들어가면 동구에 또 다른 숲이 나타나는데 이 숲이 보물리 동구숲이다. 보물리에는 동구와 조상의 묘를 위해 마을 진입로 주변 밭에 조성한 두 숲이 있다. 동구숲은 그 안에 서낭당, 장승 등이 있어 예전에 동제를 지내던 곳이다. 그러나 동제는 약 15년 전부터 거의 사라져 버리고 1987년 이후로 마을 사람들은 이 숲에 정류장과 잔디를 조성하여 어린이 놀이터로 이용하고 있다. 현재 이곳은 '숲거리'라고 불리고는 있는데, 예전의 참나무림의 자취는 거의 없고 소나무와 왕버들 그리고 최근에 심은 은행나무들만이 도로변에 늘어서 있다.

또한 풍수지리상으로 조성된 다른 숲은 조성 이전에 고추밭이었던 곳을 원씨(元氏) 종중(宗中)에서 사서 "앞산에 있는 원씨 집안의 선조묘가 보이는 곳에 밥상을 차린다"[26]는 의미로 속성수인 리기다소나무숲을 조성한 것이다. 즉 선조의 묘가 비치는 곳에 식복(食福)을 뜻하는 원형숲을 조성하고 이곳에서 후손들의 복을 빈다는 것이다.

2. 동산숲

한국에 있어서 마을은 대부분 사방으로 낮은 산들로 둘러싸인 지형에 입지한다. 원림생활(園林生活)이란 말에서 '원(園)'이 '동산 원'자인 것처럼 사람들의 행위가 동산을 배경으로 이루어지는 것이다. 따라서 사람들의 원림생활적, 놀이적 추억을 많이 담고 있는 장소 중의 하나가 동산숲인 것이다.

동산숲은 우선 동산 위에 숲이 입지하는 지형적 특징을 갖기 때문에 여기에 산신제당(山神祭堂)이 위치하는 경향이 많다. 또한 자연생태적으로는 숲 주변에 자연숲이 인접하는 경우가 대부분이라 시각상 두드러지지 않는 경우가 많으나, 특이하게 자연숲이 인접되지 않으면서도 능선숲을 형성하여 더 선명하게 보이는 경우도 있다. 따라서 동산숲은 마을의 경관 풍치림으로 조성된 사례가 많으며 동구숲만큼이나 사람들의 이용이 빈번한 장소이다. 특히 한국의 마을은 대부분 배산임수(背山臨水)라는 지리적 입지를 갖고 있어 뒷산에는 동산숲이 입지하기가 쉽다.

동산숲 중에는 동구숲과 달리 유교적 배경의 숲과 울타리형의 숲이 많이 나타나는데, 이는 동산숲이 종중의 선산 주변에 조성되거나 관리되고 있는 숲일 경우가 많고 산 능선을 따라 숲이 조성되기 때문이다. 동산숲의 유형사례는 아래와 같다.

· 울타리형 + 풍수 및 토착신앙 : 숲쟁이숲
· 장방형 + 풍수 : 가산리 먼당숲

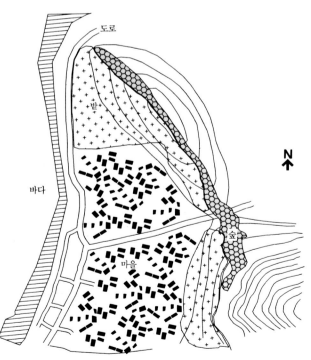

74. 全南 靈光郡 法聖面 法聖浦 숲쟁이숲.
멀리 인의산과 와우정이 보이고 산 능선을 따라 두 개의 산을 연결한 듯 숲이 조성된 것으로 보이나 실제는 가운데 부근으로 차도가 지나게 되어 분리돼 있다. 그리고 숲과 주변 주거지 사이에는 경작지가 위치하고 숲 주변으로는 경계철책이 둘러져 있다.

75. 全南 靈光郡 法聖面 法聖浦 숲쟁이숲 위치도.
숲은 마을의 북동편을 거의 둘러싸듯 조성돼 있어서 주변으로부터의 방풍기능도 했을 것으로 보인다.

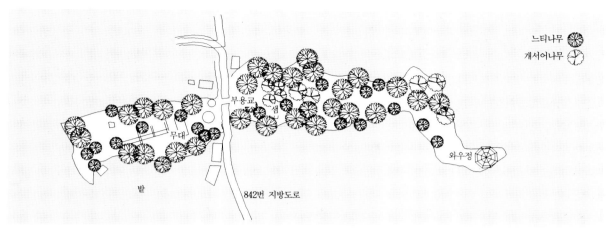

느티나무
개서어나무

부용교
샘
무대
와우정
밭
842번 지방도로

76. 全南 靈光郡 法聖面 法聖浦
숲쟁이숲 평면도.

77. 全南 靈光郡 法聖面 法聖浦
숲쟁이숲 내부.
진내리편 산 위에서 숲을
내려다본 모습으로, 숲 내의
휴식시설과 무대 그리고 공터가
보인다.

· 장방형＋풍수 및 유교 : 사곡 송림, 방계리숲, 소산 삼구정숲

· 숲쟁이숲 : 全南 靈光郡 法聖面 法聖浦

   숲쟁이숲은 법성포를 둘러싸는 인의산(仁義山)의 남쪽 산 능선을 따라 300미
터에 걸쳐 조성돼 있다.(도판 74, 75) 이 숲은 느티나무, 개서어나무로 구성되어
있는데(도판 76), 숲쟁이란 용어에서 '쟁이'는 재, 즉 성(城)이라는 뜻으로, 숲
쟁이는 '숲으로 된 성'을 뜻한다. 숲 내의 시설로는 1974년에 설립된 와우정(臥
牛亭)과 1984년에 법성리숲과 진내리숲을 연결하는 부용교(芙蓉橋)를 들 수 있
다. 현재 숲 주변에 보호철책을 쳐 놓았는데, 6.25사변 후에 숲을 보존하기 위하
여 설치된 후에 1990년에 다시 설치한 것이다.
   이 법성포숲은 법성진성(法聖鎭城, 1514)을 쌓을 때에 조림한 것으로 알려지
고 있는데 능선을 따라 고목들이 심겨져 있어서 마치 성을 쌓은 듯한 형을 이루

고 있고 능선을 따라 옹성(甕城)의 석성(石城)이 위치하고 있어서 성을 연장한 듯한 느낌을 주기도 한다. 현재 숲 주변에 위치한 주거지는 숲 인접 지역에 넓은 야지(野地)를 두고 떨어져 있으며 홍농읍(弘農邑)으로 가는 지방도로를 경계로 동쪽의 법성리 편 숲과 서쪽의 진내리 편 숲으로 구분되어 있다. 본래 법성포의 숲은 현재의 수세(樹勢)보다 커서 인의산 능선을 거의 다 덮었기도 했으나 6.25 동란 때에 진지 구축으로 나무가 많이 없어져서 현재 법성리 지역의 대적산 편 능선에는 숲이 거의 남아 있지 않다. 그 후, 1970년대초 원자력발전소가 건설될 때 이 숲을 가로지르는 지방도로가 나면서 고목 삼십여 주가 피해를 입기도 했다.

풍수상 법성리숲의 형세를 결정하는 인의산은 해면(海面)에 접하여 와우형(臥 牛形)을 이루고 있다. 그래서 인의산 능선을 가로지르는 차도가 난 후에 주민들은 소의 배에 해당하는 부근으로 도로가 지나므로 법성의 주맥(主脈)이 끊겨 법성에 해가 미친다고 믿어 양 숲을 연결하는 부용교를 건설하게 된 것이다. 이 구름다리는 물리적으로 숲과 숲을 연결하는 기능을 갖고 있지만, 이보다는 인의산 자락의 기(氣)가 흐르는 용으로서 숲과 숲, 산과 산, 법성리와 진내리의 의미적 연결을 통해 일체감을 이루는 상징물의 성격이 더 강하다. 또한 예전부터 인의산을 명당 중의 하나로 여겨서 "이곳에 묘를 쓰면 후에 좋다"[27]고 하여 투장(偸葬)이 심했다고 한다. 따라서 당시부터 비록 명당일지라도 숲 내에는 묘를 쓰지 못하게 하는 금기가 전해져 내려오는데, 심지어는 숲 내의 개인 땅에도 묘를 쓰는 것을 금했다고 한다. 외부인뿐만 아니라 법성 사람들도 투장을 금기로 하고 있어서 가물어 농사가 안 되거나 어업이 어려우면 법성 사람들은 누군가 숲에 투장을 했기 때문이라고 믿어 "투장묘를 파내러 인의산의 숲쟁이숲으로 올라간다"[28]고 한다.

숲쟁이숲은 두 개 리에 걸쳐 있고 리마다 당산나무를 갖고 있기 때문에 매년 정월 진내리 당산에서 법성리 당산으로 돌면서 동제를 지낸다. 여기서 법성리 당산(안당산)은 숲과 마을의 인접지역에 위치하여 중심을 이루고 있으며 진내리 당산(바깥당산)은 숲과 마을의 끝에 있다. 그러나 최근 들어 동제는 일부 주민들만 참여하는 소규모 행사로 축소되었다.

· 먼당숲 : 全北 南原郡 雲峰面 佳山里

남원에서 함양(咸陽)으로 가다가 운봉면 화수리(花水里)에서 황산대첩기념관 옆길로 1킬로미터 정도 가면 산으로 포위된 듯한 마을이 나타난다. 이 숲은 마을에서 바위산인 황산(荒山)이 눈에 띄지 않는 것이 좋다고 하여 마을과 황산의 중간 부근에 조성된 동산숲이다. 이 숲은 소나무, 개서어나무로 구성되어 있으며 마을의 좌측 산 능선 위에 입지하고 있다. 또한 이 숲은 동네에서 형국상 좌청룡을 보완하기 위해 숲을 조성했다는 의미를 갖고 있고 '먼당'이라 불리고 있으며 위치에 따라 '아랫먼당'과 '웃먼당'으로 불리고 있다. 특히 마을은 풍수상 '매화꽃이 핀 형'이라 전체 형국이 꽃형을 이루고 있다고 한다. 그래서 "꽃은 필 때만 좋고 오래가지를 못해 이 마을에서는 부자가 나도 오래 지속되지를 못한다"[29]고 한다. 또한 마을 형국상 청룡이 너무 길어 마을 앞까지 둘러싸기 때문에 청룡 끝부근이 틔어야 앞으로 마을이 좋아질 수 있다는 것이다.

· 송림 : 全北 南原郡 德果面 사곡촌

임실에서 남원으로 가다가 덕과리에서 좌측으로 1.5킬로미터 정도 계곡을 따라 들어가면 사곡숲이 있다. 이곳의 숲은 수구막이로 조성된 '숲거리'라는 동구숲과 세 개의 자연부락 중심에 위치한 동산숲이다. 동구숲인 숲거리는 마을에서 멀리 떨어져 있기 때문에 접근이 쉽지 않은 반면에 동산숲은 세 개 부락의 중심에 위치해 접근이 양호한 편이다. 이 동산은 이씨(李氏) 종중 소유로 조상들의 묘가 있어 중요한 장소일 뿐만 아니라 하기(夏期)에 바람이 많고 시원하여 사람들이 자주 찾는다. 풍수상 사곡촌은 전체적으로 와우형을 이루고 그 중에서도 동산숲은 배 형국을 이루고 있다. 따라서 "이곳에 묘를 쓰면 좋고 이곳에 전봇대가 서면 배의 돛대를 상징하기 때문에 많이 설수록 돛대가 많아 좋다"[30]고 한다. 결국 이곳 동산숲은 마을을 건강하게 하는 돛대 역할을 하는 상징적 의미를 갖는 장소로서 마을에서 신성한 곳으로 인식되고 있다. 이를 증명하듯 "숲 내에는 개미도 없고 뱀도 없다"[31]고 한다.

· 방계리숲 : 全北 任實郡 只沙面 芳磎里

방계리숲은 거의 마을 중앙에 입지하는 숲이다. 이 숲은 임실에서 남원으로 가다가 지사면 방향으로 4킬로미터 정도 떨어진 도로 변 동산에 조성된 숲이다.

풍수상 이 마을의 전체 형국은 '배 형국'으로 정자가 있는 이곳 숲은 배의 노에 해당되는 곳으로, 노 형태의 잔등 위에 나무를 심고 정자를 조영했다. 따라서 이곳은 이 마을의 집성을 이루는 전주(全州) 최씨(崔氏) 종중 소유로 "배가 노를 저으려면 물이 있어야 한다"[32]고 해서 연못을 숲에 인접하게 조성해 놓았다. 또한 마을의 뒷산에는 '탕건바위'가 있는데, 배를 묶어 둔 흔적이 있어서 배가 정박하고 있는 중으로 해석되고 있다. 또 현재 마을 내의 창고에 곡식이 가득해 "배가 곡식을 가득 싣고 항진을 대기하고 있는 형국을 이룬다"[33]고 한다.

· 삼구정숲 : 慶北 安東郡 豊山邑 素山洞

풍산(豊山)에서 예천(醴泉)으로 지방도로를 타고 1킬로미터 정도를 가면 좌측으로 뻗은 동산 위에 정자 주변으로 소나무와 느티나무로 구성된 동산숲이 있다.(도판 78) 이 삼구정(三龜亭)은 소산동(素山洞) 안동(安東) 김씨(金氏) 종중에서 관리하던 정자로 오랫동안 마을 사람들이 모여 휴식과 놀이를 하던 곳이다. 삼구정의 이름은 "세 개의 바위가 거북 형태를 이루고 있다"[34] 해서 명명된

78. 慶北 安東郡 豊山邑 素山洞
三龜亭숲.
천변둑 위에서 숲을 본 전경으로,
삼구정과 그 주변의 숲이 마을
좌측편의 나지막한 동산 위에
위치하고 있다.

것이다.

　풍수상 마을은 '선주형(船走形)'으로 예전에는 낙동강 물이 숲이 있는 이 동
산 주변을 감아 돌아 삼구정 주변이 절승을 이루었으나 현재는 천변둑을 쌓아 물
길을 돌려 버려서 그 형국을 잃고 있다.

3. 하천숲

　하천은 개천보다는 크지만 강보다는 작은 중간 정도의 천을 말한다. 하천숲은
하천 변에 분포하는 마을숲을 말하지만, 개울이나 개천, 그리고 강 변에도 숲이
나타나는 경우가 있어서 이런 유형은 일반적으로 '천 변에 조성된 숲'이라 할 수
있다. 하천숲은 동구숲이나 동산숲과는 약간 다른 경관적 특징을 갖고 있는데,
우선 하천숲은 숲 옆에 물이라는 중요한 자연자원을 가지고 있다. 이러한 물은
그 흐름으로 숲의 경관적 형태를 선형으로 결정해 주기도 하지만, 숲에 수분을
공급하여 나무들이 잘 자라게 하는 역할도 한다. 또 이 물과 숲 그늘이 주는 시
원함 때문에 하천숲은 관광과 휴양의 장소로 개발된 사례가 많이 나타나는 특징
을 보이고 있다. 또한 하천숲은 예전부터 수해를 방지하고, 유속을 감소시키기도

하며, 바람을 막아 주는 기능을 갖는 보안림(保安林)으로서의 특징을 지니고 있기도 하다. 하천숲의 유형사례는 아래와 같다.

- 선형 ＋토착신앙 : 연둔리숲, 연풍대숲
- 선형 ＋풍수 및 유교 : 사촌 가로숲
- 선형 ＋유교 : 백송 선몽대숲
- 울타리형 ＋풍수 : 장선마을숲, 신성리숲
- 울타리형 ＋재해방지 : 관방제림

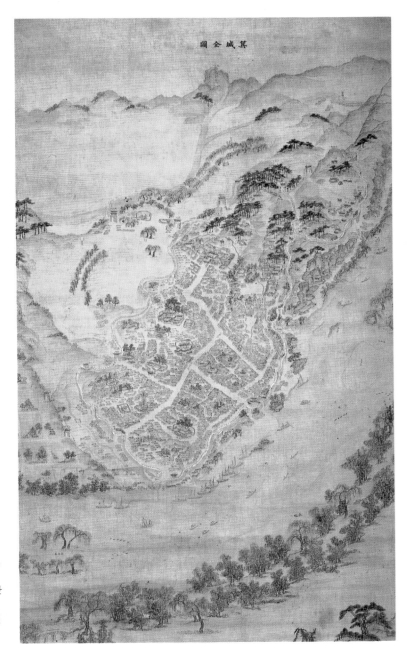

79. 〈箕城全圖〉18세기 후기,
서울대학교도서관.
평양부와 대동강 변에 정박한
20여 척의 배와 그 건너편에
강 변을 따라 두 줄로 조성된
장림이 잘 나타나 있다.

· 장방형 ＋ 유교 : 송호리숲
· 장방형 및 울타리형 ＋ 재해방지 : 상림
· 이중형 ＋ 풍수 및 토착신앙 : 동촌 당산숲, 이전 밤숲

· 연둔리숲 : 全南 和順郡 同福面 蓮屯里

화순에서 복암(福巖) 방향으로 가다가 동복천(同福川)을 따라 5킬로미터 정도를 가면 좌측으로 동복천 건너편에 선형으로 1킬로미터에 달하는 숲이 있다. 연둔리숲은 느티나무, 개서어나무, 왕버들, 팽나무 등의 고목들로 구성되며 약 4,000평의 규모로 하천을 따라 선형을 이루고 있다.(도판 80) 숲 내에는 사람들이 쉴 수 있는 벤치와 4-5년 전에 지은 정자가 있고 정월 보름에는 숲에서 제를 지내기도 했다. 현재는 제를 지내지 않고 있지만 예전에 동제를 지내는 정자는 '쌍정자'라 했고 큰 나무가 쌍을 이루고 있었다고 한다.

연둔리숲은 동복천의 물살이 심하고 주변 지역의 곡풍이 심해 바람과 물의 피해를 막기 위해 조성한 것으로 숲 내에는 '돌출방천(突出防川)'이라 하여 수세(水勢)를 약하게 하고 토사의 침식을 막기 위해 설치한 시설이 남아 있다. 그러나 최근에 동복천의 상류에 저수지가 조성되어 하천의 범람이 거의 사라지면서 수해방지보다는 관광지로서의 활용에 더 큰 관심을 두고 있다.

· 연풍대숲 : 慶南 昌原郡 內西面 中里

남해고속도로 내서 인터체인지에서 지방도로로 나오자마자 바로 하천 변에 있는 숲이 연풍대숲이다. 이 숲에는 광려천(匡廬川) 변에 수령 이백오십 년 이상된 포구나무와 느티나무 이십여 그루가 군서하는데, 마을 사람들은 이 숲 가운데

80. 全南 和順郡 同福面 蓮屯里숲. 마을 밖에서 바라본 숲으로, 동복천의 제방을 따라 조성된 숲과 하천 그리고 뒷산이 유사한 선형경관을 이루고 있으며, 숲 사이로 마을이 보이고 있다.

기단(基壇)을 모아 연풍대(年豊臺)라 이름짓고, 해마다 추수가 끝날 무렵이면 인근의 마을 사람들이 모두 모여 풍년놀이를 벌인다. 이 기단 주변에는 남근 형태의 돌장승을 놓아 풍년을 기원하는 듯하며 숲 내 곳곳마다 벤치를 설치해 숲을 휴식공간으로 활용하고 있다.

이 연풍대는 해마다 마을이 풍년을 이루라는 뜻에서 명명된 것으로, 예전에는 아랫숲, 윗숲이 있어서 규모가 큰 숲이었다. 그러나 윗숲이 거의 파괴되어 없어지고 현재는 아랫숲만 남아 있다. 연풍대숲은 법적으로 개인 소유로 되어 숲 내의 양어장, 벽돌공장, 철공소 등으로 숲이 오염되고 파괴되어 있음을 알 수 있다. 이는 개인 소유로 되어 있는 숲이 다른 숲에 비해 어떠한 결과를 낳게 되는가를 보여주는 좋은 예이다. 최근 들어 이 지역은 공영개발 방식으로 주거단지개발이 진행중에 있다.

화개산하(華蓋山下) 광려천 변에
연풍대가 우뚝 섰네.
기름진 이 강토(疆土)에
불위기시(不違基時) 가색하여
해마다 오곡이 풍등(豊登)하니
격양가(擊壤歌)가 높으도다.
계축 오월[35]

·가로숲 : 慶北 義城郡 點谷面 沙村里

안동에서 의성으로 가다가 단촌(丹村)에서 점곡 방향으로 10킬로미터 정도를 가면 들판을 가로지르는 숲이 나타난다. 이 숲은 마을 사람들이 심은 혼효림(混淆林)으로 특히 상수리나무, 느티나무, 팽나무 등의 고목들이 많으며 '가로숲'이라고 불려 왔다.(도판 81) 현재 숲은 사천(沙川)을 따라 남북 방향으로 1킬로미터, 동서로 40미터에 걸쳐 선형으로 분포하는 전형적인 하천숲을 이루고 있다. 사촌(沙村)이란 지명에서 알 수 있듯이 이 지역의 흙은 모래가 많은 사토이며 숲 내를 흐르는 사천도 물이 거의 없는 건천(乾川)을 이루고 있어 숲 주변에는 가뭄에 잘 견디는 과수원이 많이 분포하고 있다.

사촌은 서애(西厓) 유성룡(柳成龍) 선생의 외가가 있는 곳으로, 유성룡 선생이 사촌숲에서 태어났다는 전설이 전해지고 있다. 또 사촌숲은 현재 경상북도 지정 보호숲 일등급 9-75호로 지정되어 있으며, 사촌의 의성 김씨 종중에서도 조상들의 얼이 깃들인 숲을 보호하기 위해 노력하고 있다. 또한 사촌숲은 풍수지리설에 의해 "서쪽이 허하면 인물이 나지 않는다"[36]고 하여 서편의 허를 보완하기 위해 조성한 것으로 매년 심고 가꾸어 온 터라 백여 년 전만 해도 늑대, 산토끼 등 산짐승이 찾아들어 낮에도 아이들은 혼자 지나다니길 꺼렸다고 한다. 한때는 관리가 소홀해서 베어지거나 고사했지만 현재는 거목만도 오백여 주나 될 정도로

81. 慶北 義城郡 點谷面 沙村里 가로숲.
마을과 숲 사이의 들에서 사촌숲을 바라본 사진으로, 들과 인접한 숲이 길게 펼쳐져 있다.

무성하게 잘 자라고 있다.[37]

이처럼 사촌숲은 넓은 들을 가로질러 형성되어 있어 들에서 일하는 사람들의 휴식장소로 많이 이용되었을 것으로 보이며, 숲 내에는 1973년도에 다리 공사를 하면서 만든 휴식공간이 조성되어 있다.

"지금도 천고(天古)에 비밀을 간직한 채 무제평운(無堤平雲)을 남북으로 가로질러 삼동(三冬)에는 살풍(殺風)을 막아 동리를 보호하고 춘하(春夏)에는 계절풍을 막아 농작물의 피해를 줄이며 성하(盛夏)에는 벌레와 모기가 없는 녹음 아래서 농부들이 땀을 식히고 오수를 즐겼다. 옛날에는 지나가는 은사(隱士)들이 시상(詩想)을 일으켰고 어린 시절 여기에서 뛰놀던 이향객(移鄕客)에게는 향수의 원천이 되기도 한다. 세사가 변천함에 따라 새마을 다리가 놓이고 내왕이 차량의 통행으로 바뀌니 왕사(往事)는 한갓 추억으로 남을 뿐이다."[38]

· 선몽대숲 : 慶北 醴泉郡 虎鳴面 白松里

예천에서 안동(安東)으로 가다가 호명으로 약 6킬로미터를 가면 강변에 길게 조성된 숲이 나타난다.(도판 82) 이 숲은 백송마을에서 약 200미터 떨어진 내성천(乃城川) 변에 선형으로 길게 분포하고 있으며, 그 주변에는 진성(眞城) 이씨(李氏)들의 정자인 선몽대(仙夢臺)가 있다. 이 정자는 약 사백 년 전에 건축한 것으로 꿈 속에 선녀를 보았다고 해서 선몽대 또는 몽대라 했다고 한다. 숲은 정자 이름을 따서 선몽대숲이라고 불리며, 이 숲은 근처에 약 십리에 이른다는 백사장을 끼고 내성천 맑은 물과 소나무숲 그리고 정자가 함께해 아름다운 절경을 연출하고 있다.

82. 慶北 醴泉郡 虎鳴面 白松里 仙夢臺숲.
울창한 송림과 넓은 모래사장, 그리고 주변 내성천의 경관이 조화를 이루고 있으며, 숲 속에는 벤치들이 군데군데 놓여 있다.

솔은 늙고 대는 높아서 푸른 하늘에 꽂힌 듯하고,	松老高臺挿翠虛
강변에 흰 모래와 푸른 벽은 그림 그리기보다 어렵구나.	白沙靑壁畫難如
내가 지금 밤마다 선몽대에 기대니	吾今夜夜凭仙夢
전날에 가서 기리지 못하였음을 한탄하지 않노라.[39]	莫恨前時趁賞疎

· 장선마을숲 : 全南 和順郡 南面 장선마을

소나무와 느티나무로 구성된 장선마을숲은 마을을 둘러싸는 울타리와 같이 하천을 따라 곡선형으로 조성되어 있다. 장선(長船)이라는 지명은 긴 배의 형태를 띠고 있다고 하여 붙은 이름인데, 풍수상 마을 양편에 흐르는 하천으로 둘러싸여 '배 형국'을 이루고 있다. 마을 앞에는 '돛대봉'이라는 봉우리가 있고 앞 개울 건너에는 '선창(船艙)'이라는 지명이 있다. 장선마을이 위치한 지역은 대부분이 주암댐 수몰지역으로 만수(滿水)가 되면 논을 경작할 수 없어 사람들은 "이제 배가 물을 만나 이곳을 떠나는 형을 갖추게 되었다"[40]고 한다.

· 신성리숲 : 全南 和順郡 道谷面 新星里

도곡면에서 남평면(南平面) 방향으로 가다가 우측으로 1킬로미터 정도 떨어진 지역에 하천을 따라 길게 분포한 숲이 있다. 신성리숲은 대부분 느티나무와 팽나무로 구성되어 있으며 약 1,500평 규모로 마을 앞을 울타리처럼 길게 둘러싸듯 펼쳐져 있다.(도판 83) 이 숲의 특징은 마을 뒤에서 흘러나오는 물을 막아 농수로를 숲 안으로 냈다는 것이다. 이 수로는 농수로로도 쓰이지만 나무에 수분을 공급해 주는 역할을 하기도 한다. 또한 신성리숲은 마을 사람들에게 경외감의 대상이 되어 왔다. 이는 동네어른들이 나무에 대한 보호와 숲 내의 금기를 교육한

데서부터 시작된 것으로, 현재도 마을 사람들 스스로 숲을 관리하고 있다.

　신성리는 범 형국이라 호동(虎洞)이라고도 불린다. 마을 뒷산의 지형이 끝나는 부근에 있는 바위가 범이 입을 벌리고 있는 형상을 이루고 있는데, "범은 숲이 있어야 은신할 수 있다"[41]고 하여 숲을 조성했다고 전해진다. 이 때문에 신성리숲은 하천을 따라 범바위에서 덕곡리(德谷里) 부근에까지 길게 늘어서 있어서 마을이 외부에서 눈에 띄지 않을 정도이다. 또한 이 숲은 규모나 위치로 보아 방풍뿐만 아니라 수해를 막는 역할도 했을 것으로 보인다.

83. 全南 和順郡 道谷面 新星里 범숲.
범 형국인 신성리 뒷산이 마을 좌측으로 뻗어내려 하천과 인접한 곳의 범바위 전경(위)과 개천 반대편에서 본 신성리숲과 그 안의 마을(아래)로, 숲에 가려서 마을이 거의 보이지 않고 있다. 그리고 숲 뒤로는 범 형국을 이루는 마을 뒷산이 보인다.

84. 全南 潭陽郡 潭陽邑
南山里 官防堤林.
담양천에서 본 관방제림의
전경(위)과 담양천의 상류에서
바라본 관방제림의 모습.(아래)
이 숲은 제방 위에 조성된 숲으로
담양읍의 북편을 길게 에워싸듯
위치하고 있다. 특히 이 숲은
담양읍과 가깝고 천과 어울려
절승을 이룰 뿐만 아니라 주변에
공설운동장, 죽물시장 등의
볼거리가 많아 항상 사람들이
모이는 생활 속의 공원적
성격을 갖는다.

· 관방제림 : 全南 潭陽郡 潭陽邑 南山里

담양천 변에는 둑을 따라 약 1.5킬로미터에 이르는 노거수의 긴 울타리형의 하천숲이 조성되어 있다. 이 숲은 느티나무, 푸조나무, 개서어나무, 팽나무, 왕버들, 버즘나무 등의 고목들로 구성되어 있으며 길이 1,200미터, 폭 5-6미터의 제방 위에 조성되어 약 1,500평 정도의 규모이다.(도판 84) 이 숲은 호우지역인 이 지역의 수해를 막기 위해 인조(仁祖) 26년(1648) 당시 부사(府使) 성이성(成以性)이 제방을 축조한 후에 조성한 호안림(護岸林)으로 약 삼백 년 정도의 역사를 갖고 있는데, 관에서 방재 목적으로 제방을 구축했다 하여 관방제림(官防堤林)이라고 지칭되고 있다. 현재 이 제방은 남산리의 동정부락으로부터 천변리의 우시장까지 이어지고 있는데 숲은 비교적 도시개발이 덜 된 북안(北岸)보다는 담양읍의 도심지역이 위치한 남안(南岸)에 조성되어 담양읍민들의 피서와 휴식을 위한 공원적 기능을 다하고 있다.

관방제림은 조성 당시에는 주거 지역과 농토를 수해로부터 보호하는 것이 주목적이었으나 지금은 여름철의 피서지, 공원, 장터, 운동장소, 놀이장소 등 다목적으로 이용되고 있다. 더욱이 관방제림은 수변(水邊)의 넓은 고수부지를 포함해 담양댐에 의해 얕은 수심의 담양천을 끼고 있다는 좋은 경관조건뿐만 아니라 도심 지역과 인접하여 접근성이 높기 때문에 많은 이용인구를 확보하고 있다. 또한 담양의 전통시장인 죽물시장(竹物市場)이 이 관방제림을 중심으로 개최되어 더욱 많이 이용되고 있다. 그러나 과도한 이용으로 일부 지역에 수목들이 죽어가고 있다.

· 송호리숲 : 忠北 永同郡 陽山面 松湖里

영동읍에서 무주(茂朱) 방면으로 가다가 학산(鶴山)에서 양산 방면으로 4킬로미터 정도를 가면 금강 상류변으로 넓은 송호리 솔밭이 있다. 송호리는 구한말까지만 해도 인근에서는 소금배가 금강을 따라 유입될 수 있는 유일한 장소로 큰 소금장이 열리던 교역의 중심지였다. 그래서 그 당시 송호리 솔밭은 장터로서 활용되는 장소였으나, 현재 이 솔밭은 영동군에서 가장 큰 관광지로서 그 주변에는 양산팔경(陽山八景) 중의 하나인 정자(亭子)와 용암(龍岩)이 있다. 송호리숲은 소나무, 상수리나무, 리기다소나무로 구성되며 약 30,000평에 이르는 규모로 하천을 따라 장방형을 이루고 있다. 이처럼 비교적 넓은 규모의 솔밭인 송호리숲은 송호리에 거주하는 밀양(密陽) 박씨(朴氏) 종중에서 예전에 심은 것으로 "강의 수해와 바람을 막기 위해 솔씨를 뿌려서 조성했다"[42]고 한다.

· 상림 : 慶南 咸陽郡 咸陽邑 大德里

함양읍 상동(上洞) 위천(渭川)의 맑은 물을 따라 울창한 수풀을 이루고 있는 대관림(大館林)은 함양읍을 둘러싸듯 펼쳐지며 속칭 '상림(上林)'이라고 부른다.(도판 85) 원래는 십리에 이르는 울창한 숲 전체를 대관림이라 했으나 수세가 약해지면서 숲의 중간에 마을이 생겨 상림과 하림으로 구분되었다. 그러나 그 후에 하림은 대부분 파괴되어 서너 그루의 고목만 남아 있기 때문에 오늘날에는 상림을 대관림이라 부르고 있는 것이다. 상림은 길이 약 1,400미터, 폭 100·200미터에 이르는 장방형의 숲으로 3,000평 정도의 운동장을 포함하여 크고 작은 누(樓)와 정(亭)이 녹음 사이에 위치하고 있다. 현재 상림은 약 36,000평으로 느티나무, 밤나무, 이팝나무, 굴참나무, 떡갈나무, 때죽나무, 대패집나무, 서어나무, 층층나무 등 다양한 수종이 자라고 있다.

신라시대에 심은 활엽수로 이루어진 이 숲은 그 안에 희귀종도 많아 천연기념물 154호로 지정되었으며, 숲 내에는 농업용수로 쓰이는 맑은 물이 관통하여 흐르고 있다. 어느 시인은 이 숲을 보고 다음과 같이 읊기도 했다.

봄 노래 소리 날마다 이곳저곳	春遊歌管日西東
제일 번화는 사월이던가.	第一繁華四月中
가을 단풍잎은 볼수록 아름답고	秋後丹黃看更艶
우거진 십리 숲 비단병풍 둘렀네.[43]	森然十里錦屛風

85. 慶南 咸陽郡 咸陽邑
大德里 上林.
위천에서 바라본 상림의
모습(위)과 상림 중앙을 관통해
흐르는 개울(아래). 상림은 현재
조사된 숲 중에서 규모가 가장 큰
숲으로 사진에 보이는 숲은
상림의 일부이다.

　　『구읍지(舊邑誌)』의 기록에 따르면 위천은 뇌계라고 불렸는데, 원래 함양읍성을 스쳐 넓은 들의 복판을 꿰뚫어 흘렀다고 한다. 매년 홍수로 농토와 가옥의 유실이 심했는데, 신라 진성여왕(眞聖女王) 때 최치원(崔致遠)이 함양군 태수(太守)로 재직중에 치수(治水)를 위하여 현재의 상림에서 하림까지 둑을 쌓아 물을 돌리고 나무를 심고 조림한 것이라 한다.[44] 옛날부터 대관림 숲 내에는 개미, 뱀, 개구리 등과 같은 추한 것이 없었는데 최 태수가 나무를 심던 금호미를 숲 속 나뭇가지에 걸어 두고 이곳을 떠나면서 "뒷날에 이 숲에 개미, 뱀, 개구리 같은 추물이 생기고 소나무와 대나무가 스스로 나면 내가 이 세상을 떠난 줄로 알아라"[45]

고 하면서 떠났다고 전해지고 있다. 그 이후부터 이상하게도 개미, 뱀, 개구리가 눈에 띄고, 송죽이 자생한다고 하니, 최 태수는 신선(神仙)이 되어 세상을 떠났을 것이라는 이야기가 전해지고 있다.

· 당산숲 : 全北 長水郡 長水邑 東村里

전북 장수군 장수읍 동촌리에는 동촌숲 혹은 당산숲 또는 서낭당숲이라 불리는 숲이 하천을 따라 조성되어 있다. 이 숲은 느티나무, 팽나무, 개서어나무로 구성되어 있다. 동촌리는 풍수상 배 형국인데, 이러한 형국의 완성을 위해 마을 가운데에 배의 돛대를 상징하는 느티나무를 심었으며, "마을 주변에 물이 많기 때문에 나무를 많이 심어 이를 막아야 마을에 좋다"[46]고 하여 숲을 조성했다고 한다. 그래서 동촌숲 외에도 마을 위에 윗당숲이 있어서 당시에는 마을제를 윗당숲과 아랫당숲에서 모두 지냈다고 한다. 그러나 수해 때문에 윗당숲이 없어지고 아랫당숲도 큰 피해를 입어 예전보다 숲의 규모는 많이 줄어들었다. 또한 하천 건너에는 거의 둑을 따라 길이 있어서 숲을 통과하여 마을로 진입하게 되어 있었는데, 현재는 그 길이 없어져 숲이 갖는 동구의 상징성을 잃고 말았다. 동촌숲은 현재 숲 내에 돌탑 외에 어린이 놀이시설이 설치되어 그나마 예전의 명맥을 잇고 있다.

· 밤숲 : 慶南 咸陽郡 安義面 泥田里

함양(咸陽)에서 거창(居昌) 방면으로 가다가 모퉁이를 돌아 안의면이 눈에 보

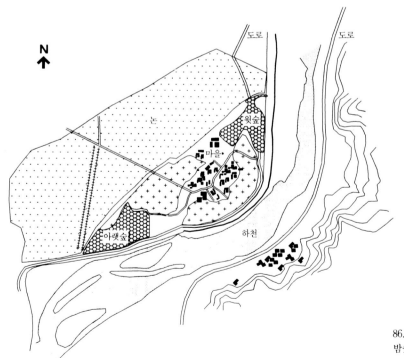

86. 慶南 咸陽郡 安義面 泥田里
밤숲 위치도.

이는 부근에서 남강 건너편으로 보이는 숲이 있다. 이전숲은 3,000평 정도 규모의 윗밤숲과 같은 규모의 아랫밤숲, 두 개의 숲으로 구성되어 있으며 백 년생의 소나무들이 삼각형 형태로 군서하고 있다. 이전마을은 율리(栗里)라고도 하는데, 이는 신라 진성여왕(眞聖女王) 때 최치원(崔致遠)이 잡목으로 함양 대관림(大館林)을 만들고 이전리에는 밤나무를 심었기 때문에 명명된 것이다. 아직까지도 솔밭을 마을에서는 '윗밤숲', '아랫밤숲'이라고 부르고 있는 점을 보면 이를 알 수 있다. 마을은 전체적으로 배 형국이라 하여 예전부터 마을에서는 샘을 파지 못했으며 마을 가운데에는 긴 나무로 돛대를 세우곤 했다.

윗밤숲과 아랫밤숲은 형태도 같고 수해방지라는 조성의도도 같지만, 소유나 이용에 있어서는 다르다. 윗밤숲은 고등학교 재단 소유이고 물에서 멀리 떨어져 있어서 여름철 방문객 이용이 적은 편이나, 아랫밤숲은 군 소유이며 물 근처에 위치하기 때문에 특히 사람들이 단체로 많이 찾는다. 뿐만 아니라 아랫밤숲은 마을 당제를 지내는 곳으로 이용되기도 했으며 인근 지역에서 모래와 물과 솔밭이 어우러진 가장 좋은 장소로 여겨지고 있다. 반면에 윗밤숲에는 삼오정(三五亭)이라는 정자가 있다. 삼오정은 원래 박덕청(朴德聽)이란 분을 기리기 위해 사백오십 년 전에 후손들이 지었는데, "강오상(鋼五常)의 이치에 따른 느티나무 세 그루와 버드나무 다섯 그루를 심고 그 옆에 작은 집을 짓고 후학을 가르쳤다"[47]하여 이를 기리는 정자이다. 본래 이 정자는 윗밤숲의 왼편에 있었으나 수해로 떠나갈 위험이 있어 다른 마을로 옮겼다가 1961년 수해방지 공사를 한 후에 다시 이 숲에 재건했다. 이처럼 이전숲은 항시 수해를 받던 곳으로 예전에는 윗밤숲 옆으로 샛강이 있어서 숲이 섬을 이루기도 했다.

4. 마을주변숲

전술한 동구숲, 동산숲, 하천숲과는 달리 하천, 도로, 산 등 마을의 주요 경관 요인과는 거의 관계가 없으며 대체로 들을 가로지르거나 저수지의 제방을 따라 조성된 숲들이 있다. 이러한 숲들은 주로 다른 숲들에 비해 마을로부터 떨어져 있거나, 들을 가로지르는 형태를 취하고 있는 것으로서, 이들을 '마을주변숲'으로 유형화했다. 이 유형의 숲은 들을 가로질러 조성되는 경우가 많아 그 형태가 자유곡선형이며 때로는 마을의 울타리와도 같이 들판을 2-3킬로미터 정도로 가로지르기도 한다.

마을주변숲의 대표적 유형은 '울타리형＋풍수'라 할 수 있다. 특히 이 숲은 마을을 에워싸듯 숲이 펼쳐지기 때문에 형태상 울타리형이 대표적이고, 동구숲이 나타난 마을처럼 병목형이 아니라 넓은 들을 앞에 접한 마을의 풍수형국을 완성하기 위해 앞을 가로막고자 할 때 이 유형이 잘 나타난다. 따라서 마을주변숲은 풍수적 배경을 갖는 경우가 많다. 마을주변숲 유형의 사례들은 아래와 같다.

- 울타리형 ＋ 풍수 : 청천숲, 향교숲
- 장방형 및 울타리형 ＋ 풍수 : 대곡숲
- 장방형 및 울타리형 ＋ 풍수 및 유교 : 장산숲
- 울타리형 및 이중형 ＋ 풍수 및 토착신앙 : 우산숲

・ **청천숲 : 全南 務安郡 淸溪面 淸川里**

청계면에서 무안읍으로 가다가 보면 도로 연변에 늘어선 노거수들이 나타난다.
이 청천숲은 팽나무, 개서어나무, 느티나무 등의 고목들로 구성되어 약 1,700평
정도의 부지 위에 마을을 중심으로 울타리형으로 분포하고 있으며, 예전부터 천
연기념물 82호로 지정되어 보호, 관리중이다. (도판 87) 이 청천숲은 약 오백 년
전에 조성했을 것으로 추측되고 있다. 현재는 해안이 멀리 있어 보이지 않지만
예전에는 바다가 마을에서 보일 정도로 가까워 "마을에서 바다가 비치는 것을
꺼려 이 숲을 조성했는데, 이는 바다에서 불어오는 바람을 막아야 잡귀나 병으로
인한 해를 줄일 수 있다고 사람들이 믿었기 때문"[48]이라고 한다. 또한 청천숲 내
에는 정자와 돌장승이 있어서 마을을 지키는 수비병의 역할을 상징한다고 한다.
이 마을 사람들은 나무가 입는 피해를 마을에 닥쳐올 재앙과 동일시하는 경향이
있는데, 이는 마을 사람들이 이 숲에 있는 나뭇가지를 꺾거나 열매를 따면 중병
에 걸린다고 믿는 데서도 알 수 있다.

· 향교숲 : 全南 咸平郡 大洞面 鄕橋里

　　함평에서 나산면(羅山面) 방향으로 약 1킬로미터 정도 가다가 보면 우측으로 길을 따라 길게 늘어선 고목군이 나타난다. 이 숲은 대동향교(大洞鄕橋)가 이곳에 있기 때문에 '향교숲'이라고 불리고 있다.(도판 89) 이 숲은 약 5,500평 정도의 규모로 팽나무, 느티나무, 개서어나무, 푸조나무 등으로 구성되어 있는데, 천연기념물 108호로 지정되어 있다. 현재 숲의 입구에는 '수목군락정원(樹木群落庭園)'이란 안내판이 있고, 숲은 둑처럼 높은 곳에 조성되어 있기 때문에 숲 전방으로 함평읍이 보일 정도로 트인 경관이 펼쳐지고 있다. 또 숲을 경계로 해서 숲 안쪽인 마을 부근에는 밭이 대부분이고 숲 밖으로는 들판의 논들이 넓은 들판을 이루며 펼쳐지는데, 이 넓은 들은 '고망들' 혹은 '숲밖들'이라고 불린다.

　　"이 마을은 소반형국(小盤形局)인데 형국을 유지하기 위해 비보림으로 이 숲을 조성했다"[49]고 전한다.(도판 88) 그러나 현재는 숲이 파괴되어 마을에 부자가 없다고 한다. 또한 다른 해석으로는 마을에서 바라보이는 함평읍의 수산봉이 화산(火山)이라 마을에 해가 되므로 마을에서 보이지 않도록 하기 위해 이를 막는 엽승림으로 이 숲이 조성됐다는 것이다. 또한 예전에는 숲에 할아버지당산이, 마을에는 할머니당산이 있어 당산제가 행해졌다고 한다.

88. 全南 咸平郡 大洞面 鄕橋里
향교숲 형국도.
향교숲은 함평 수산봉과 향교리의
사이에 입지해 엽승림의 역할을
하고 있다.

89. 全南 咸平郡 大洞面 鄕橋里
향교숲.
마을에서 바라본 숲(위)과
풍수형국상 火山이라는 함평의
수산봉을 숲에서 바라본
모습(아래).

· 대곡숲 : 慶南 泗川郡 正東面 大谷里

사천에서 고성(固城) 방면으로 가다가 정동면 풍정리(豊井里)를 지나 2킬로
미터 정도 더 가면 넓은 계곡을 막은 듯이 조성된 숲이 있다. 이 숲은 마을 앞에
둘러치듯 펼쳐져 있는 넓은 들을 가로지른 울타리형의 소나무숲이다. 예전에는
하천을 중심으로 현재 소나무숲의 반대편에 대나무숲이 있어서 외부에서 마을이
거의 보이지 않을 정도였다고 한다. 그러나 대나무숲은 벌레가 많고 농사에 피해
를 준다 하여 사라지고 장방형의 소나무숲만 남게 되었다. 이 대곡리숲은 "풍수
상 마을과 숲이 '키 형국'이라 마을 앞을 막아야 한다"[50]고 해서 조성됐다고 전
해지고 있다. 여기서 키 형국과 관련된 숲은 의미상 숲이 키의 앞부분을 형성하
는 것으로 마을의 부, 즉 곡식이 키 밖으로 나가는 것을 막는다는 상징적인 의미
가 있는 것이다.

· 장산숲 : 慶南 固城郡 馬岩面 章山里

고성군에서 마산시로 가다가 마암면에서 연화산(蓮花山) 도립공원 쪽으로 약
4킬로미터 정도 가면 길가에 숲이 있다. 이 숲은 인근 장산리에 집성촌(集姓村)
을 이루고 사는 김해(金海) 허씨(許氏)의 허기가 조선초에 조성했다고 전하는
인공림이다. 숲은 마을 앞을 지나는 지방도로와 인접하고 있으며 도로 주변으로
비각(碑閣)이나 고가의 재실(齋室)들이 분포하고 있다. 장산숲은 개서어나무,
푸조나무, 소나무, 느티나무, 해송, 이팝나무, 물푸레나무 등으로 구성되어 있으
며 약 4,000평 정도의 규모로 장방형을 이루고 있다.(도판 92) 이 장산숲은 크
게 연못과 수림 지역으로 구분되는데, 수림지역 내에는 재실과 정자들이 지어져
있다. 연못은 오십여 년 전에 후손들이 이 숲을 위해 논을 사서 조성한 것으로
현재 숲 내에 조성된 구조물과 조경 돌장식 또는 석가산(石假山)은 당시에 못을

90. 慶南 固城郡 馬岩面 章山里
장산숲.
장산숲 내의 연못과 섬 위에
조성된 정자와 그 정자로
들어가는 다리를 본 모습으로,
이러한 시설들은 숲의 공원적
기능과 더불어 숲의 운치를
높여주고 있다.

91. **慶南 固城郡 馬岩面 章山里**
장산숲.
장산숲 내부. 수림과 더불어
돌장식들이 설치돼 있다.

조성하면서 설치한 것이다. 일제시대에 연못은 양어장을 겸하기도 했다.(도판 90)

풍수상 장산리의 뒷산은 노루형 혹은 황새형이라고도 하며 마을의 앞산은 '고동' 형태로 황새의 먹이가 된다고 한다. 또한 이 앞산은 나락을 쌓은 것 같아서 노적봉(露積峰)이라고도 하는데, 이에 영향을 받아서 장산리에 부자가 많았다고 한다. 이처럼 앞산과 뒷산의 중간에 숲이 위치하고 있어서 숲은 마을의 내부와 외부의 경계를 의미할 뿐만 아니라 마을의 장소성을 갖는 것이다. 이 장산숲은 "바다가 마을에 비치면 번쩍번쩍하여 마을에 좋지 않다"[51] 하여 마암면 사무소 부근에 조성한 것으로 전에는 1킬로미터에 달해 들판을 가로질러 마을과 앞산을 연결할 정도였으나 현재는 약 300미터 정도밖에 안 된다.(도판 93)

현재 숲은 이곳 장산 사람들의 마을모임, 회의 및 휴식장소로 이용되고 있다. 특히 숲 내에서는 마을의 남성들과 여성들이 모여 노는 공간이 분리되어 있어서 당시의 유교문화를 느낄 수 있다. 장산숲은 종중에서 관리해 마을의 역사와 유산을 유지하는 대표적 상징으로서 사람들은 공동으로 숲을 계획하고 직접 식재함으로써 마을공동체적인 장소성을 획득하는 것이다.(도판 91)

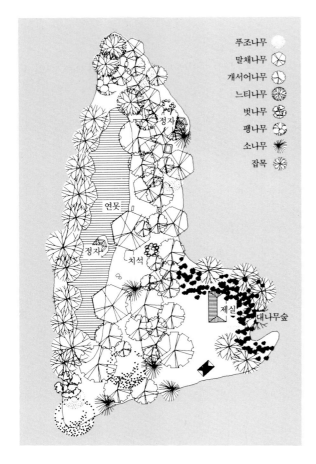

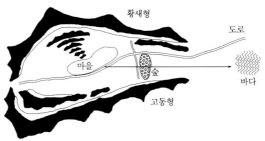

푸조나무 ○
말채나무 ⊗
개서어나무 ◐
느티나무 ✿
벚나무 ❀
팽나무 ✾
소나무 ✱
잡목 ✸

정자

연못

정자

치석

제실

대나무숲

93. 慶南 固城郡 馬岩面 章山里
장산숲 형국도.

황새형

도로

마을

숲

바다

고동형

92. 慶南 固城郡 馬岩面 章山里
장산숲 평면도.
숲 내에는 다른 마을숲보다
다양한 조경 장식물이 설치되어
있고 다양한 수종이 출현하고
있다.

· 우산숲 : 慶南 固城郡 大可面 牛山里

마암면에서 고성읍으로 가다가 우측으로 저수지 둑 위에 조성된 숲이 우산숲
이다. 물을 막은 저수지 둑 위 양편에 이팝나무를 심고 소나무를 비롯한 나무들
이 둑길을 따라 심겨져 있고 저수지 반대편으로는 고가들이 섞인 마을이 보인다.
이 우산숲은 연못의 앞둑과 뒷둑에 조성되어 앞숲, 뒷숲이라고 했으나 앞숲만 남
아 현재의 우산숲이 되었다. 이 우산숲은 전체적으로 "와우형의 마을 형국상 못
을 파는 것이 마을에 좋다"[52]고 하여 조성한 것이다. 우산못은 소의 죽통을 상징
하는 것으로 사람들은 못에 물이 많이 차면 소의 먹이가 많아 마을에 부가 오리
라고 믿고 있다. 그래서 연못을 파고 거기서 나온 흙으로 둑을 쌓아 나무를 심었
다고 한다.(도판 94)

이 마을에서 연못은 가뭄 때 저수지 역할도 하고 있는데, 둑에 숲을 조성하여
마을 앞 도로의 차가 오가는 것이 마을에서 보이지 않도록 하고 밖에서도 동네가
보이지 않도록 했다. 또한 우산숲 옆 동산에는 동제탑(洞祭塔)이 모셔져 있다.
우산의 동제는 정월 보름과 섣달 그믐에 지내는데, 사람들은 마을 수호신으로 동
산에 수구렁이가, 마을 내에 암구렁이가 모셔져 있다고 믿어 왔다. 그러나 현재

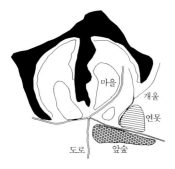

마을
개울
연못
도로 앞숲

94. 慶南 固城郡 大可面 牛山里
우산숲 형국도.

95. 慶南 南海郡 三東面 勿巾里숲.
산 위에서 바라본 물건리숲의
전경이다. 해안을 따라 길게
선형으로 조성된 점으로 보아
물건리숲은 방풍과 방조 기능이
우선임을 알 수 있다.

는 마을 내에 있던 돌탑은 남아 있지 않고 동산의 제단과 돌탑만 남아 있다.

조성 당시에는 연못만 4,000여 평에 달했으나 일제시대의 토지조사 때 토지개량조합(土地改良組合)에서 인수했다가 다시 개인에게 팔게 되어 현재는 개인이 연못을 메우고 다른 장소로 활용하려고 하고 있기 때문에 그 면적이 절반 정도로 감소한 상태이다.

5. 해안숲

해안숲은 해안을 따라 울타리형으로 잘 나타나고 기능상으로는 방풍 기능이 특히 중요하게 나타난다. 더욱이 농업보다는 어업을 중심으로 생활이 이루어지기 때문에 풍어를 기원하는 토착신앙적 기능이 농촌의 다른 숲보다 선명하게 나타나는 특징이 있다. 해안숲의 유형사례들은 아래와 같다.

· 울타리형 + 토착신앙 : 물건리숲
· 울타리형 + 기후조절(방풍) : 원촌숲
· 선형 및 장방형 + 기후조절(방풍) : 도청리숲
· 울타리형 및 장방형 + 유교 : 월송 송림

· 물건리숲 : 慶南 南海郡 三東面 勿巾里

남해읍에서 섬을 감아도는 도로를 타고 가다가 은점을 지나 고개를 넘으면 해안에 긴 숲이 나타난다. 이 숲 뒤편에 있는 마을인 물건리는 전형적인 어촌이다. 입지적으로 물건리숲은 해풍을 막기 위해 조성된 것으로 느티나무, 팽나무, 푸조나무, 이팝나무, 모감주나무 등의 다양한 수종으로 구성되어 있으며 해안을 따라 곡선을 이루고 있다.(도판 95) 현재 숲은 약 7,000평의 규모로 예전에는 숲이 마을까지 연결될 정도였다고 한다. 이 숲은 해안을 따라 분포하고 근처에는 고기 잡는 도구들을 넣는 집들이 여러 채가 있으며 어업을 위한 작업장과 휴식시설이 있어서 예전부터 씨름, 그네, 윷놀이, 돌 던지기 등이 행해지기도 했다고 한다. 최근 들어 연안어업의 양이 줄어 주요 어종인 멸치잡이가 잘 안 된다고 하는데, 이러한 이유 중의 하나로 사람들은 마을숲의 쇠락을 들고 있다. 즉 마을숲이 예전에 비해 그 규모가 줄었고, 이로 인해 그늘을 좋아하는 고기가 줄었기 때문이라는 것이다.

이처럼 물건리숲은 마을 사람들의 생활의 일부로서 존재하고 있으며, 어업을 위한 작업장이자 휴식의 기능을 갖는 공원이다. 또 마을 사람들은 이곳에서 매년 10월에 풍어를 비는 동제를 지내고 있기도 하다.

· 원촌숲 : 慶南 南海郡 二東面 薪田里

원촌숲은 바다 근처의 방파제 옆에 위치해서 인접한 민가(民家)를 둘러싸는 울타리형으로서, 인공식재된 느티나무와 팽나무로 구성된 해안숲이다. 마을을 감싸고 있기 때문에 마을을 보호할 뿐만 아니라 주민들의 휴식공간으로 이용되며 방풍림의 기능도 하고 있다. 숲 주변의 경치가 아름답고 해수욕장이 좋아 해마다 방문객이 증가하는 추세로 숲 내에는 편익시설이 설치되어 있다.

· 도청리숲 : 全北 扶安郡 邊山面 道清里

도청리숲은 도로에서 동네로 진입하는 마을 입구에 위치하며 마을 뒷산과 농경지 및 해안이 접하는 바닷가 백사장의 경사 완만한 평탄지로서, 강한 해풍으로부터 경작지와 마을을 보호하고 있다. 이 숲은 바다에서 불어오는 바람과 해일을 막기 위해 마을 주민들이 조성한 소나무 단순림으로, 마을 어민들의 어망작업장 등으로도 이용되고 있다.(도판 96)

도청리 주변은 벽산국립공원 구역으로서 소나무숲은 마을 및 해안의 기암괴석으로 된 절벽과 조화를 이루며 한 폭의 동양화를 연상시키고 있다. 주변에는 해안 별장들이 산재되어 있으며 피서객들이 이곳을 많이 찾고 있다.

· 송림 : 慶北 蔚珍郡 平海邑 月松里

해안선에 길게 늘어선 방풍 목적의 숲으로 월송리와 들판을 사이에 두고 해안 도로를 따라 입지하고 있다.(도판 97) 숲 내에는 고려 때 창건된 것으로 알려진

96. 全北 扶安郡 邊山面
道淸里숲.
산 능선 위의 도로에서 본
도청리숲의 전경(위)으로, 숲과
그 주변의 해수욕장이 어울려
절승을 이루고 있다. 여기서
좌측으로 숲을 지나면 도청리
마을이 나타난다. 아래 사진은
마을보다 약간 높은 능선 위에
조성된 숲으로, 바람에 의해
소나무 줄기가 일정 방향으로
기울어 있다.

월송정(越松亭)이 있으며, 이 정자와 주변 송림, 그리고 동해가 조화된 절승의
경치로 예전부터 관동팔경(關東八景)의 하나였다. 월송(越松)은 옛날에 중국 월
(越)나라에서 가져와서 심은 것이 울창하게 되었다 하여 붙은 이름인데, 밝은 달

밤에 소나무 그림자가 비쳤다 하여 월송(月松)이라고도 불려 왔다.[53] 월송정이
있는 월송리는 황씨(黃氏) 성(姓)을 가진 사람들의 본향으로, 그 역사가 신라시
대로 거슬러올라갈 정도로 오래된 마을이다. 전설에 의하면 신라 때의 빼어난 화
랑이었던, 영랑, 술랑, 안랑, 남랑이 이곳의 빼어난 풍광을 모르고 그냥 지나쳤다
고 하여 월송이란 지명이 생겼다고도 한다.[54] 한때 조선시대 사류들이 풍류를 즐
기던 장소이기도 했던 월송 송림은 많은 관광객들이 찾는 명소이기도 하다.

4. 마을숲의 이용

마을숲을 '사람들이 이용하는 마을공원'으로 보면 마을숲에서 행해지는 많은 활동들은 쉽게 이해될 수가 있다. 전술한 바와 같이 다양한 문화적 의미를 배경으로 해서 조성되고 관리되는 마을숲은 그 안에 사람들의 다양한 활동을 수용함으로써, 비로소 인간의 활동과 환경을 서로 연결하는 하나의 장(場)이 되는 것이다.

그러므로 각 시대마다 마을숲은 사회적 접촉과 행태를 수용하는 공원으로서 중요한 매력을 갖고 있었다. 그러나 마을숲은 현대적 공원의 출현배경과는 달리 과학적이고 계획적이라기보다는 자연적인 배경에서 출현했으나, 오히려 현대적인 공원과 유사하게 많은 이용을 수용하면서, 앞으로의 개발을 충분히 수용할 수 있을 정도로 가변적이고 개발 잠재력이 높은 공간으로 평가되기도 한다.

마을숲의 이용은 크게 상층문화적 이용과 하층문화적 이용으로 구분될 수 있다. 상층문화적 이용은 마을숲 내의 정자나 연못을 중심으로 하면서 주로 경관을 묘사한 시화(詩畵)의 형태로 나타나고 있으며, 하층문화적 이용은 상민층을 중심으로 한 구전문화(口傳文化)로 숲 내에서 행해지는 놀이나 제례를 통해 전해지고 있다.

또한 상층문화적 이용이 개인적인 여가를 위한 정적인 활동인 데 반해 하층문

98. 사산 양유정.
양유정숲은 수관이 넓은 고목으로 형성되어 많은 그늘을 제공하고 있는데, 숲 내에서 게이트볼을 즐기는 노인들이 보이고 뒤편에는 어린이놀이터가 설치돼 있다. 이것은 숲이 시민들에게 공원적인 이용의 장소로 활용되고 있음을 잘 보여주는 사례이다.

화적 이용은 동적인 성격을 갖는다. 한편 현대로 계승되면서, 상층문화적 이용은 유교문화의 쇠락과 함께 거의 소멸되어 가고 있고 하층문화적 제례나 놀이도 계승을 위한 노력이 계속되고 있지만 급격한 가치관의 변화로 변질되어 가고 있는 실정이다.

어느 나라이든 풍속은 그 나라의 지리적 여건과 문화가 서로 결합하여 빚어지는 것으로서, 긴 세월을 지나면서 축적, 전승되어 나타난다. 한국의 풍속 역시 그러한데, 지방에 따라 향토색을 갖기도 하고 세시(歲時)에 따라 반복되어 행해져 전래되고 있는 것이다. 따라서 마을 공동의 행사 및 놀이가 이루어지기 위해서는 그것을 수용할 수 있는 공간이 필요하며, 마을숲은 이러한 마을 공공의 이용행태를 담을 수 있는 장소인 것이다.

그러므로 마을의 여러 부분 중에서도 마을 단위별로 각각 존재하는 마을숲은 바로 이러한 다양한 이용행태를 수용하는 장소로서, 이러한 마을숲의 이용은 그 성격에 따라 제례적 이용, 놀이적 이용, 운동적 이용, 휴양적 이용 등으로 나눌 수 있다.

註

1. J. A. Simpson and E. S. C. Weiner, *The Oxford English Dictionary* (second edition), Clarendon, vol. 8, 1986, p.628.
2. 임승빈 『景觀分析論』 서울대출판부, 1991, p.1.
3. 黃琪源「景觀의 多義性에 관한 考察」『韓國造景學會誌』 제34호, 1989, pp.58-66.
4. J. B. Jackson, *Discovering the Vernacular Landscape*, Yale Univ. press, 1984, pp.3-8.
5. 黃琪源, 앞의 논문, pp.55-65.
6. C. Sauer, *The Morphology of Landscape*, Land and Life, Berkeley : Univ. of California Press, 1963, pp.315-350.
7. 위의 책.
8. P. F. Lewis, "Axioms for Reding the Landscape", *The Interpretation of Ordinary Landscapes*, Oxford Univ. Press, 1979, p.12.
9. 위의 책, pp.11-32.
    첫째, 일상적 경관 속에는 문화가 반영되어 있으므로 경관은 대상지의 문화를 이해하는 단서이다. 둘째, 경관을 구성하는 모든 요소들은 중요성에 있어 모두가 서로 평등하다. 셋째, 보통 경관은 통상적인 학술적 방법으로 연구하기가 어렵고 오히려 상업잡지, 광고, 관광안내 등과 같은 비학술적 문헌 등을 통해 파악이 용이하다. 넷째, 경관을 연구하기 위해서는 반드시 역사를 개입시켜야 한다. 다섯째, 경관은 반드시 지리적 맥락 속에서 파악되어야 한다. 여섯째, 모든 경관은 물적 환경과 밀접하게 관련되므로 경관을 해석하자면 물적 환경에 대한 기초적인 지식이 전제되어야 한다. 일곱째, 경관 속에 있는 사물은 모든 종류의 전언(message)을 전달하지만, 이러한 전언을 분명하게 전하게끔 단순화되어 있지 않다.
10. C. Geertz, *The Interpretation of Cultures*, **Basic Books, 1973, pp.4-10.**
11. James Coner, *A Discourse on Theory*, Landscape Journal:fall, 1991, p.30.
12. H. Blumer 『社會科學의 象徵的 交涉論』 박영신 譯, 까치, 1982, p.33.
13. 崔基燁「景觀的 表現과 空間認識」『地理學論叢』 제10집 1982, pp.201-220.
14. Yi-Fu Tuan, "From Cosmos to Landscape", *Topophilia*, Prentice-Hall Inc., 1974, p.145.
15. 金學範「韓國의 마을園林에 관한 硏究」고려대 박사학위 논문, 1991, p.256.
16. 慶北 靑松郡 巴川面 목계마을 이희극(76) 씨의 말.
17. 江原 洪川郡 南面 서은마을 촌로의 말.
18. 慶南 昌原郡 內西面 三溪里 노창오 씨의 말.
19. 경남 창원군 내서면 삼계리의 碑文. 1979년 5월 세움.
20. 경남 창원군 내서면 삼계리 안계마을 촌로의 말.
21. 義昌郡 『내 고장의 전통』 1983, p.285.
22. 全北 南原郡 德果面 新陽里 마을 촌로의 말.
23. 의창군 『내 고장의 전통』 1983, p.286.
24. 全北 鎭安郡 鎭安邑 원연장마을 박병환(59) 씨의 말.
25. 원연장마을 박병환 씨의 말.
26. 忠南 公州郡 正安面 甫物里 원동오(46) 씨의 말.
27. 全南 靈光郡 法聖面 法聖里 마을 촌로의 말.
28. 법성리 마을 촌로의 말.
29. 全北 南原郡 雲峰面 佳山里 김경환(83) 씨의 말.
30. 全北 南原郡 德果面 사곡촌 碧珍 李氏 가문 촌로의 말.
31. 사곡촌 벽진 이씨 가문 촌로의 말.
32. 방계리 최재열 씨의 말.
33. 慶北 安東郡 豊山邑 素山洞 마을 촌로의 말.
34. 全北 任實郡 只沙面 芳礪里 최재열(72) 씨의 말.
35. 의창군 『내 고장의 전통』 1983, p.287.
36. 사촌리 가로숲 내 事蹟碑文에서 인용.
37. 李東洙 編『仙夢臺略志』보경문화사, 1991, p.23.

38. 慶北 義城郡 點谷面 沙村里 김성수(63) 씨의 말.
39. 의성군『의성의 전통』1982, pp.189-191.
40. 全南 和順郡 南面 長船里 강종구(75) 씨의 말.
41. 全南 和順郡 道谷面 新星里 서일(55) 씨의 말.
42. 忠北 永同郡 陽山面 松湖里 마을 촌로의 말.
43. 咸陽郡『천령의 맥』1983, pp.221-222.
44. 『신경남일보』1990. 6. 6.
45. 함양군『천령의 맥』1983, p.222.
46. 『신경남일보』1990. 3. 14.
47. 慶南 咸陽郡 安義面 泥田里 유병균(72) 씨의 말.
48. 全南 務安郡 淸溪面 淸川里 배석병(61) 씨의 말.
49. 全南 咸平郡 大洞面 鄕橋里 이남윤(65) 씨의 말.
50. 慶南 泗川郡 正東面 大谷里 마을 촌로의 말.
51. 慶南 固城郡 馬岩面 章山里 허권중(66) 씨의 말.
52. 慶南 固城郡 大可面 우산리 이송치(69) 씨의 말.
53. 경북 향토사연구협의회『경북마을지』1990, p.857.
54. 울진군『뿌리깊은 나무』p.98.

제4장 결론

마을숲은 산야에 있는 원생(原生)의 자연숲과는 달리 인공적으로 조성된 고목 숲으로, 조성될 초기부터 어떤 목적이나 의미적 배경을 갖는 숲이다. 그러므로 한국 마을숲은 한국 문화와 깊게 관련되어 있는 역사적 산물로서 마을 사람들의 사회·문화적 활동이 일어나는 마을 공원이라고 볼 수 있고 사람들에게 '고향의 숲'이라는 이미지를 주는 추억의 장소이다.

마을숲에 대한 연구는 아직 초기 단계이므로, 숲에 관한 기초자료조차 정리되어 있지 않은 상태에서 연구가 시작되었다. 따라서 이 책은 우선 마을숲의 개념, 물리적 구조, 지명, 역사적 배경 등을 알아본 다음, 마을숲이 지닌 내용적 의미와 외관적 유형의 사례를 검토하고, 마지막으로 마을숲은 어떻게 이용되고 있는가를 개괄적으로 살핀 것에 불과하다. 내용을 요약하면 다음과 같다.

첫째, 최근까지의 답사 결과 한국 마을숲은 전국에 걸쳐 400여 개소가 현존하는 것으로 파악되었다. 도(道) 중에서는 경상도가 129개소로 가장 많다. 좀더 구체적으로 살펴보면 마을숲은 강원·경북의 영동해안과 경북 북부 지역, 전남 남해안 지역, 소백산맥의 지리산 주변, 충청도 서부 지역 등에 집중적으로 분포하고 있다. 이같은 분포는 개발 정도, 입지적 특성, 사회·문화적 배경 등에 영향받은 결과로 보인다.

둘째, 마을숲은 규모가 대체로 300평에서 10,000평에 이르는 정도인데, 소나무와 느티나무가 주종을 이루고 있다. 소나무숲은 풍수적 배경이나 유교적 배경을 갖는 경우가 많고, 느티나무숲은 토착신앙적 배경을 갖는 사례가 많다. 수종에 따른 특징으로는 자생종이 식재되거나 군식되어 하층이 거의 없는 단층림을 이루는 점을 들 수 있다. 그래서 숲 내부나 주변에는 공원시설이나 놀이시설이 함께 설치되기도 한다.

셋째, 고대 서양의 마을숲은 주로 서양인들의 수렵과 유목 생활을 배경으로 해서 출현한 수렵원에서 형성된 반면, 한국의 마을숲은 한국인들의 농경과 정착 생활을 기반으로 형성된 점이 특징이라 할 수 있다. 이러한 한국 마을숲의 형성 배경은 크게 역사·문화적 배경, 경관적 배경, 이용·기능적 배경 등을 들 수 있다.

한국 마을숲의 역사·문화적 배경은 고대 원시사회의 토착신앙, 고려 이후의 풍수, 조선의 유교 등으로 구성됨을 알 수 있다. 토착신앙을 배경으로 형성된 마을숲은 오랜 역사를 갖는 경향이 있다. 그 대표적 예로는 단군신화의 신단수와 『삼국지』「위지」동이전에 기록된 소도를 들 수 있다. 토착신앙적 배경을 갖는 마을숲들은 영험적 의미를 지니거나 신앙적 대상이므로, 영험과 신앙을 암시하는 설화가 전해지고 있다. 풍수적 배경을 갖는 마을숲은 둘러싸인 아늑한 형국을 이루고자 하는 풍수적 길지관과 관련되어 출현하는데, 대표적 사례로 수구막이를 들 수 있다. 풍수는 유교와 관련되어 기존 마을숲의 일반적인 조성시기인 조선시대 중엽에 있어 마을숲 조성의 배경이 된다. 한편 유교적 배경을 갖는 마을숲은 은일사상에 젖은 조선시대 사대부나 낙향한 선비들의 원림생활의 근거지였다.

경관적 배경에서 출현한 마을숲은 풍수의 둘러싸인 경관, 즉 위요경관(圍繞景觀)을 이루고자 하는 한국인의 심성과 결부되어 나타나는데, 동구, 동산, 호안, 해안 등의 입지에 따라 다양한 경관 내용을 갖는다.

이용·기능적 배경을 갖는 마을숲으로는 봉산(封山), 천택(川澤), 후자(堠子) 등을 들 수 있다. 봉산은 국가적 목적에서 벌목이 금지된 산으로, 금산(禁山)이라고도 하며 오늘날의 그린벨트와 유사한데, 과거에는 국가가 이 봉산에 나무를 보식하고 관리했다. 따라서 예전에 봉산으로 지정됐던 산이나 그 주변에는 현재도 숲들이 잔존하고 있다. 봉산이 산에 대한 관리라면 천택은 농리 목적의 수자원 관리를 위한 지침이라 할 수 있는데, 대표적 사례로는 저수지 제방숲과 호안에 조성된 숲을 들 수 있다. 그리고 후자란 주요 도로 변이나 진(津)의 주변에 조성된 이정표의 일종인데, 일정한 거리를 두고 설치되었다. 이 후자 주변에는 숲이 조성되어 교통의 요충지에 위치한 숲의 형성 배경을 잘 설명해 준다.

넷째, 마을숲의 지명은 다양한 문화적, 상징적 내용을 담고 있음을 알 수 있다. 이러한 마을숲 지명을 정리한 결과 마을숲의 지명은 장소적 유형, 역사·문화적 유형, 이용·기능적 유형, 경관적 유형, 그리고 이들이 혼합된 유형 등으로 유형화할 수 있었다. 이러한 지명 유형들을 검토한 결과 오래 전에 명명된 지명에는 역사·문화적 유형이나 장소적 유형이 많았고, 비교적 최근에 붙은 지명들에서는 이용·기능적 유형, 경관적 유형이 강조됨을 알 수 있었다. 이런 사례들에서 마을숲은 과거의 종교적 경외의 대상에서 점차 휴식과 자연 감상의 장소나 공원과 같은 공공 이용 장소로 부각되고 있음을 확인할 수 있었다.

다섯째, 마을숲을 문화적 관점으로 고찰하고자 한 것은 마을숲과 토착신앙, 풍수, 유교 등이 맺는 관계를 살피기 위한 것으로, 이들은 마을숲의 보존에 막대한 영향을 주고 있음이 확인되었다.

토착신앙적 마을숲은 조성과 관련된 숲, 영험과 관련된 숲, 그 밖의 토착신앙적 숲 등으로 구분되었다. 풍수적 마을숲은 비보, 엽승 등을 목적으로 출현한 사례들이 많았다. 비보림에는 그 자체가 형국을 형성하여 비보하는 마을숲과 주변 지형의 불완전한 형국을 비보하는 마을숲이 있었고, 엽승림은 대상에 따라서 방해(防害), 방암(防岩), 방산(防山), 방살(防煞) 등의 형태로 나타났다.

유교적 마을숲은 유학자들이 자연경관을 감상하고 시를 짓는 장소로 활용되었다. 또 유교적 마을숲은 조상들의 역사 유적이 있는 신성한 장소나 정원 공간, 그리고 씨족 중심의 신분적 위상이나 위엄을 나타내는 상징적 공간이기도 했다. 결국 풍수적 의미는 숲의 외연적 배경을 통제하고, 토착신앙적 의미와 유교적 의미는 숲의 내용적 배경을 구성하는 요소로서, 전자가 거시적 성격을 갖는 데 반해 후자는 미시적 성격을 갖는다.

마을숲의 문화란 물리적 실체보다는 마을숲에 내재하고 있는 의미를 중시하는 개념이다. 즉 '마을 앞에 수대(樹帶)를 친다'는 것은 바람을 가두는 것이 아니다. '수구를 막는다'는 말 역시 댐을 막아 물을 고이게 하는 물리적 효과가 아니라 그런 느낌이 들도록 하여 심리적 효과를 얻는 것을 뜻한다. 이와 같은 심리적 효과로 인해 의미가 형성되고 이 의미들이 모여 마을숲의 문화를 이룬다고 할 수 있다.

여섯째, 마을숲의 경관 유형은 동구에 입지한 동구숲, 호안에 입지한 하천숲, 산 위에 입지한 동산숲, 들과 관련된 마을주변숲, 해안에 입지한 해안숲 등으로 구분되었다.

동구숲은 골맥이숲, 수구막이숲, 수대 등과 같이 빈 공간을 메우는 듯한 경관 유형이다. 동구숲은 마을의 가장 중요한 장소에 장승, 솟대, 서낭, 제각, 비 등 다양한 장식요소들과 함께 조성되어 마을의 신분적 위상을 상징하기도 한다. 동산숲은 마을 주변의 가까운 동산에 조성된 숲으로, 높은 지역에 입지하기 때문에 숲 내에 산신제당이 있는 경우가 많고 다른 유형의 숲들보다 가시성이 높다. 동구숲과 동산숲은 대표적인 고향숲으로 사람들에게 인상깊은 숲이다.

하천숲은 주로 하천 변의 제방 위에 조성된 숲으로, 주로 수해방지의 목적을 갖는데, 물과 숲이 어우러져 휴양지나 관광지의 중심이 되는 유형이다. 마을주변 숲은 숲 주변의 산, 들, 물과 같은 자연경관들과 특별한 관련 없이 자연곡선적으로 들을 가로지르거나 마을을 둘러친 울타리처럼 보이는 숲 유형으로, 주로 비보적 배경을 갖는다. 해안숲은 마을 앞 해안을 따라 길게 선형으로 조성된 숲으로 방풍 목적의 숲들이 대부분을 이루는 유형이다.

일곱째, 마을숲은 과거부터 오늘날까지 공원이나 기타 이용의 장(場)으로서 다양하게 활용되고 있음이 밝혀졌다. 특히 마을숲은 대부분 마을 경관의 중심에 위치함으로써 마을 사람들과 함께 존재해 온 마을 공동의 열린 공간으로서 한국 적 원형(原型, prototype)이라 할 만하다.

그러나 마을숲은 최근 반세기 동안 변화와 시련, 가치관의 갑작스런 타락 등으로 인해 급격하게 소멸되고 있다. 더욱이 도시의 마을숲은 아파트, 공장, 쇼핑센터 등 거대 규모의 개발로 자취조차 찾기 어려운 실정이다. 그나마 현재 도시 주변에 잔존하고 있는 마을숲들도 곧 사라질 운명에 처해 있는데, 이들이야말로 한국의 마지막 남은 전통적인 도시녹지들이다.

이처럼 마을숲이 점점 훼손되는 것은 전통문화 의식이 약화되어 가는 데 근본 원인이 있다. 예전에는 마을숲의 건강이 마을 사람들의 건강과 마을의 번영을 상징했다. 곧 마을숲은 재앙으로부터 마을 사람들을 보호하고 그들의 운명을 주관하기도 하며 그들에게 희망 찬 미래를 약속해 주기도 하는 믿음의 대상이자 마을 사람들의 생활과 더불어 존재하면서 그들의 삶을 대변해 온 역사·문화적 상징물이었던 것이다. 그러기에 마을숲이 자연재해, 고사(枯死), 인위적 파괴 등으로 변형, 훼손되면 즉시 이를 보완했으며, 마을숲은 수령을 초월해 신성한 대상으로 보존될 수 있었던 것이다.

이러한 마을숲은 물론 보존돼야 하지만, 그러려면 우선 마을숲에 담긴 의미와 행위가 반드시 규명돼야 한다. 이는 현대 환경에서 잊혀진 '영기(靈氣)'를 찾기 위한 것으로, 영기란 무미건조하고 획일적 의미로 가득 찬 현대공간을 역사의 풍부한 의미와 연결하는 열쇠가 되는 것이다. 다음은 마을숲 보존을 위한 몇 가지 제안이다.

첫째, 마을숲에 대해서 국가 차원의 대대적인 조사와 연구가 필요하다. 전국에 1,000여 개가 남아 있을 것으로 추측되는 마을숲을 광범위하게 조사해야 하고, 조경, 임업, 민속, 역사 등 다양한 분야의 연구가 같이 이루어져야 하기 때문이다.

둘째, 마을숲의 역사·문화적 의미를 포함한 전통문화에 대한 사회적 공감대가 형성되도록 꾸준한 교육과 계도가 있어야 한다.

셋째, 마을숲과 관계된 국토개발 차원의 모든 계획은 마을숲의 전통적 요소들을 어떻게 보존하고 계승하며, 나아가 전통문화를 어떻게 복원할 것인가를 고려하며 추진돼야 한다.

넷째, 마을숲이 보존되기 위해서는 농촌의 공동화(空洞化)나 과소화(過疏化) 현상 같은 사회의 구조적 모순이 개선돼야 한다.

이 책에서는 여러 제한적 요인들로 인해 중요한 내용들이 폭넓게 탐구되지 못했다. 예를 들면 마을숲의 실측을 통한 정확한 규모 파악, 정밀한 조사에 의한 마을숲의 생태학적 연구, 마을숲에서 일어나는 의례와 행위들에 대한 참여 관찰적 연구 등이 향후 계속 진행돼야 할 것이다. 그러나 마을숲은 워낙 방대한 내용과 규모를 지니고 있어 한 권의 책으로 모든 것을 종합한다는 것은 어려운 일이기도 하다.

이번 연구는 현재까지 보고되지 않은 마을숲을 개괄적으로나마 정리하는 데 그 의의가 있다. 이 책에서 탐구된 마을숲의 의미와 가치들은 역사적 공간과 문화의 현대적 계승이라는 관점에서 녹지 혹은 공원 계획의 한 지침으로서 어떤 가능성을 시사할 수 있으리라고 본다. 또한 향후에 계속될 마을숲 연구에 있어서도 하나의 지침을 제공할 수 있기를 바란다.

Abstract
***Maeulsup*, The Korean Village Grove**

지역별 마을숲 목록

Maeulsup, The Korean Village Grove
Abstract

The content of this book is to define the concept of village groves, to analyse the physical structure, to find out the origin, to interpret the meaning system and to clarify the historic value in terms of people's behaviour and functional use. On this basic, the results are summarized as follows:

The Concept of a Village Grove

The mutual relation among "forest," "garden," "wood" and "grove" is examined to define the village grove. "Forest" means a naturalized wood and "garden" implies the man-made. Also the "wood" meaning man-made landscape relatively suggest large forest and groves, small one. Therefore, we define this kind of forest as the village grove which has a mixed meaning of the "garden" and "grove."

The village grove has been generally formed in the Korean traditional village. The village grove that has a long history began with the occurrence of a village and could have been planted in the village or near the village, the place of a village grove is inclined to have these five characteristics as follows.

(1) The village grove is not a naturalized forest but a planted forest around a village. (2) The village grove has been related to villagers social activities. (3) Villagers have given special intentions and meanings to the construction of village groves. (4) The village grove has a function for villagers something like a park. (5) People regard the village grove as a symbol of hometown and their fate.

Physical Structure of Village Grove

The size of a village grove is generally from 0.1 hectare to 3.0. The smallest is 0.01 hectare and the largest is 18.8. The number of species of trees in the village grove is 38. Both a pine tree and a zelkova tree account for as much as 60 percent in the village grove. That result could be explained in that the pine tree relates to Feng-shui (風水) and the zelkova tree, native belief. The village grove was found to be planted with native trees and have the form of a simple grove. Also, it could be artificially constructed and has a use.

The Origin of the Village Grove

The origin of the village grove could be classified into three backgrounds: history and culture (native belief, Feng-shui, Confucianism), landscape, and use and function (national green management).

In the light of native belief, the origin of the village grove had begun as a sacred tree (a symbol of faith) with the formation of village in its early stages.

Also, considering Feng-shui and Confucianism, it could be inferred for the village grove to begin with the introduction of a Feng-shui and Confucianism to Korea. The religious background of a village grove usually means the sacred tree originated from native belief. Because the religion coincides with the outbreak of human civilization, we are able to explain the origin of the oldest village grove. As a typical example, we can take the forest of analtar for sacrifices to the guardian deities of the State on a large scale, and the guardian spirit of a village house on a small scale.

The forest planted by the effect of Feng-shui theory is classified into two principles: one is *bibo* (裨補)'s forest which is planted in order to fill up void topography, the other is *yeopseung* (厭勝)'s forest which is planted in order to screen outward misfortunes (line type of water, a big stone, a fire-mountain etc.). Because most of village groves were planted in the middle of the Joseon dynasty, Confucianism which dominated at that time had a serious influence on the initial planting of the village grove around a pavilion.

The second background is the forest planted in order to use and appreciate the forestry landscape. This category is the forest planted around a scenic resort. So this forest plays an important role in people's use.

The third background is the forest planted with the purpose of national green management. This category is classified into three things: *bongsan* (封山), *cheontaek* (川澤) and *huja* (堠子). *Bongsan*, is the mountain which is prohibited from logging for the national purpose. So the government have planted a lot of trees inside of the *bongsan*. *Cheontaek* is a guideline in order to manage national water resources. And *huja* is something like a milestone which is located inside main roads. So people usually take a rest in the *Huja*'s forest which is planted at regular distances.

The Placename of the Village Grove

As a result of sorting placenames, we are able to find five categories which are explained by the type of place, history and culture, use and function, landscape, and mixing.

First, the type of place in village grove name is composed of the regional and locational meanings. (Two types: placename + grove name, orientation and location + grove name)

Second, the historical and cultural type is divided into four themes (story, native belief, Feng-shui, planter). A story ridden place name is structured with the meaning system as a born place, precognition and myth. [Typical name: sacred tree, *dangsup* (당숲), *songhwangrim* (城隍林), *sillim* (神林)]

A Feng-shui placename has been mostly composed to supplement (*bibo*) or weaken some parts of landscape (*yeopseung*). [Typical name: *sugumagi* (수구막이) *suttae* (樹帶)] Also, by studying the placenames we can find someone who plants a village grove. (Planter's name + grove name)

Third, the useful and functional type is concerned with the value of usage a reserved forest, wood production. [Typical name: *supjeongi* (숲정이), *sup-madang* (숲마당), *supgongweon* (숲공원)]

Fourth, the landscape type is divided into form, size, and facility. Therefore, grove form means a distance view from the outside of the village grove, and conversely, a facility inside of grove means a near view. [Typical name: *dong-gusup* (동구숲), *dongsansup* (동산숲), *hacheonsup* (하천숲), *haeansup* (해안숲)]

Fifth, the mixed type is a mixed form among these previous types.

The Culture of the Village Grove

Native belief grove is structured with the meaning system as a sacred area through the shamanic, animistic miracle of a grove. The native belief grove is classified into two meanings: one includes the meaning or the origin of a village grove, the other includes the meaning on the devine power in it.

The Feng-shui grove is a family property and is frequently found in the village inhabited by the same family. The dominant species is the pine tree. But the native belief grove is public property and is generally found in the village inhabited by diverse families. The dominant species is the zelkova tree. The Feng-shui grove has been mostly constructed to supplement (*bibo*) or weaken some parts of the landscape (*yeopseung*). For instance, it compensates for landform (positive effect). Also it lessens or defends the exaggerated or bad landscape (negative effect).

Because a Confucian scholar was absorbed in the background of seclusive ideology, he often went back his hometown if he felt mistreated. And then he managed the village grove as the place of ancestral rites and writing poems on the beautiful landscape of his village.

Therefore, the meaning in Fung-shui is explained with the frame controlling background of the grove and the meaning in native belief and Confucianism, the elements which constitute it.

The Landscape of the Village Grove

The landscape of the village grove could be classified into five types: (1) the grove of a village entrance, (2) on the mountain, (3) on the river bank, (4) around a village, and (5) at the seaside.

(1) This grove is a village entrance and is the most important place of a village like the main door of a house. We can easily find various ornamental facilities inside this village grove. So the grove of this type is similar to *bibo*'s type of Feng-shui which fills up the void space of village topography.

(2) This grove is a hill near a village and the most visible place from the village. So this grove has been constructed at the highest level of a village and made a great impression to the image of the Korean hometown with the grove of a village entrance.

(3) This grove is a river around a village and provides water into the paddy fields. So this grove has played the role of prevention of floods and has been very well utilized.

(4) The type of this grove similars to the shape of a free curve and has been constructed like a village fense.

(5) This grove is planted along the seaside and has played the role of protection against wind.

The Significance of this Book

(1) The village grove with a valuable meaning is being destroyed by the land development and urbanization. We could attribute this mistake to our selfishness, which resulted in the weakening of Korean tradition. Also, the misfortune is due to the change of social structures in the agriculture.

(2) Because people considered the village grove as the most sacred place, they were able to leave their healthy village grove to their descendants. So the healthy grove used to symbolize village's prospect and richness in the past. Up to now a village grove namely symbolizes the people's health and the prosperity of the community. Also, it prevents a village people from disaster. Considering the importance of the village grove, we as environmental planners should study the village grove. From this point of view, we are going to focus on the meaning and people's behaviour in the village grove.

(3) Although there were studies about residential, farming and forest areas in agricultural landscape, the village grove has not been profoundly studied up to now. Above all, as a part of landscape architecture the village grove is the most valuable subject and will be the typical theme.

(4) Now when the appearance and the meaning of the village grove is almost disappearing or destroying, it is important for us to study the meaning of the village grove in order to reconstruct our historic heritage. The discovery of the meaning of the village grove is supposed to rediscover the lost aura of the modern environment, and this is the way to connect villagers with planners and to live in mutual dependence with the environment.

The Predictable Effect of this Book

(1) This book concerned with the village grove is still only in the early stage. So the effects of this book are both to arrange the village grove which is not yet reported to the academic society and to suggest guidelines to contemporary park planning for reserving historic space and inheriting the meaning of the village grove.

(2) This book is to suggest a new role in landscape architecture. Because we are able to find the village grove almost everywhere across the nation and it has the possibility of development as a local park for regional park planing, it is necessary for us to carefully study it.

Finally, the reason for constructing a village grove does not attribute to a physical effect resulted from construction but a psychological one gained through doing. The psychological effect like this is a meaning system of Village people and causes the people to constant a grove and reserve it. Also, a village grove plays a role of supporting the various pastimes for villagers such as traditional games (swings, Korean wrestling, a tug of war, trading on the spirits of the terain, farm music etc.), modern play (football, gateball, dyna-track etc.), ritural (community canival, exorcism etc.), recreation (repose, meetings, walk), composition of poems and so on. Therefore, the village grove is a very normal landscape in Korea. Because the village grove is an intermediate space between village and nature, it provides contact with nature.

Judging from the data gathered in a three-years survey, we could discover that the village grove was man-made or natural, even if it would be managed by villagers. So villagers have been able to use this grove for various purposes. Furthermore, according to this survey we could discover concrete vestiges which villagers made in their grove folktales or narratives which conveyed landscape history to us. Therefore, the village grove is the existential space which has been used and shared by villagers up to the present. It could be concluded that the village grove is the archetype of the modern park in Korea as an open space.

지역별 마을숲 목록

1. 현존 마을숲

마을숲 위치	숲 명칭	비고
京畿 江華郡 江華邑 甲川里	甲川枳藩	
京畿 水原市 松山面 禿旨里	宜松山	封山, 소나무
京畿 水原市 西湖		제방변숲, 소나무
京畿 水原市 長安區 亭子洞	수원 노송지대 가로수	
京畿 楊平郡 丹月面 寶龍里		동구숲, 느티나무
京畿 楊平郡 楊平邑 元德里	덤바위 숲	호안숲
京畿 楊平郡 龍門面 廣灘里	솔거리	호안숲, 소나무
京畿 楊平郡 龍門面 三星里		
京畿 楊平郡 靑雲面 加峴里		
京畿 驪州郡 北內面 堂隅里		호안제방, 소나무
京畿 驪州郡 北內面 川松里	풍숲	
京畿 利川郡 柏沙面 松末里	내하숲	동구숲, 느티나무
忠南 公州郡 反浦面 溫泉里	통매산	
忠南 公州郡 寺谷面 雲岩里	동구나무숲	
忠南 公州郡 維鳩面 新影里		
忠南 公州郡 正安面 甫勿里	숲거리	동구숲
忠南 公州市 熊津洞	곰나루	소나무 동산
忠南 唐津郡 唐津邑 沙器所里	松林公園	
忠南 保寧郡 藍浦邑	藍浦邑城 혹은 官衙周邊	
忠南 保寧郡 藍浦面 玉西二里	개구리산	동산숲
忠南 夫餘郡 林川面 郡司里	嘉林藪	
忠南 瑞山郡 音岩面 上紅三里	松林公園	
忠南 瑞山郡 海美面 邑內里	海美邑城	
忠南 瑞山郡 海美面 邑內里	海美鄕校	
忠南 瑞山市 邑內洞	양유정, 瑞山林藪	도시공원
忠南 瑞山市 潛紅洞	愛鄕公園	
忠南 舒川郡 馬西面 堂仙里		해송
忠南 舒川郡 庇仁面 九福里		
忠南 舒川郡 庇仁面 船島里	載松亭숲	해송
忠南 舒川郡 西面 馬梁里	동백나무숲	
忠南 舒川郡 西面 新蛤里		해송
忠南 靑陽郡 大峙面 光大里		
忠南 靑陽郡 飛鳳面 江亭里		

忠南 靑陽郡 靑陽邑 長承里		소나무
忠南 靑陽郡 化城面 九在里		느티나무
忠南 泰安郡 安眠邑 承彦里	松林	封山
忠南 洪城郡 廣川邑 德井里		
忠南 洪城郡 廣川邑 瓮岩里		동산숲
忠南 洪城郡 洪城邑	洪州城 주변숲	
大田市 東區 砧山洞	九樹亭	
忠北 槐山郡 文光面 文法三里		
忠北 槐山郡 文光面 新基 탑골		느티나무
忠北 槐山郡 延豊面 심기마을	동내솔밭	
忠北 槐山郡 延豊面 은티마을	은티마을숲	
忠北 槐山郡 淸安面 邑內里		
忠北 槐山郡 靑川面 德坪里	거봉마을숲	동산숲
忠北 報恩郡 報恩邑 金堀里	은사들숲	
忠北 報恩郡 炭釜面 壁池里	벽지숲	
忠北 報恩郡 炭釜面 林閑里	숲공지	소나무숲
忠北 永同郡 楊江面 藍田里	冰玉亭숲	
忠北 永同郡 陽山面 松湖里	솔밭	유원지
忠北 永同郡 永同邑 花新里		
忠北 永同郡 黃澗面 蘭谷里	돌탑숲	
忠北 堤川市 新月洞	義林池숲	유원지, 소나무
全南 康津郡 道岩面 萬德里		
全南 康津郡 兵營面 道龍里		
全南 高興郡 浦頭面 鳳林里	금탑사	
全南 谷城郡 兼面 玄亭里		
全南 谷城郡 谷城面 東山里		호안제방
全南 光陽郡 光陽邑 仁東里	유당공원	
全南 光陽郡 光陽邑 仁西里	光陽林藪	
全南 羅州郡 南平面 藍石里	도들강 유원지	유원지
全南 羅州郡 茶道面 板村里		
全南 羅州郡 多侍面 文洞里		
全南 羅州郡 多侍面 永洞里	보산사	
全南 潭陽郡 潭陽邑 南山里	官防提林	호안제방
全南 潭陽郡 月山面 中月二里		
全南 務安郡 望雲面 牧東里		
全南 務安郡 三鄕面 柳橋里		
全南 務安郡 淸溪面 淸川里	청천숲	도로변숲
全南 務安郡 淸溪面 台峰里		
全南 昇州郡 樂安面 樂安마을	樂安城숲	
全南 麗水市 新月洞		
全南 靈光郡 大馬面 平金마을	아홉당산	
全南 靈光郡 法聖面 鎭內里	숲쟁이숲	동산숲
全南 莞島郡 郡外面 葛文里	葛文里林藪	
全南 莞島郡 甫吉面 禮松里	禮松里 常綠樹林	
全南 莞島郡 甫吉面 정동		
全南 莞島郡 所安面 孟仙里		
全南 莞島郡 所安面 美羅里		

全南 莞島郡 莞島邑 郡內里		
全南 長城郡 北下面 藥水里		
全南 長城郡 長城邑	鳳岩書院	
全南 長城郡 黃龍面	筆岩書院	
全南 長興郡 有治面 鳳德里	寶林寺	
全南 珍島郡 義新面 斜川里		
全南 珍島郡 臨淮面 上萬里		
全南 咸平郡 羅山面 九山里	당산숲	
全南 咸平郡 羅山面 羅山里	里仁亭숲	
全南 咸平郡 羅山面 月奉里	안영숲	
全南 咸平郡 羅山面 草浦里	사산숲	
全南 咸平郡 大洞面 金山里		
全南 咸平郡 大洞面 鄕橋里	향교숲	
全南 咸平郡 海保面 上谷里		
全南 海南郡 海南邑 南外里	西林公園	
全南 海南郡 海南邑 蓮洞里	백연동숲	소나무
全南 海南郡 海南邑 학동마을		
全南 和順郡 南面 節山里	장선마을숲	호안숲
全南 和順郡 道谷面 德谷里		
全南 和順郡 道谷面 新星里	범숲	
全南 和順郡 東面 彦道里		
全南 和順郡 東面 莊東里		
全南 和順郡 同福面 蓮屯里	연둔리숲	호안숲
全南 和順郡 同福面 寒泉里		
全南 和順郡 和順邑 大里	대리숲	
光州市 西區 林洞, 錦洞	柳林藪	
全北 高敞郡 心元面 蓮花里		
全北 南原郡 金池面 昌山里	昌活藪	
全北 南原郡 大山面 吉谷里		
全北 南原郡 大山面 玉栗里		
全北 南原郡 德果面 沙谷村	沙谷松林	
全北 南原郡 德果面 新陽里	당숲	느티나무
全北 南原郡 山內面 立石里		
全北 南原郡 山東面 茶山마을	돌탑숲	소나무
全北 南原郡 雲峰面 佳山里	먼당	
全北 南原郡 雲峰面 山德里		
全北 南原郡 雲峰面 新基里	앙풍정	
全北 南原郡 東面 引月里		
全北 南原郡 雲峰面 杏亭里		
全北 南原郡 雲峰面 花水里		
全北 南原郡 周生面 諸川里	학림정	
全北 南原郡 朱川面 湖卿里	호경리숲	소나무
全北 南原市 雙橋洞	廣寒樓	
全北 南原市 王亭洞	蓼川林藪	
全北 扶安郡 邊山面 道淸里	도청리숲	소나무
全北 扶安郡 鎭西面 石浦里		
全北 完州郡 高山面 小向里		
全北 完州郡 高山邑 邑內里	高山林藪	호안제방

全北 完州郡 九耳面 桂谷里		
全北 完州郡 九耳面 斗峴里		
全北 益山郡 礪山面 礪山里		
全北 任實郡 館村面 芳水里	방수리숲	호안숲
全北 任實郡 德峙面 勿憂里	당산숲	
全北 任實郡 只沙面 芳碩里	방계리숲	
全北 任實郡 青雄面 신기마을		
全北 長水郡 溪南面 華陽里		
全北 長水郡 山西面 鶴仙里		
全北 長水郡 長水邑 東村里	당산숲	
全北 長水郡 長水邑 路下里	읍수구막이	
全北 全州市 德津區 德津洞	德津公園	유원지
全北 全州市 東樓鶴洞	南固山城	
全北 全州市 豊南洞三街	慶基殿	
全北 井邑郡 山外面 貞良里		
全北 井邑郡 七寶面 武城里		
全北 井邑郡 七寶面 詩山里		
全北 井邑郡 山外面 五公里	五公里林藪	
全北 井州市 夫田洞		
全北 井州市 上洞		
全北 鎭安郡 馬靈面 溪西里		
全北 鎭安郡 馬靈面 東村里		
全北 鎭安郡 白雲面 平章里		
全北 鎭安郡 程川面 月坪里		
全北 鎭安郡 鎭安邑 佳林里		
全北 鎭安郡 鎭安邑 君下里		
全北 鎭安郡 鎭安邑 半月里		
全北 鎭安郡 鎭安邑 元延章里	원연장리숲	동구숲
慶南 居昌郡 居昌邑 上洞	居昌林藪, 上洞公園	
慶南 固城郡 大可面 牛山里	우산숲	
慶南 固城郡 馬岩面 章山里	장산숲	
慶南 金海郡 進禮面 淡安里		
慶南 金海郡 進禮面 山本里		
慶南 金海市 西上洞	首露王陵숲	
慶南 南海郡 南面 唐項里		
慶南 南海郡 南面 德月里		
慶南 南海郡 彌助面 彌助里		
慶南 南海郡 彌助面 松亭里	草田藪	해안숲
慶南 南海郡 三東面 勿巾里	勿巾藪	해안숲
慶南 南海郡 尙州面 尙州里		
慶南 南海郡 西面 西上里		
慶南 南海郡 二東面 新田里	원촌숲	
慶南 南海郡 二東面 草陰里		
慶南 密陽郡 丹場面 古禮里		
慶南 密陽郡 山外面 南沂里	긴늪숲	소나무
慶南 密陽郡 淸道面 九奇里	당숲	도로변숲
慶南 密陽市 三門洞	三門洞松林	고수부지
慶南 泗川郡 正東面 大谷里	대곡숲	

慶南 晋州市 江南洞	南大川官竹田	
慶南 昌原郡 內西面 三溪里	三豊臺金	
慶南 昌原郡 內西面 三溪里 안계마을	安峰臺金	
慶南 昌原郡 內西面 中里	年豊臺金	
慶南 昌原郡 東面 帽岩里	포구나무숲	
慶南 昌原郡 鎭東面 鎭東里	東林, 西林	
慶南 昌原郡 鎭北面 智山里		
慶南 河東郡 河東邑 廣平里	河東松林	호안숲
慶南 咸陽郡 安義面 泥田里	밤숲	
慶南 咸陽郡 咸陽邑 大德里	대관림	호안숲
慶南 咸陽郡 瓶谷面 道川里	도천리숲	
釜山市 金井區 靑龍洞	범어사	
釜山市 沙下區 下端洞	에덴공원	
釜山市 西區 岩南洞	송도유원지	
釜山市 海雲臺區 栽松洞	재송포	
釜山市 海雲臺區 中洞	해운대숲	해안숲
慶北 慶山郡 龍城面 美山里		
慶北 慶州市 皇南洞	鷄林	
慶北 慶州市 九黃洞	眞平王陵金	
慶北 慶州市 城東洞	裨補藪	
慶北 慶州市 栗洞	五陵林	소나무
慶北 慶州市 塔正洞	蘿井	
慶北 慶州市 隍城洞	高陽藪, 論虎藪	
慶北 慶州市 普門洞	狼山	소나무
慶北 慶州市內	鳳凰臺	
慶北 慶州郡 陽南面 羅兒里	阿珍浦金	
慶北 高靈郡 雙林面 安林里	안림수	
慶北 軍威郡 缶溪面 大栗里	洞林	소나무, 둥구나무
慶北 達城郡 嘉昌面 亭垈里		
慶北 達城郡 玉浦面 橋項里		
慶北 達城郡 花園面 本里		
慶北 聞慶郡 麻城面 茅谷里		
慶北 聞慶郡 麻城面 鼎里		
慶北 聞慶郡 聞慶邑 馬院一里		
慶北 奉化郡 物野面 皆丹一里		
慶北 奉化郡 物野面 皆丹二里	절단숲	
慶北 奉化郡 物野面 鴨洞里		
慶北 奉化郡 物野面 梧田里	창말숲	소나무
慶北 奉化郡 物野面 사골	식송마당, 솔마당	
慶北 奉化郡 奉化邑 海底里	소꿀숲	소나무
慶北 奉化郡 奉化邑 巨村里 황전마을	황전숲	오리나무
慶北 尙州郡 沙伐面 元興一里	沙里숲	
慶北 善山郡 海平面 海平里	海平藪	
慶北 星州郡 星州邑	성밖숲, 서교숲, 서문밖숲	버드나무
慶北 星州郡 龍岩面 文明里		
慶北 安東郡 吉安面 晩陰里		
慶北 安東郡 南先面 申石里	圓井藪	
慶北 安東郡 臨河面 琴韶里		

慶北 安東郡 臨河面 新德里		
慶北 安東郡 臨河面 川前里	開湖松	소나무
慶北 安東郡 豊山邑 麻崖里		
慶北 安東郡 豊山邑 素山里	三龜亭숲	소나무
慶北 安東郡 豊川面 河回里	河回松林	
慶北 盈德郡 南亭面 道川里	도천리숲	
慶北 盈德郡 柄谷面 榮一里		
慶北 盈德郡 寧海面 槐市里	奉松亭, 小松亭	封山
慶北 盈德郡 寧海面 元邱里		
慶北 英陽郡 英陽邑 甘川里		
慶北 英陽郡 日月面 注谷里		
慶北 英陽郡 立岩面 屏玉里		호안숲
慶北 迎日郡 淸河面 柳溪二里	西溪숲	
慶北 迎日郡 松羅面 下松里		
慶北 迎日郡 神光面 萬石里	천방숲	
慶北 迎日郡 只杏面 馬峴里	장기林藪	호안숲
慶北 迎日郡 竹長面 縣內	매현숲	
慶北 迎日郡 淸河面 美南里	필미숲	소나무
慶北 榮豊郡 鳳峴面 柳田里		
慶北 榮豊郡 浮石面 浮石寺		
慶北 榮豊郡 順興面 옥계마을	紹修書院	
慶北 醴泉郡 甘泉面 眞坪里		
慶北 醴泉郡 龍門面 上金谷里	上金谷松林	
慶北 醴泉郡 虎鳴面 白松里	仙夢臺숲	소나무
慶北 鬱陵郡 西面 南西里		
慶北 鬱陵郡 西面 南陽里		
慶北 鬱陵郡 西面 台霞里	성하신당	
慶北 蔚山市 太和洞	太和江竹林	
慶北 蔚珍郡 平海面 越松里	越松松林	
慶北 義城郡 丹村面 倂方里	수구막이숲	
慶北 義城郡 義城邑 鐵坡里		
慶北 義城郡 點谷面 東邊二里		
慶北 義城郡 點谷面 沙村里	가로숲	
慶北 店村市 興德洞		
慶北 淸道郡 豊角面 金谷里		
慶北 靑松郡 眞寶面 角山里		
慶北 靑松郡 眞寶面 釜谷里		
慶北 靑松郡 靑松邑 釜谷里		
慶北 靑松郡 靑松邑 中坪里		
慶北 靑松郡 春山面 新興二里		
慶北 靑松郡 巴川面 木溪里	골맥이숲	소나무
江原 江陵市 草堂洞	鏡浦	소나무
江原 江陵市 雲亭洞	船橋莊	
江原 江陵市 竹軒洞	烏竹軒	
江原 江陵市 草堂洞		護松說 碑文
江原 江陵市 淮山洞	淮山林藪	소나무
江原 溟州郡 城山面 金山里二區		
江原 溟州郡 城山面 二邱山		

江原 溟州郡 連谷面 三山里		
江原 溟州郡 連谷面 松林里		
江原 三陟郡 未老面	天恩寺	
江原 三陟市 城內洞	竹西樓	
江原 襄陽郡 巽陽面 銅湖里		
江原 襄陽郡 襄陽邑 造山里	東海松	
江原 襄陽郡 縣南面 浦梅里		
江原 襄陽郡 縣北面 末谷里		
江原 原州郡 神林面 城南一里	神林	
江原 原州郡 神林面 城南二里	城隍林	
江原 洪川郡 南面 서은마을	서은숲	
濟州 南濟州郡 表善面 城邑里	일관헌	
濟州 北濟州郡 涯月邑 今德里		
濟州 北濟州郡 涯月邑 納邑里		
濟州 北濟州郡 翰京面 龍水里	절부암	
濟州 北濟州郡 翰林邑 明月里	명월대	
濟州 北濟州郡 舊左面 坪岱里	평대리비림	
濟州 西歸浦市 好近洞	西歸宅木	
濟州 濟州市 我羅洞	금산공원	
濟州 濟州市 我羅洞	漢拏山神祭	
濟州 濟州市 二徒一洞		

2. 소실된 마을숲

마을숲 위치	숲 명칭	비고
서울 東大門區 昌信洞, 徽慶洞	왕산로 주변숲	가로수
서울 東大門區 祭基洞	先農壇	
서울 麻浦區 望遠洞	望遠亭 주변숲	
서울 麻浦區 合井洞	楊花津 도로변숲	버드나무
서울 西大門區 天然洞	盤松亭	
서울 城東區	箭串	버드나무
서울 城北區 鍾岩洞		소나무
서울 鍾路區 芳山洞	造山, 假山	
서울 淸溪川	淸溪川林藪	
京畿 驪州郡 陵西面 旺岱里	八大藪	
忠南 唐津郡 合德邑 大合德里	合德池	
忠南 洪城郡 洪城邑	洪州林藪	
全南 谷城郡 谷城面 邑內里	藪亭	
全南 谷城郡 梧谷面 猫川里	猫川林藪	
全南 昇州郡 樂安面 樂安마을	수구막이	
光州市 東區 鶴洞	石犀亭	
光州市 東區 鷄林一洞	景陽堤	
全北 金堤郡 扶梁面 龍成里	碧骨堤	

全北 南原郡 周生面 中洞里	補虛林	
全北 南原市 錦洞	柳林	
全北 南原市 月洛洞	東帳藪	
慶南 居昌郡 居昌邑 中洞里	三德亭	
慶南 金海郡 駕洛面 食滿里	駕洛堤防	
慶南 南海郡 南海邑 南邊里	南山藪	
慶南 南海郡 南海邑 北邊里	柳林亭	
慶南 山淸郡 山淸邑 山淸面 玉里	山淸林藪	
慶南 梁山郡 上北花面 上森里	黃山堰	
慶南 晉州郡 道洞面 上大里	大坪藪	
慶南 晉州郡 平居面 新安里	菁川林藪	
慶南 晉州郡 平居面 柳谷里	柯亭藪	
慶南 咸安郡 漆原面 龜城里	漆原林藪	
慶北 慶州郡 江東面 良洞里	良洞枳藩	
慶北 慶州市 九黃洞	五里藪	
慶北 慶州市 城乾洞	魚垈藪	
慶北 慶州市 皇南洞	天鏡林	
慶北 高靈郡 高靈面 場基里	赤林, 香林	
慶北 高靈郡 中谷面 野亭里	野翁亭藪	
慶北 龜尾市 眞坪洞, 侍美洞	羊亭藪	
慶北 軍威郡 義興面 邑內里	柳田藪	
慶北 金陵郡 開寧面 西部里	開寧林藪	
慶北 金陵郡 知禮面 知禮	植松亭	
慶北 密陽郡 密陽邑 校洞里	新村柳林	
慶北 密陽郡 上南面 禮林里	運禮藪	
慶北 奉化郡 鳳城面 鳳城里	奉化林藪	
慶北 尙州郡 尙州邑 洛陽里	西藪	
慶北 尙州市 花開洞	栗藪	
慶北 善山郡 善山面 里門里	冬至藪	
慶北 安東郡 南後面 丹湖里	丹地藪	
慶北 安東郡 南後面 水上里	白淵林	
慶北 安東郡 陶山面 陶山里	大王藪	
慶北 安東郡 禮安面 禮安	司評松	
慶北 安東郡 一直面 雲山里	大林	
慶北 安東郡 一直面 造塔里	佳岐林	
慶北 安東郡 豊山面 桂坪里	佳谷藪	
慶北 安東郡 豊山面 安郊里	馬場漆林	
慶北 安東郡 豊山面 下里里	畝長坪林	
慶北 安東郡 豊山面 下里里	上里藪	
慶北 安東市 西部洞, 東部洞	法興寺林, 林堂藪, 漆林	
慶北 安東市 龍上洞	大林, 新磊林, 柳林, 前巨里藪	
慶北 盈德郡 盈德邑 南石里	南川藪	
慶北 盈德郡 盈德邑 華開洞	北川藪	
慶北 盈德郡 寧海面 閥榮洞	龍塘藪	
慶北 英陽郡 英陽邑 縣洞里	所羅藪, 馬筛藪	
慶北 英陽郡 立巖面 興邱洞	走入藪	
慶北 迎日郡 淸河面 德城里	鳳松亭	

慶北 榮州郡 順興面 池洞里	順興林藪	
慶北 榮州市 榮州洞	防河藪	
慶北 榮州市 休川洞	德山藪	
慶北 醴泉郡 普門面 高坪洞	高坪藪	
慶北 醴泉郡 醴泉邑 西本洞	柳亭藪	
慶北 蔚珍郡 近南面 守山里	翠雲樓	
慶北 義城郡 義城邑 喉竹里	裨補藪	
慶北 淸道郡 淸道邑 高樹里	下枝栗林	
慶北 淸道郡 華陽面 松北里	松田藪	
慶北 淸道郡 華陽面 合川里	上枝栗林, 鎭山藪	
慶北 漆谷郡 石積面 中洞里	陽藪, 黃楊藪	
慶北 浦項市 松亭洞	大松亭	
大邱市 東區 智妙洞	公山桐藪	
大邱市 中區 大鳳洞	新川藪	
江原 江陵郡 城德面 南項津里	寒松亭	
江原 江陵市 玉川洞	南大川林藪	
江原 江陵市 洪濟洞	洪濟林藪	
江原 溟州郡 沙川面 美老里	沙川林藪	
江原 溟州郡 城山面 金山里	坪村林藪	
江原 溟州郡 玉溪面 樂豊里	橋項洞林藪	
江原 三陟市 汀上洞	五十川林藪	
江原 襄陽郡 降峴面 降仙里	降仙亭	
江原 襄陽郡 西面 北坪里	北坪林藪	
江原 襄陽郡 巽陽面 祥雲里	祥雲亭	
江原 襄陽郡 襄陽邑 西門里	西門林藪	
江原 襄陽郡 襄陽邑 松岩里	松岩林藪	
江原 襄陽郡 襄陽邑 林泉里	林泉林藪	

김학범(金學範)은 1952년 경기도 안성 출생으로
서울시립대학교 원예학과를 졸업하고 서울대학교
환경대학원에서 조경학석사학위를, 고려대학교 대학원에서
농학박사학위를 받았다. 국토개발(조경)기술사로서
조경실무분야와 대학 강단에서 오랜 기간 종사해 왔으며,
마을숲에 특별한 관심을 갖고 이십여 년 동안 연구해 오고 있다.
현재 한경대학교 조경학과 교수, (사)한국조경학회 회장,
문화재청 문화재위원 등으로 활동 중이다. 「한국의 마을원림에
관한 연구」(박사학위논문)를 비롯해「지명 속에 나타난
한국 마을숲의 의미적 유형에 관한 연구」「고문헌에 나타난
한국 마을숲의 시원에 관한 연구」 등 마을숲에 관한 다수의
논문을 발표했으며, 이와 같은 연구가 기초가 되어 현재
많은 마을숲이 천연기념물, 명승 등 국가문화재로 지정되었다.

장동수(張東洙)는 1962년 충남 대전 출생으로
서울시립대학교 조경학과를 졸업하고 동대학원에서
전통도시조경의 장소적 특성에 관한 연구논문으로 박사학위를
받았다. 현재 국립한경대학교 조경학과 교수로 재직 중이다.
「한국 전통 도시숲의 입지적 특성과 유형에 관한 연구」(1994) 등
우리 전통숲에 관한 논문 사십여 편을 발표했으며, 공저로
『한국의 전통생태학』(「숲 문화와 생태」, 2004) 등이 있다.

韓國基層文化의 探究 — ❻

마을숲
韓國傳統部落의 堂숲과 水口막이

金學範 · 張東洙 共著

초판 1쇄 발행 ——— 1994년 12월 10일
초판 2쇄 발행 ——— 2007년 9월 20일
발행인 ——————— 李起雄
발행처 ——————— 悅話堂
　　　　　　　　　경기도 파주시 교하읍 문발리 520-10 파주출판도시
　　　　　　　　　전화 031-955-7000　팩스 031-955-7010
　　　　　　　　　www.youlhwadang.co.kr yhdp@youlhwadang.co.kr
등록번호 ——————— 제10-74호
등록일자 ——————— 1971년 7월 2일
편집 ——————— 공미경 · 노동환
북디자인 ——————— 기영내 · 박노경 · 이옥경 · 이화정
인쇄 · 제책 ——————— (주)상지사피앤비

*값은 뒤표지에 있습니다.

Published by Youlhwadang Publisher
Maeulsup, **The Korean Village Grove** ©1994
by Kim, Hak-beom & Jang, Dong-soo
Printed in Korea

ISBN 978-89-301-0706-8

이 도서의 국립중앙도서관 출판시도서목록(cip)은
e-cip홈페이지 (http://www.nl.go.kr/cip.php)에서 이용하실 수 있습니다.
(cip제어번호:cip2007002513)